9359

# HISTOIRE

*Causeries et perspectives*

# GRAËTZ
# HISTOIRE DES JUI[FS]

Traduit de l'Allemand par M. WOGUE

## TOME PREMIER
DE LA SORTIE D'ÉGYPTE (1400) A L'EXODE BABYLONIEN (5[86])
Un beau volume in-8°. — Prix : 5 francs.

**EN PRÉPARATION :**

DEUXIÈME VOLUME : *L'Exode babylonien* (534 av. J.-C.) — *La Guerre de Barcokebas* (135 ap. J.[-C.])
TROISIÈME VOLUME : *La Dispersion.* — *Le Talmud.* — QUATRIÈME VOLUME : *Les Juifs d'Espagne.* — Les
CINQUIÈME ET SIXIÈME VOLUMES : *Des Croisades à 1848.*

## EN VENTE ICI

Paris. — Imp. V⁰ᵉ P. Larousse et C⁰ᵉ

Affiche d'intérieur.

# HISTOIRE
# DES JUIFS
I

Des circonstances indépendantes de sa volonté ont empêché M. Woärs de terminer ce volume, dont la traduction, à partir de la page 183, a été confiée à une autre plume.

# GRAËTZ

# HISTOIRE DES JUIFS

TRADUIT DE L'ALLEMAND

PAR

M. WOGUE

## TOME PREMIER

De la sortie d'Égypte (1400) à l'Exode babylonien (534)

PARIS

A. LÉVY, LIBRAIRE-ÉDITEUR

13, RUE LAFAYETTE, 13.

1882

Droits de traduction et de reproduction réservés.

# INTRODUCTION

J'entreprends de raconter le passé d'un peuple qui date des temps les plus reculés et qui s'obstine à vivre encore ; qui, entré pour la première fois, il y a plus de trois mille ans, sur la scène de l'histoire, n'a encore nulle envie d'en sortir. Aussi ce peuple est-il tout à la fois vieux et jeune : l'âge a marqué ses traits d'une empreinte ineffaçable, et cependant ces mêmes traits ont une fraîcheur si juvénile qu'on dirait qu'il vient de naître. S'il y avait quelque part une pareille race qui se fût conservée, dans une longue suite de générations, jusqu'à l'heure présente; qui, sans s'inquiéter des autres races et sans être inquiétée par elles, sans services rendus, sans influence aucune sur le monde, se fût dégagée de la barbarie originelle, — si une telle race existait dans quelque coin du globe, elle serait assurément recherchée, étudiée, comme un rare et curieux phénomène. Et quoi de plus remarquable, en effet, qu'une relique des plus vieux âges, qui aurait assisté à la naissance et à la chute des plus anciens empires, et qui leur survivrait encore aujourd'hui ?

Or, le peuple dont je vais raconter l'histoire — le peuple *hébreu, israélite* ou *juif* — n'a pas vécu dans un isolement paisible et contemplatif, mais il a été incessamment mêlé au tourbillon orageux de la scène du monde, il a lutté et souffert ; il a été, dans le cours de son existence plus de trente fois séculaire, maintes fois secoué et frappé, il porte maintes glorieuses blessures et personne ne lui conteste la couronne du martyre..., et ce peuple vit encore. De plus, il a rendu d'importants services, que seuls osent nier quelques détracteurs malveillants. Et quand il n'aurait d'autre mérite que d'avoir arraché l'humanité aux erreurs d'une impure idolâtrie et à ses conséquences, la corruption morale et sociale, il serait digne, pour cela seul, d'une attention particulière. Mais ce peuple a fait bien plus encore pour le genre humain.

Quelle est donc l'origine de cette civilisation dont se vantent les nations éclairées de nos jours? Elles ne l'ont pas créée elles-mêmes, elles ne sont que les heureuses héritières d'un passé dont elles ont fait valoir et augmenté l'héritage. Deux races créatrices ont fondé cette noble civilisation qui a affranchi les hommes de leur barbarie première : la race *hellénique* et la race *israélite*, il n'y en a pas d'autre. La race latine n'a produit et donné au monde qu'une police bien organisée et une bonne tactique. Seuls, les Grecs et les Hébreux ont fondé la véritable civilisation.

Otez aux races romaines, germaniques et slaves de nos jours, deçà et delà l'Océan, ce qu'elles ont reçu des races hellénique et israélite, il leur restera peu, bien peu de chose. Hypothèse impossible d'ailleurs : ce que les races contemporaines ont emprunté est devenu inséparable de leur essence, on ne saurait plus l'en éliminer. Ces éléments ont si bien pénétré dans leur sang et leur moelle, qu'ils font désormais partie intégrante de l'organisme, de sorte que celui-ci, à son tour, en est devenu le véhicule. C'est comme le courant électrique qui a fait jaillir les forces latentes dormant dans leur sein. Tous deux, l'hellénisme et le judaïsme, ont créé une atmosphère idéale, sans laquelle un peuple civilisé est impossible.

La part qu'a eue l'élément grec dans la régénération des peuples modernes, chez lesquels il a développé le goût des arts, le sentiment et la culture du beau dans toutes ses manifestations, et dont il féconde encore et rajeunit sans cesse l'imagination par ses chefs-d'œuvre artistiques et littéraires, — cette part est pleinement reconnue de tous, sans conteste, sans envie. Les classiques grecs sont morts, et la postérité rend justice aux morts. La malveillance et la haine désarment en présence de la tombe. Différent est le sort de l'autre race créatrice, de la race hébraïque. Précisément parce qu'elle vit encore, on ne reconnaît pas unanimement ses services, ou bien on les discute, on s'ingénie à les dénaturer, afin de la reléguer dans l'ombre, sinon de l'écarter tout à fait. Si les penseurs équitables lui accordent d'avoir introduit dans le monde l'idée monothéiste et une morale pure, bien peu apprécient la haute portée de ces concessions. On ne s'explique pas comment l'un des deux peuples créateurs, avec sa riche et merveilleuse organisation, a pu mourir, tandis que l'autre, si souvent à deux doigts de la mort, est toujours resté sauf, a parfois même acquis une vitalité nouvelle.

Quelque attrayante que fût la mythologie des Grecs, quelque enchanteresse leur imagination, quelque vivifiante leur philosophie, elles leur firent défaut aux jours du malheur, alors que les phalanges macédoniennes et les légions romaines leur montrèrent la vie, non plus riante, mais sombre et grave. Ils maudirent alors leur brillant Olympe, et leur sagesse se tourna en folie. C'est seulement dans le malheur que les peuples, comme les individus, montrent ce qu'ils valent. Or, les Grecs ne possédaient pas la constance nécessaire pour survivre à l'infortune et rester fidèles à eux-mêmes. Pourquoi les Grecs ont-ils succombé, eux qui, à côté du métier des armes, vivaient aussi pour l'idée ? C'est qu'ils n'avaient pas assigné à leur vie un *but*, un but déterminé et réfléchi.

Ce but, cette tâche vitale, le peuple hébreu l'avait, lui ! C'est par là qu'il est resté uni et que, dans les plus effroyables traverses, il s'est montré fort et vivace. Un peuple qui connaît sa mission est fort, parce que sa vie ne se passe point à rêver et à tâtonner. Le peuple israélite avait pour tâche de travailler sur lui-même, de dominer et de discipliner l'égoïsme et les appétences bestiales, d'acquérir la vertu du sacrifice ou, pour parler comme les prophètes, de « circoncire son cœur »; en un mot, d'*être saint*. La sainteté lui imposait d'austères devoirs, mais elle lui donnait en échange la santé du corps et celle de l'âme. L'histoire universelle l'a démontré. Tous les peuples qui se sont souillés par la débauche ou endurcis par la violence sont marqués pour la mort. Qu'on appelle, si l'on veut, cet objectif du peuple israélite « la morale pure »; le mot sera sans doute au-dessous de l'idée, mais il ne s'agit que de s'entendre. Ce qu'il importe davantage de faire ressortir, c'est que le peuple israélite a compris qu'il avait pour tâche de prendre au sérieux cette morale pure. Placé au milieu d'un monde vicieux et foncièrement impur, il devait en représenter le contre-pied et planter l'étendard de la pureté morale.

La morale des peuples anciens était étroitement liée avec leur doctrine sur la Divinité; les deux choses s'impliquaient mutuellement. La fausse morale procédait-elle de la fausse théologie, ou lui avait-elle donné naissance? Quoi qu'il en soit de leur relation comme cause et effet, les conséquences n'en pouvaient être que pernicieuses. Le polythéisme en lui-même, de quelques attraits que la poésie pût l'embellir, était une source de discorde, d'animosité et de haine. Là où plusieurs divinités tiennent conseil, les querelles ne peuvent manquer, le conflit et l'hostilité sont inévitables. Les êtres adorés par l'homme fussent-ils réduits à deux seulement, entre ces deux surgira un antagonisme; il y aura le dieu qui crée et le dieu qui détruit, ou le dieu de la lumière et celui des ténèbres. En outre, la divinité créatrice sera dédoublée en deux sexes, et toutes les faiblesses de la sexualité deviendront son partage. On dit bien, il est vrai, que les hommes ont fait les dieux à leur image; mais ces dieux, une fois faits et admis, ont réglé à leur tour la conduite morale de leurs adorateurs, et l'homme est devenu aussi vicieux que les modèles, objet de sa vénération. — Vint alors le peuple d'Israël avec un principe tout opposé, proclamant un Dieu *un* et *immuable*, un Dieu *saint*, qui exige de l'homme la sainteté; seul créateur du ciel et de la terre, de la lumière et des ténèbres; Dieu haut et élevé sans doute, mais qui s'abaisse jusqu'à l'homme et s'intéresse particulièrement aux humbles et aux opprimés; Dieu jaloux, — en ce sens que la conduite morale des hommes ne lui est pas indifférente, — mais aussi Dieu de miséricorde, qui embrasse toute l'humanité dans son amour, parce qu'elle est son ouvrage; Dieu de justice, qui a le mal en horreur, père de l'orphelin, protecteur de la veuve. — C'était là une vaste et capitale doctrine, qui pénétra profondément dans le cœur des hommes, et qui devait un jour foudroyer et pulvériser les pompeuses divinités du paganisme.

C'est surtout par ses conséquences que se révéla la haute portée de cette doctrine. Il ne saurait être indifférent, pour la conduite morale des hommes, qu'ils considèrent cette terre, théâtre de leur activité, comme soumise à une puissance unique ou à plusieurs puissances rivales. La première de ces croyances leur montre partout l'harmonie et la paix, et les apaise eux-mêmes; la seconde ne leur fait voir que désunion et déchirement, et eux-mêmes les divise. L'assimilation de l'homme à Dieu, contre-pied de la sacrilège assimilation de Dieu à l'homme et conséquence du dogme unitaire, imprime à l'homme le respect de lui-même, le respect de ses semblables, et assure à la vie du plus chétif une protection religieuse et morale. L'abandon des nouveau-nés par leurs parents est-il un crime? Il ne passait point pour tel chez les anciens, pas même chez les Grecs. Maintes fois les montagnes retentirent des gémissements d'enfants débiles, ou les fleuves charrièrent des cadavres d'innocents que leurs parents y jetaient sans nul remords, quand ces êtres leur étaient à charge. A personne le cœur ne saignait à la vue de ces infanticides; pas un tribunal ne faisait justice de semblables méfaits. Avoir tué un esclave était aussi indifférent que d'avoir abattu une pièce de gibier. Pourquoi, aujourd'hui, la seule idée de ces crimes nous fait-elle frémir? Parce que le peuple israélite a proclamé cette loi : « Tu ne dois point tuer l'homme, car l'homme a été créé à l'image de Dieu! Même la vie d'un enfant, même la vie d'un esclave, doivent être sacrées pour toi! » — On a prétendu que la raison humaine a fait des pas de géant, mais que le sens moral était resté de beaucoup en arrière et n'avait guère progressé depuis les temps anciens. Mais il faut songer que l'homme s'est corrigé bien plus tard de la grossièreté que de l'ignorance. Ce n'est que bien tard que sa conscience engourdie, que son instinctive horreur pour certains méfaits s'est réveillée, et le peuple israélite fut un des auteurs de ce réveil. Cette pensée, cette doctrine que tous les hommes sont égaux devant la loi comme devant Dieu, que l'étranger doit être traité sur le même pied que l'indigène, c'est encore un fruit du principe de l'assimilation de l'homme à Dieu, et c'est le peuple israélite qui en a fait une loi fondamentale de l'État. Ce fut la première reconnaissance d'une partie des droits de l'homme. Mais les peuples de l'antiquité, même les promoteurs de la civilisation, n'ont en aucune façon reconnu ce droit, admis aujourd'hui comme évident. Lorsqu'ils cessèrent d'immoler les étrangers que la tempête jetait sur leur territoire, ils les soumirent néanmoins à des lois d'exception et les opprimèrent presque à l'égal des esclaves. Cette inhumanité envers l'étranger a persisté, — à la honte des peuples, — même après la chute du vieux monde. La mansuétude pour les esclaves, et même le premier signal de leur émancipation, c'est au peuple israélite qu'en appartient l'honneur.

La sanctification de soi-même, la chasteté, était encore moins connue des peuples anciens. Ils étaient plongés dans la débauche et dans les dérèglements de la chair. Assez souvent et assez énergiquement, lorsque ces peuples étaient encore à l'apogée de leur puissance, les poètes sibyllins juifs les avaient avertis que par leurs péchés contre nature, par leur manque d'entrailles, par leur absurde doctrine théologique et la morale qui en découlait, ils couraient à une ruine certaine. Dédaigneux de ces exhortations, les peuples continuèrent à s'affaiblir eux-mêmes, et ils périrent. Leurs arts et leur sagesse ne purent les sauver de la mort. C'est donc le peuple israélite, et lui seul, qui a apporté la délivrance en proclamant la sanctification de soi-même, l'égalité de tous les hommes, un même droit pour l'étranger et l'indigène, enfin ce qu'on nomme l'*humanité*. Il n'est pas superflu de rappeler que cette pierre angulaire de la civilisation : « Tu aimeras ton prochain comme toi-même », c'est ce peuple qui l'a posée. Qui a relevé le pauvre de la poussière, tendu aux chétifs et aux délaissés une main secourable? Le peuple israélite. Qui a fait de la *paix perpétuelle* le saint idéal de l'avenir, en déclarant que « les nations ne tireront plus l'épée l'une contre l'autre », que « l'on ne cultivera plus l'art de la guerre »? Les prophètes d'Israël. On a appelé ce peuple un mystère ambulant; c'est une révélation vivante qu'il faudrait l'appeler ! Car il a révélé le secret de la vie, il a enseigné la science des sciences, — à savoir, comment un peuple peut se préserver de la mort.

Il n'est pas exact que ce peuple ait inventé le renoncement, la mortification, l'assombrissement de l'existence; qu'il ait jeté un voile de deuil sur les joies de la vie et préparé les voies à l'ascétisme monacal. C'est le contraire qui est vrai. Tous les peuples de l'antiquité, à l'exception des Israélites, ont attaché à la mort une importance capitale, ont offert des sacrifices funéraires et montré, dans ces circonstances, les plus sombres préoccupations. Tels étaient leurs mystères, qui, comme tout excès, aboutirent à l'excès contraire, aux débauches des orgies. Les dieux mêmes payaient tribut à la mort, loin d'en libérer les hommes; eux aussi ils durent visiter les sombres bords, et l'on montrait en maint endroit la tombe, le cercueil ou le calvaire d'un dieu. Le sentiment israélite, qui honorait en Dieu la « source de la vie », attachait à la vie une si haute importance qu'il écartait du sanctuaire tout ce qui pouvait rappeler la mort; et il s'est si peu fatigué sur les mystères d'outre-tombe, qu'il a même encouru le reproche opposé, celui de s'être uniquement attaché à la vie terrestre. Et cela est vrai. Les prophètes d'Israël n'ont pas connu de plus noble idéal que cet avenir où « la terre sera remplie de la saine connaissance de Dieu, comme le lit des mers est rempli d'eau. » Oui, Israël appréciait grandement la vie, mais une vie morale, digne et sainte. Non certes, le peuple israélite n'a rien de commun avec les autres Sémites, ses congénères, ni avec leur fureur de se taillader la chair en l'honneur de telle divinité, ni avec leur délirante luxure en l'honneur de telle autre. Il s'est séparé d'eux et, par une discipline sévère, maintenu à l'écart de leurs dérèglements.

Assurément le peuple israélite a aussi ses grands défauts; il a beaucoup péché, mais il a durement expié ses fautes. L'histoire doit précisément s'attacher à découvrir ces mêmes fautes, leur origine, leur enchaînement et leurs conséquences. Plusieurs de ses vices n'étaient que vices d'emprunt, dus à l'influence de l'entourage; mais il avait aussi ses infirmités propres et originelles, des imperfections inhérentes à son caractère. Eh! pourquoi Israël serait-il plus parfait que les autres races, dont pas une ne s'est encore montrée de tout point accomplie?

D'ailleurs, plus d'un reproche fait à ce peuple est mal fondé. On prétend qu'il n'a pas eu une bonne constitution politique. Cette critique repose sur une confusion d'idées. On ne doit juger une constitution que par ses résultats ou d'après la durée de la société qu'elle a régie. Or, la société israélite s'est maintenue tout aussi longtemps que la plupart des États du vieux monde, plus longtemps que les États babylonien, perse, grec et macédonien, —

plus de six cents ans dans sa première période, en chiffre rond, et sans compter la seconde. Deux ou trois États seulement ont vécu plus longtemps, l'Égypte, Rome, Byzance. — Reprocherait-on à l'État israélite de n'être pas resté à la hauteur qu'il avait atteinte sous David et Salomon, et d'avoir été maintes fois subjugué? Bien d'autres États ont éprouvé pareil sort. Lui ferait-on un grief de s'être divisé en deux royaumes et de n'avoir pu recouvrer son unité? La Grèce n'a jamais pu arriver à cette unité politique; elle a été fractionnée, du commencement jusqu'à la fin, au moins en deux moitiés ennemies, et l'empire romain lui-même s'est scindé en deux empires rivaux.

Toutefois, c'est surtout la *théorie sociale* de l'État juif que visent les traits de la critique. On la représente comme un rêve, comme une chimère, comme une utopie. Oui, en effet, la constitution établie par le code de ce peuple est une utopie, comme tout idéal qui, par cela même qu'il n'aspire à se réaliser que dans un avenir meilleur, semble impossible à réaliser tant que ce jour n'est pas venu. Lors donc qu'on déprécie la théorie constitutionnelle israélite, c'est l'idéal même que l'on condamne; car c'est elle, je le répète, qui la première a affirmé les droits de l'homme, a donné à l'édifice social une base démocratique, assimilé non seulement tous les indigènes entre eux, mais les étrangers aux indigènes, et aboli toute distinction de castes, de rangs et de classes. Elle a protégé l'esclave lui-même contre les caprices et la dureté du maître. Elle a déclaré comme principe d'État qu' « il ne doit pas y avoir de pauvres dans le pays », et a voulu prévenir, d'une part, l'accumulation de la richesse et les inconvénients du luxe, de l'autre, l'accumulation de la misère et les inconvénients de la pauvreté. Par le système des années sabbatiques et jubilaires, elle a voulu empêcher que l'aliénation de la liberté personnelle ou celle de la terre pût jamais devenir définitive. Bref, l'idéal poursuivi par cette théorie constitutionnelle, ç'a été de conjurer les maux dont les États civilisés souffrent encore aujourd'hui. Si l'on veut railler l'idéal, qu'on le raille! mais qu'on songe toutefois que cet idéal est le sel qui préserve la société de la pourriture.

Certes, c'est encore une lacune dans les aptitudes du peuple israélite de n'avoir laissé aucune grande construction, aucun chef-d'œuvre d'architecture. Il peut n'avoir pas eu de dispositions pour cet art ; mais cette lacune peut venir aussi de ce que ce peuple, dans son idéal d'égalité, n'exaltait pas ses rois au point de leur bâtir des palais gigantesques et des tombes pyramidales. Il n'a même pas édifié un temple à son Dieu (le temple de Salomon fut élevé par des Phéniciens), parce que le vrai temple de Dieu, pour lui, c'était le cœur. Il n'a ni peint ni sculpté des dieux, parce qu'il voyait et voit encore dans la Divinité, non pas un gracieux jouet, mais l'objet d'une grave et fervente vénération.

Le peuple israélite n'a pas atteint jusqu'à l'épopée, moins encore jusqu'au genre dramatique. Peut-être était-ce chez lui manque de disposition ; mais ce manque même tient à son aversion instinctive pour les théogonies et les légendes mythologiques, et aussi pour les jeux et les fictions du théâtre. En revanche, il a créé deux autres genres de poésie qui reflètent bien la richesse de son idéal : le *psaume*, et l'éloquence poétiquement cadencée des *prophètes*. Ce qui caractérise l'un et l'autre genre, c'est qu'ils ont pour base commune la vérité et non la fiction ; que, par suite, la poésie, au lieu d'être un simple divertissement de l'imagination, devient un instrument d'élévation morale. Si le drame n'est pas dans cette littérature, la vie dramatique y respire ; si elle n'a pas la raillerie comique, elle a cependant cette hautaine ironie de l'idéal qui regarde avec dédain tout ce qui n'est que vaine apparence. Les prophètes et les psalmistes d'Israël ont créé, eux aussi, une belle forme poétique, mais ils n'ont point sacrifié le fond, la vérité, pour l'amour de la forme. Le peuple israélite a aussi sa manière à lui d'écrire l'histoire ; ce qui la distingue, c'est qu'elle ne cherche ni à dissimuler ni à pallier les faiblesses ou les torts des héros, des rois, des peuples, mais expose constamment les faits avec une scrupuleuse sincérité.

Cette littérature hébraïque qui n'a point sa pareille au monde, qui a tout au plus des imitatrices, doit à sa supériorité même les conquêtes morales qu'elle a faites. Les autres peuples n'ont pu résister au sentiment profond et vrai qui l'anime. Si la littérature grecque a embelli le domaine de l'art et de la science, la littérature hébraïque a idéalisé celui de la sainteté et de la culture morale.

Mais elle a encore sur elle cet autre avantage d'avoir un dépositaire immortel, qui l'a conservée et cultivée au milieu des circonstances les plus défavorables. L'histoire d'un tel peuple mérite, à coup sûr, quelque attention...

L'histoire fait ressortir dans ce peuple une double transformation ; elle montre l'humble famille d'un cheikh devenant un rudiment de peuple, ce petit peuple traité comme une horde, puis cette horde disciplinée de manière à devenir peuple de Dieu, au moyen d'une doctrine qui lui donne une notion élevée de l'essence divine et qui y rattache la sanctification de soi-même, l'empire sur soi-même. Cette âme du peuple a grandi et s'est développée parallèlement avec son corps; elle s'est traduite en lois, et, bien qu'indépendante du temps et de ses vicissitudes, s'est accommodée à la diversité des époques. La transformation s'est opérée au prix de luttes douloureuses. Il a fallu vaincre des obstacles intérieurs et extérieurs, réparer des déviations, guérir des rechutes, jusqu'à ce que le corps du peuple pût devenir un digne organe de son âme. Ce qui était caché devait se produire au jour, ce qui était obscur s'éclaircir, le vague pressentiment se changer en intuition nette et lumineuse, pour que l'Israël entrevu par les prophètes dans le lointain avenir pût devenir « le flambeau des peuples ». Certes, ni le globe de la terre ni le cours des siècles ne nous montrent un second peuple qui, comme le peuple israélite, ait porté partout avec lui une doctrine déterminée...

Celui-là même qui ne croit pas aux miracles doit reconnaître qu'il y a, dans l'histoire du peuple israélite, quelque chose qui tient du miracle. On n'y remarque pas seulement, comme chez les autres peuples, les phases successives de la croissance, de l'épanouissement et du déclin, mais aussi ce phénomène extraordinaire qu'au déclin a succédé une renaissance, une nouvelle floraison, et que cette alternative s'est trois fois répétée. La transformation du groupe familial israélite en peuple, depuis son entrée dans le Canaan jusqu'à la royauté, forme la première époque, celle de la *croissance*. La deuxième, celle de l'*épanouissement*, répond aux deux règnes de David et de Salomon, sous lesquels le peuple israélite est devenu un État de premier ordre. Elle ne fut pas longue, cette époque florissante ; elle fut suivie d'un affaiblissement graduel, qui se termina par la ruine de la nationalité. Mais celle-ci se releva, grandit peu à peu sous la domination des Perses et celle des Grecs, développa de nouveau par les Maccabées une brillante floraison, pour succomber derechef sous les Romains. Mais elle n'a péri qu'en apparence, pour ressusciter de nouveau sous une autre forme. Deux fois ensevelie tout entière dans le tombeau, elle est deux fois remontée à la lumière. Ce qui n'est pas moins merveilleux, c'est que par deux fois l'essor de ce peuple a commencé sur la terre étrangère, au sein d'une mort apparente : la première fois en Égypte, la seconde fois en Babylonie, et même la troisième, si l'on veut, dans un milieu étranger et hostile. Un des prophètes d'Israël représente la croissance de ce peuple en Égypte sous la forme d'une fillette abandonnée dans un champ, couverte de sang et de fange, et qui, malgré cette abjection et cette misère, devient peu à peu une splendide jeune fille. Son développement dans la Babylonie est représenté par un autre prophète sous l'image d'une veuve d'abord privée de tous ses enfants, malheureuse et dolente, et qui, les voyant un jour accourir en foule de tous les coins de la terre, se trouve soudain consolée et rajeunie. Le troisième rajeunissement de la race juive a été aussi l'objet d'une comparaison bien frappante : la figure d'un esclave déguenillé, courbé, couvert de plaies saignantes, mais qui dépouille tout à coup cette repoussante enveloppe pour se changer en un beau jeune homme, plein de grâce, de force et de majesté.—Toute comparaison cloche, je le sais; celles-là donnent cependant une idée assez juste d'un phénomène qui sort de la voie commune. C'est, en tout cas, un fait peu ordinaire que l'existence de ce peuple, qui date des plus vieux âges et montre encore la fraîcheur de la jeunesse; qui a traversé tant de vicissitudes, et qui est resté fidèle à lui-même. Oui, vraiment, c'est bien le *Juif errant*, mais qui ne plie point sous la fatigue et n'aspire nullement au repos de la tombe !

# PREMIÈRE PÉRIODE

## LES
# TEMPS BIBLIQUES AVANT L'EXIL

### PREMIÈRE ÉPOQUE
## LES COMMENCEMENTS

### CHAPITRE PREMIER
#### L'HISTOIRE PRIMITIVE

Un jour, au printemps, quelques tribus de pâtres, franchissant le Jourdain, pénétrèrent dans un petit pays, simple littoral de la Méditerranée : le pays de *Canaan*, nommé depuis *Palestine*. L'entrée de ces tribus dans ce petit pays devait un jour faire époque pour le genre humain; le sol sur lequel elles prenaient pied devint pour longtemps, par cela seul, un théâtre imposant, et, grâce aux durables conséquences de ce premier fait, reçut l'appellation de *Terre sainte*. Les peuples éloignés ne se doutaient guère de l'importance que devait un jour avoir pour eux cette immigration de tribus *hébraïques* ou *israélites* dans le pays de Canaan, et les peuplades mêmes qui l'occupaient alors étaient loin de voir ce que cet événement renfermait de fatal pour elles.

De fait, il y avait déjà à cette époque, dans le même pays, d'autres peuplades et tribus de diverses origines, de professions diverses, qui portaient le nom générique de *Cananéens* et que les Grecs appelaient *Phéniciens*. Elles ne s'étaient pas seulement fixées dans la commode et fertile région qui s'étend entre la côte et les montagnes, mais elles séjournaient encore sur différents points de la contrée, qui dans son ensemble et par cette raison même s'appelait « le pays de Canaan ». Partout où s'offraient de riches vallées, des oasis et des hauteurs naturellement fortifiées, elles avaient déjà pris pied lors de l'arrivée des Hébreux, et elles s'étaient avancées jusqu'à la belle vallée de Sodome et de Gomorre, jadis semblable à un « jardin de Dieu », et qui depuis, par suite d'une révolution physique, est devenue la mer Morte.

Mais les Israélites n'entrèrent pas dans ce pays en vue d'y chercher des pâturages pour leurs troupeaux et d'y séjourner en paix, côte à côte avec d'autres pasteurs. Leurs prétentions étaient plus hautes : c'est le Canaan tout entier qu'ils revendiquaient comme propriété. Ce pays renfermait les sépulcres de leurs aïeux. *Abraham*, le fondateur de leur race, venu des bords de l'Euphrate, du pays d'Aram, avait, après maintes pérégrinations dans le Canaan, acheté à Hébron la « Double Caverne » comme lieu de sépulture pour sa famille, avec le champ et les arbres adjacents. Leur troisième patriarche, *Jacob*, après bien des épreuves et des voyages, avait acheté un domicile près de *Sichem*, et, à la suite du rapt et du déshonneur de sa fille, il avait enlevé aux Sichémites, « avec son épée et son arc », cette ville importante, centre en quelque sorte de toute la région. Contraint par la famine, le même patriarche avait quitté malgré lui ce pays, considéré comme sa propriété, pour émigrer en Égypte ; et, sur son lit de mort, il avait adjuré ses enfants de transporter ses os dans le sépulcre héréditaire de la Double Caverne. Mais ce pays ne renfermait pas seulement les tombeaux des ancêtres ; il portait aussi les autels que les trois patriarches y avaient consacrés, à différentes places, au Dieu qu'ils adoraient, et auxquels ils avaient attaché son nom. — En vertu de toutes ces acquisitions, les Israélites croyaient avoir un droit absolu à la possession exclusive du pays.

Mais ils invoquaient encore d'autres titres plus élevés, qui confirmaient ce droit de possession héréditaire. Les patriarches leur avaient légué comme un saint héritage cette croyance que le Dieu, qu'ils avaient les premiers adoré, leur avait, par des promesses réitérées et certaines, quoique données en songe, adjugé la propriété du pays, non comme simple don gracieux, mais comme l'instrument d'une moralisation supérieure, qu'ils pourraient et devraient y développer. Cette moralisation devait résider, avant tout, dans la connaissance épurée d'un Dieu unique, essentiellement distinct des déités que les peuples d'alors révéraient sous forme d'images et de simulacres absurdes. Cette saine connaissance de Dieu devait avoir pour conséquence la pratique du droit et de la justice en tout et envers tous, contrastant avec l'injustice qui régnait généralement dans le monde. Cette morale, c'est Dieu même qui la demandait; elle constituait « la voie de Dieu » que tout homme doit suivre. Cette notion de Dieu et cette morale devaient être pour eux une *doctrine héréditaire* et comme le legs de famille de leurs patriarches. Ces derniers avaient d'ailleurs reçu l'assurance que, par l'entremise de leurs descendants, fidèles gardiens de leur doctrine, tous les peuples de la terre seraient bénis et participeraient à cette morale. C'est à cet effet, pensaient-ils, que le pays de Canaan leur avait été promis, comme étant particulièrement favorable au développement de la doctrine héréditaire.

Aussi les Israélites, même en pays étranger, soupirèrent-ils sans cesse après cette terre bénie, vers laquelle se tournaient obstinément leurs regards. Les aïeux leur avaient inculqué la ferme espérance que, lors même qu'ils vivraient pendant plusieurs générations sur une terre étrangère, ils rentreraient un jour infailliblement dans le pays où reposaient leurs patriarches, où ils avaient élevé des autels. A cette espérance, qui s'était comme identifiée à leur être, s'associait la conviction, non moins intime, qu'en retour de la possession de ce pays ils avaient à remplir une obligation, celle d'adorer uniquement le Dieu de leurs pères et de marcher constamment dans le sentier de la droiture.

L'évolution par laquelle la famille d'Israël devint un peuple s'est accomplie dans des circonstances peu ordinaires, et les commencements de ce peuple ne ressemblent à ceux d'aucun autre. Il naquit dans un milieu étranger, dans la province de *Gessen*, située tout au nord de l'Égypte et confinant à la Palestine. Ce n'était pas encore un peuple, mais une agglomération de douze tribus de pâtres assez peu cohérentes. Bien qu'ils ne se confondissent pas avec les Égyptiens indigènes, que ceux-ci eussent même de l'antipathie pour les bergers, — peut-être au souvenir des bergers (Hycsos?) qui les avaient opprimés jadis, — certains contacts, certaines relations étaient cependant inévitables. Des membres ou des fractions de tribus renoncèrent à la vie pastorale, s'adonnèrent à l'agriculture ou à l'industrie, et entrèrent ainsi en rapport avec les habitants des villes. Ce rapprochement eut, en un sens, des résultats avantageux pour les Israélites.

Les Égyptiens avaient alors derrière eux une histoire dix fois séculaire et avaient atteint déjà un haut degré de civilisation. Leurs rois ou pharaons avaient fondé des cités populeuses et élevé de gigantesques bâtisses, temples, pyramides et monuments tumulaires. Leurs prêtres avaient perfectionné certains arts et procédés dont la nature particulière du pays nécessitait l'emploi. L'écriture, cet art si important pour l'humanité, avait aussi été inventée et perfectionnée par les prêtres égyptiens, d'abord sur la pierre et le métal pour perpétuer le souvenir et la gloire des rois, plus tard sur l'écorce du papyrus; d'abord à l'aide de figures grossières, plus tard au moyen de caractères ingénieux.

Les Israélites, à Gessen, paraissent s'être approprié bon nombre de ces procédés, de ces arts et de ces connaissances; particulièrement la tribu de Lévi, dépourvue de moyens, sans possessions, sans troupeaux à élever, semble avoir emprunté aux prêtres d'Égypte l'art de l'écriture. Aussi considérait-on cette tribu comme plus cultivée que les autres, comme une *classe sacerdôtale;* et, déjà en Égypte, les Lévites devaient à ce caractère de prêtres une situation privilégiée. A ce point de vue, le séjour des Israélites en Égypte a été de grande conséquence. Il a élevé ce peuple, ou du moins une partie de ce peuple, de l'état inférieur de la vie de nature au premier échelon de la civilisation. Mais ce qu'ils ont gagné d'un côté ils l'ont perdu de l'autre, et il s'en est peu fallu que, comme les Égyptiens et en dépit de leur savante culture, ils ne tombassent dans un état pire encore, dans celui de l'abrutissement artificiel.

Il n'est point de peuple, ayant franchi la phase élémentaire du fétichisme, chez qui l'idolâtrie ait affecté une forme aussi repoussante et exercé sur les mœurs une aussi triste influence que chez le peuple égyptien. En combinant et amalgamant les différentes idolâtries locales, il avait édifié tout un système de polythéisme. A côté de leurs dieux, les Égyptiens avaient naturellement aussi des déesses. Mais ce qu'il y avait surtout de honteux et d'abominable dans leur mythologie, c'est qu'ils allaient chercher bien au-dessous de l'homme ces êtres à qui ils rendaient hommage et dont ils imploraient l'assistance. Ils donnaient à leurs dieux des formes bestiales et adoraient de vils animaux comme des puissances célestes.

Voilà quel culte abject les Israélites rencontrèrent en Égypte et eurent journellement sous les yeux. Une telle aberration ne pouvait avoir que de fâcheuses conséquences. Quand l'homme voit dans la brute une divinité, il descend lui-même forcément au niveau de la brute; aussi est-ce en brute que le peuple était traité par les rois et par les castes supérieures, celles des prêtres et des guerriers. Nul respect pour l'homme, nul souci de la liberté des indigènes, encore moins de celle des étrangers. Les pharaons se vantaient de descendre des dieux, et, comme tels, ils étaient déjà divinisés de leur vivant. Tout le pays était à eux; à eux, la population entière. S'ils laissaient aux laboureurs un coin de terre pour le défricher, c'était pure générosité de leur part. A proprement dire, il n'y avait point de peuple en Égypte, il n'y avait que des serfs. Le roi contraignait des centaines de mille hommes à des corvées pour les constructions colossales des temples et des pyramides. Quant aux prêtres égyptiens, ils étaient dignes des rois, dignes de leurs dieux. Que les pharaons accablassent le peuple des plus durs travaux, ils n'en étaient pas moins proclamés demi-dieux par les prêtres. Sous un tel régime le peuple dut perdre tout sentiment de dignité, dut fatalement s'abrutir; il s'accoutuma à un dégradant esclavage et ne fit jamais la moindre tentative pour secouer ce joug de fer.

La honteuse idolâtrie des Égyptiens les conduisit à des écarts plus honteux encore. La notion de chasteté leur devint absolument étrangère. Les animaux étant réputés dieux, partant supérieurs à l'homme, avoir commerce avec eux était chose ordinaire, qui n'entraînait ni punition ni déshonneur. On représentait les dieux dans les poses les plus impudiques; les hommes étaient-ils tenus de valoir mieux que leurs divinités?...

Rien n'est contagieux comme la sottise et le vice. Les Israélites, surtout ceux qui frayaient de plus près avec les Égyptiens, adoptèrent insensiblement les turpitudes et les dérèglements, conséquence de l'idolâtrie. A cela se joignit encore une violente pression extérieure. Longtemps les Israélites étaient restés libres dans le pays de Gessen, n'étant considérés que comme des nomades qui ne faisaient qu'aller et venir. Mais comme après des années, après un siècle, ils étaient toujours là, qu'ils s'étaient même multipliés, les conseillers d'un roi virent de mauvais œil cette indépendance, que ne possédaient pas les Égyptiens eux-mêmes. Afin d'y obvier, on déclara les Israélites, eux aussi, serfs ou esclaves, et on les astreignit à des corvées. C'est ainsi que cette province de Gessen, où naguère ils avaient vécu libres, se changea pour eux en « maison d'esclaves », en « creuset de fer » où ils devaient être mis à l'épreuve et montrer s'ils sauraient persévérer dans leur doctrine héréditaire ou s'ils adopteraient les dieux du pays étranger.

La plus grande partie des tribus ne résista point à cette épreuve. Elles avaient bien une vague conscience du Dieu de leurs pères, si différent des divinités égyptiennes; mais cette faible et confuse lueur s'effaçait de jour en jour. Le penchant à l'imitation, l'oppression rigoureuse et le dur labeur de chaque jour achevèrent de les hébéter, et éteignirent dans leur sein la dernière étincelle de la lumineuse doctrine des ancêtres. Dans leur rude esclavage, ces malheureux ne savaient que faire d'un dieu invisible, qui ne vivait que dans leurs souvenirs. Ils levèrent donc les yeux, à l'imitation des Égyptiens leurs maîtres, vers ces divinités visibles qui, après tout, se montraient si propices à leurs bourreaux et les comblaient de bénédictions. Ils adressèrent leurs hommages au dieu-taureau Apis, qu'ils appelaient *Abir*, et ils sacrifièrent aux boucs. La vierge d'Israël, devenue jeune fille, se prostitua à un culte impur. Ils croyaient sans doute, sous la forme d'un grossier ruminant, honorer le Dieu de leurs pères : une fois que l'imagination s'affole et s'égare, de quelles monstruosités n'est-elle pas capable? La race juive aurait sombré dans l'abjecte idolâtrie et dans la dépravation égyptienne, si deux frères et leur sœur, instruments inspirés d'une puissance supérieure, n'eussent arraché Israël à cette funeste apathie : j'ai nommé *Moïse, Aaron* et *Miryam*.

En quoi consistait la grandeur de ces trois personnages? quelles forces secrètes agissaient en eux, et leur donnaient le pouvoir de préparer une œuvre d'émancipation dont les sublimes effets ne devaient se borner ni à leur peuple ni à leur temps ? Les annales de l'histoire nous ont conservé trop peu de données personnelles sur Moïse, moins encore sur son frère et sa sœur, pour que nous puissions comprendre, humainement parlant, par quels degrés leur intelligence s'éleva de la lueur crépusculaire de l'enfance au plein épanouissement de la lumière intuitive. Ce trio fraternel appartenait à la tribu que la supériorité de ses connaissances désignait pour le sacerdoce, à la tribu de *Lévi*. Sans aucun doute, cette tribu, ou du moins cette famille, avait conservé plus fidèlement le souvenir des patriarches, de leurs doctrines traditionnelles sur Dieu, et elle s'était préservée de l'idolâtrie des Égyptiens et de leurs abominations. Aaron, Moïse et Miryam naquirent donc et grandirent dans une atmosphère morale et religieuse plus pure. Au sujet de Moïse, le document historique raconte que sa mère cacha pendant trois mois le nouveau-né, avant de l'exposer dans les eaux du Nil pour obéir à l'édit du roi. On ne peut guère douter que le jeune Moïse n'ait connu la cour du pharaon à Memphis ou à Tanis (*Tsoan*). Sans doute aussi, avec sa vive intelligence, il s'assimila les diverses sciences dont l'Égypte était le foyer. Le charme de sa personne et les rares facultés de son esprit durent lui gagner tous les cœurs : mais ce qui le parait mieux encore que les avantages physiques et intellectuels, c'était sa douceur et sa modestie. « Moïse était l'homme le plus doux qui fût sur la terre », tel est le seul éloge que lui décerne l'histoire. Ce qu'elle vante en lui, ce n'est ni l'héroïsme ni les exploits guerriers, c'est l'abnégation, c'est la passion du sacrifice. La doctrine abrahamique d'un Dieu ami de la justice devait lui inspirer de l'horreur pour la hideuse idolâtrie dont il était témoin, et un profond dégoût des mœurs corrompues qui en étaient le fruit. La débauche éhontée, l'asservissement d'un peuple entier par un roi et des prêtres, l'inégalité des conditions, l'abaissement de l'homme au niveau de la brute et plus bas encore, les vices de l'esclavage, il put apprécier toutes ces pernicieuses horreurs, dont la contagion avait déjà gagné sa race.

Toute injustice avait dans Moïse un ennemi déclaré. Le cœur lui saignait à voir les enfants d'Israël voués à la servitude et sans cesse exposés aux sévices des plus vils Égyptiens. Voyant un jour un de ces hommes frapper injustement un Hébreu, il ne put maîtriser son indignation et il châtia le coupable. Puis il eut peur d'être découvert, s'enfuit de l'Égypte et gagna le désert. Il s'arrêta dans une oasis, aux environs de la chaîne du Sinaï, où demeurait une tribu de Madianites. Là, comme naguère en Égypte, il fut témoin d'un acte de violence, et là encore, animé d'un saint zèle, il vint en aide à de faibles bergères. Ce service lui valut la reconnaissance du père des jeunes filles, un cheikh ou prêtre madianite, dont l'une des filles devint sa femme. Il embrassa dans ce pays la vie pastorale. Là, dans l'isolement et la solitude, entre la mer Rouge et la Palestine, tandis qu'il cherchait pour les troupeaux de son beau-père un pâturage propice, l'inspiration prophétique le saisit...

Qu'est-ce que l'inspiration prophétique? Jusqu'à présent, ceux-là mêmes qui ont pénétré plus avant dans les mystères de l'univers et de l'âme, — ce petit monde qui embrasse le grand, — ceux-là, dis-je, en ont bien quelque soupçon, mais nulle idée claire. Le domaine de l'âme renferme des coins obscurs, qui restent impénétrables au regard du plus profond penseur. Mais on ne saurait nier que l'esprit humain, même sans le secours des organes physiques, ne puisse apercevoir de loin le mystérieux enchaînement des choses et le jeu des forces diverses. En vertu d'une faculté interne encore inconnue, les hommes ont découvert certaines vérités qui ne sont pas du ressort des sens. Cela prouve que l'âme possède certaines facultés qui dépassent le cercle des sensations et du jugement, qui ont la puissance de soulever le voile de l'avenir, de découvrir des vérités transcendantes, utiles à la conduite morale de l'homme, et même d'entrevoir quelque chose de l'Être incompréhensible qui a combiné les forces de l'univers et qui en maintient le jeu. Sans doute les âmes vulgaires, préoccupées des soins de la vie matérielle, n'ont pas cette puissance. Mais une âme exempte d'égoïsme, supérieure aux appétits et aux passions, vierge des scories de la matière, une âme uniquement absorbée dans l'idée divine et aspirant exclusivement à la perfection morale, pourquoi une telle âme n'obtiendrait-elle pas la révélation de vérités morales et religieuses? Pendant des siècles, dans le cours de l'histoire israélite, ont surgi des hommes purs et sans tache, dont la vue a plongé dans l'avenir, qui ont reçu et transmis des révélations sur Dieu et sur la sanctification de la vie. C'est là un fait historique, un fait qui défie toute critique. Toute une série de prophètes ont annoncé les destinées futures d'Israël et d'autres peuples, et l'événement a justifié leurs prédictions. Tous ont placé bien au-dessus d'eux le *fils d'Amram,* — le premier qui fut honoré d'une révélation,—parce que ses prophéties furent de toutes les plus claires, les plus conscientes et les plus certaines. Tous ont reconnu Moïse, non seulement comme le premier des prophètes, mais comme le plus grand. Leur inspiration à eux n'était, à leurs propres yeux, qu'un reflet de la sienne. Si jamais âme d'un mortel a possédé la lucide intuition du prophète, c'est assurément l'âme pure, désintéressée, sublime, de Moïse.

Dans le désert de Sinaï, raconte le texte primitif, il fut honoré d'une mystérieuse vision, qui le remua dans tout son être. Partagé entre le saisissement et l'exaltation, plein d'humilité et de confiance à la fois, Moïse, après cette vision, retourna à son troupeau et à son foyer. Il était devenu un autre homme ; il se sentait poussé par l'esprit divin à délivrer ses frères de la servitude et à les initier à une vie supérieure.

Aaron aussi, qui était demeuré en Égypte, y avait reçu, dans une révélation, l'ordre de se diriger vers le mont Horeb et de se préparer, de concert avec son frère, à l'œuvre de la délivrance. Or il leur semblait moins difficile encore de disposer Pharaon à la bienveillance que de faire accepter, à un peuple dégradé par l'esclavage, l'idée de son affranchissement ; mais, bien qu'ils s'attendissent à rencontrer maint obstacle et une résistance opiniâtre, les deux frères se mirent vaillamment à l'œuvre, pleins de confiance dans la protection divine.

Tout d'abord ils s'adressèrent aux représentants des familles et des tribus, aux Anciens du peuple, et leur déclarèrent avoir appris par révélation que Dieu, prenant en pitié la misère des Israélites, avait promis de les délivrer et voulait les ramener au pays de leurs pères. Les Anciens accueillirent avec empressement cette bonne nouvelle ; mais la masse, accoutumée à l'esclavage, n'y prêta qu'une oreille indifférente. L'excès du travail avait engendré l'apathie et l'incrédulité. Ils n'avaient même pas le cœur de renoncer à la bestiale idolâtrie des Égyptiens. Contre une telle inertie, toute éloquence devait échouer. « Mieux vaut pour nous vivre dans l'esclavage que de mourir dans le désert ! » Telle fut la réponse du peuple, réponse sensée en apparence.

Sans se décourager, les deux frères se présentent devant le roi d'Égypte, et lui demandent au nom de Dieu, qui leur a donné cette mission, de rendre la liberté à leurs frères. Si les Israélites, dans l'appréhension d'un avenir inconnu, tenaient peu à quitter le pays, Pharaon tenait encore moins à les laisser partir. Avoir à sa disposition, pour ses cultures et ses bâtisses, plusieurs centaines de mille esclaves, et les émanciper au nom d'un dieu qu'il ne connaissait pas, au nom d'un droit qu'il dédaignait, la seule idée de lui demander pareille chose lui semblait une insolence. Il imposa dès lors aux serfs israélites un redoublement de travail, dans la crainte que le désœuvrement ne les conduisît à des idées de liberté. Au lieu de l'accueil sympathique qu'ils avaient espéré, Moïse et Aaron subirent les amers reproches des malheureux Israélites, dont leur intervention n'avait fait qu'aggraver les souffrances.

Mais lorsque le pays et le roi lui-même furent éprouvés par une série de plaies et de calamités exceptionnelles, lorsque Pharaon dut se dire que ce dieu inconnu les lui infligeait pour châtier sa résistance, alors seulement il se résigna à fléchir. A la suite de fléaux subis coup sur coup, il pressa lui-même le départ des Israélites avec une insistance violente, comme s'il eût craint que le moindre délai ne causât sa perte et celle du pays. A peine leur laissa-t-il le temps de se munir de vivres pour ce long et pénible voyage. Ce fut une heure mémorable que cette heure matinale du 15 nissan (mars), où un peuple esclave recouvra sa liberté sans coup férir. C'est le premier peuple qui ait appris à connaître le prix de la liberté, et il a gardé depuis lors, avec un soin jaloux, cet inappréciable trésor, cette condition fondamentale de la dignité humaine.

Des milliers d'Israélites partirent donc de leurs villages et de leurs tentes, la ceinture aux reins, le bâton à la main, avec leurs enfants et leurs troupeaux, et se rassemblèrent près de la ville de *Raamsès*. De nombreuses familles de pâtres, leurs congénères de race et de langue, qui avaient vécu au milieu d'eux, se joignirent à eux dans cette émigration. Tous se groupèrent autour de Moïse et obéirent à la parole de ce prophète, qui pourtant était éloigné de tout esprit de domination et qui proclama, le premier, l'égalité complète de tous les hommes. La tâche qui s'imposait à lui dans cet exode était plus ardue encore que ne l'avait été sa mission en Égypte auprès du roi et du peuple israélite. Ces milliers d'esclaves nouvellement affranchis, dont bien peu étaient à la hauteur du noble rôle qui leur était réservé ; ces hommes qui, arrachés à la verge de leurs tyrans, suivaient aujourd'hui passivement leur chef et l'abandonneraient demain à la première épreuve, Moïse avait à les conduire à travers le désert dans la Terre promise, à pourvoir à leurs besoins, à faire leur éducation ! De cette horde il devait faire un peuple, lui conquérir un sol, lui donner une constitution et introduire la dignité dans sa vie. En présence d'un tel problème, il ne pouvait compter avec certitude que sur le concours de la tribu de Lévi, dont les idées sympathisaient avec les siennes. Ce furent les Lévites, en effet, qui le secondèrent dans sa tâche difficile d'éducateur.

Tandis que les Égyptiens ensevelissaient leurs morts, qu'avait frappés une peste soudaine, les Israélites quittèrent l'Égypte après un séjour de plusieurs siècles, quatre générations après les premiers immigrants. Ils s'avancèrent dans le désert qui sépare l'Égypte du Canaan, par la même route qui avait conduit leur dernier patriarche au pays du Nil. Ils devaient s'acheminer d'abord vers la montagne de Sinaï, pour y recevoir une nouvelle doctrine et des lois dont l'exécution avait été le but même de leur affranchissement. — Cependant Pharaon regrettait d'avoir, dans un moment de faiblesse, consenti à leur départ. Il résolut de ressaisir les esclaves qu'il avait laissés échapper. Jugeant l'occasion favorable, il se met à leur poursuite. En voyant de loin les Égyptiens qui accourent sur eux, les Israélites se livrent au désespoir. Toute issue, en effet, leur est fermée. Devant eux la mer, derrière eux l'ennemi, qui, dans un moment, va les atteindre et ne manquera pas de les replonger dans le plus dur esclavage. Plusieurs se plaignent et murmurent : « N'y a-t-il pas de sépulcres en Égypte, disent-ils à Moïse, que tu nous aies amenés dans ce désert pour y mourir ? » — Soudain s'offrit à eux un moyen de salut inespéré, où ils ne purent voir qu'un miracle. Pendant la nuit, un fort vent de nord-est avait poussé vers le sud les eaux de la mer et en avait mis le lit à sec dans ses parties proéminentes. Le chef des Israélites, mettant vivement à profit cette heureuse circonstance, leur fit gagner en toute hâte le rivage opposé. Il leur avait d'ailleurs annoncé, avec sa clairvoyance prophétique, qu'ils ne reverraient plus jamais les Égyptiens. Le court trajet fut vite parcouru, et ils purent l'accomplir tout entier à pied sec.

Cependant les Égyptiens s'étaient mis à leur poursuite pour les ramener esclaves. Lorsque, au jour naissant, ils atteignirent le bord occidental, aperçurent les Israélites à l'autre bord et voulurent les poursuivre par le même chemin guéable, le vent tomba tout à coup ; les vagues amoncelées des deux côtés refluèrent brusquement sur le lit desséché et submergèrent, dans leur sépulcre liquide, chariots, chevaux et guerriers. Délivrance merveilleuse, qui, en s'accomplissant sous leurs yeux, releva les cœurs des plus apathiques et les remplit de confiance en l'avenir. Ce jour-là, ils eurent foi en Dieu et en son mandataire Moïse. Un hymne inspiré, à la gloire de leur divin libérateur, s'échappa de leurs poitrines, et ils chantèrent en chœur :

> Je veux glorifier le Seigneur,
> Car le Seigneur est grand !
> Coursiers et cavaliers,
> Il les a lancés dans la mer !...

Leur délivrance du joug égyptien, leur passage à travers la mer, le prompt anéantissement d'un ennemi acharné et altéré de vengeance, ces trois faits étaient pour les Israélites des choses *vécues*, qui jamais ne s'effacèrent de leur mémoire. Dans les situations les plus graves et les plus désespérées, ces souvenirs soutinrent constamment leur force et leur courage. Ils savaient que ce Dieu, qui les avait délivrés de l'Égypte, qui avait pour eux desséché la mer, qui avait exterminé leur mortel ennemi, ne pourrait jamais les abandonner, qu' « à jamais il régnerait sur eux » (1). Si, chez la plupart, ces sentiments de confiance, d'attachement à Dieu, de ferme courage, ne persistèrent pas longtemps et faiblirent au premier obstacle, ils se sont toujours maintenus dans un groupe de vaillants, qui ont su les manifester au milieu des épreuves que leur réservait l'avenir.

Échappées à l'étreinte de l'esclavage et à la terreur séculaire de leurs oppresseurs, les tribus pouvaient poursuivre avec sécurité leur marche. Elles avaient encore plusieurs journées à faire pour atteindre le Sinaï, but provisoire de leur voyage. Bien que la contrée qu'elles avaient à traverser ne soit, en majeure partie, qu'un désert de sable, elle ne manque toutefois pas d'oasis, d'eau ni de pâturages. Elle était connue de Moïse, qui précédemment y avait fait paître les troupeaux de son beau-père. Le pain même n'y fit point faute aux Israélites, car la manne leur en tint lieu. Ils en trouvèrent si abondamment et s'en nourrirent si longtemps, qu'ils durent la regarder comme un aliment miraculeux. Car ce n'est que dans cette presqu'île qu'on voit couler de l'écorce des hauts tamaris, très nombreux dans les vallées et sur les mamelons du Sinaï, des gouttes d'une saveur mielleuse, que la fraîcheur du matin cristallise en globules gros comme des pois ou des grains de coriandre, et qui fondent ensuite au soleil.

Après ces merveilles qui avaient exalté leurs esprits, les tribus semblaient suffisamment préparées à recevoir le bienfait suprême en vue duquel elles s'étaient acheminées, par le détour du désert, vers la montagne de Sinaï ou d'Horeb. C'est au pied de cette montagne, entourée partout de libres espaces, que Moïse conduisit et cantonna les Israélites. Puis il leur enjoignit de se préparer à un phénomène extraordinaire qui allait frapper leurs yeux et leurs oreilles. Avec une curiosité ardente et anxieuse, ils attendirent le troisième jour. Une barrière dressée autour du pic le plus voisin empêchait le peuple d'en approcher. Une nuée épaisse en enveloppait le sommet, des éclairs intenses s'en échappaient et transformaient la montagne en un vaste brasier, tandis que le tonnerre, grondant d'une paroi à l'autre, se répercutait en formidables

---

(1) Fin du cantique de la mer Rouge.

échos. Toute la nature semblait convulsée et la fin du monde imminente. Grands et petits tremblaient effarés, secoués dans tout leur être, à la vue de ce sublime et terrible spectacle. Mais si sublime qu'il fût, il ne l'était pas plus que les paroles qu'entendit ce peuple frémissant, et dont les nuées du Sinaï, les éclairs et le tonnerre n'étaient que la préface.

Du haut de cette montagne en feu, ébranlée jusqu'en ses profondeurs, des paroles distinctes vinrent frapper l'oreille du peuple assemblé, paroles très simples au fond, intelligibles à chacun, mais qui ne sont rien moins que la base de l'éducation morale de l'homme. Les dix paroles qui retentirent alors, le peuple eut la ferme conviction qu'elles lui étaient directement révélées de Dieu. Ce Dieu, lui disaient-elles, qu'Israël doit adorer désormais, est le même qu'il a déjà reconnu à sa miraculeuse protection, celui dont il a éprouvé la puissante influence sur les choses humaines, celui qui l'a tiré de l'Égypte et a brisé ses chaînes. Dieu invisible, on ne doit le représenter sous aucune image. (L'idolâtrie égyptienne, à laquelle les Israélites s'étaient accoutumés, justifie l'insistance avec laquelle cette défense est développée.) Sanctifier le sabbat, s'abstenir de tout travail le septième jour, est particulièrement recommandé. Il n'était pas non plus indifférent, en présence de la barbarie de cette époque, de déclarer que les auteurs de nos jours ont droit à notre respect. Que de peuples, dans l'antiquité, avaient coutume de tuer leurs parents devenus vieux ou de les exposer à la dent des fauves! Quant à la mère, elle était partout traitée avec dédain, et, après la mort du père, elle était subordonnée à l'aîné des fils. La voix du Sinaï proclama que le fils, même devenu chef de la famille, doit honorer sa mère à l'égal de son père. — La vie humaine était peu respectée chez les anciens ; c'est pourquoi la voix divine déclare : « Tu ne tueras point! » Le motif en est précisé dans un autre passage : « La vie de l'homme est inviolable, parce que l'homme a été créé à l'image de Dieu. » — Un des fléaux du vieux monde était la luxure et l'impudicité; l'oracle du Sinaï prononça : « Tu ne forniqueras point! » — La propriété aussi devait être inviolable : le vol fut stigmatisé comme un crime, pareillement le faux témoignage. Et non seulement la mauvaise action, mais même la mauvaise pensée fut condamnée sur le Sinaï : « Tu ne convoiteras pas la femme ni la propriété d'autrui. »

Que valait l'histoire des Indiens, des Égyptiens et autres peuples, avec leur sagesse, leurs orgueilleuses bâtisses, leurs pyramides et leurs colosses ; que valait cette histoire, vieille alors de plus de deux mille ans, auprès de cette heure solennelle du Sinaï ? Cette heure a statué pour l'éternité. Elle a posé la première pierre de la moralité, de la dignité humaine. Elle a marqué l'avènement d'un peuple unique et sans pareil au monde. Ces simples et profondes vérités : un Dieu immatériel et sans représentation possible, un Dieu libérateur, ami des opprimés et des esclaves, ennemi de l'esclavage ; les devoirs de la piété filiale, de la chasteté, du respect de la vie humaine et de la propriété, de la sincérité de l'homme envers l'homme, de la pureté du for intérieur, c'est sur le Sinaï qu'elles retentirent pour la première fois et pour tous les temps.

Les Israélites étaient arrivés au Sinaï en timides esclaves, ils le quittèrent transformés en saint peuple de Dieu, en peuple de prêtres, en peuple de droiture (*Yeschouroun*). Par l'application du Décalogue, ils devaient devenir les instituteurs du genre humain et une source de bénédictions pour lui. Les peuples du monde ne se doutaient guère que, dans un coin de ce monde, une chétive peuplade avait assumé la lourde tâche de les instruire.

Mais il ne fallait pas que les saintes doctrines du Sinaï s'évanouissent avec les vibrations de l'air qui les avait portées aux oreilles du peuple. Pour se conserver à jamais dans la mémoire des hommes, elles devaient être gravées sur la pierre. Les « dix paroles » furent donc inscrites sur deux tables ou plateaux de pierre et sur chacune de leurs faces. Ces deux tables se sont longtemps conservées. On les appelait les *Tables de l'avertissement* ou *du statut*. Elles furent déposées plus tard dans une sorte de caisse, dite *Arche d'alliance*, placée au centre de la tente où se réunissaient les Anciens des familles toutes les fois que Moïse les convoquait. Cette arche était le signe visible de l'alliance que Dieu avait conclue avec le peuple au Sinaï, et en vertu de laquelle ce peuple devenait le sien et ne reconnaîtrait jamais d'autre dieu que le céleste Auteur de cette doctrine.

Ces grandes vérités religieuses et morales, éléments principaux d'une moralité nouvelle, et base en même temps de la nationalité israélite, furent traduites en *lois* précises qui leur donnèrent toute leur valeur, et qui devaient régir soit la vie individuelle, soit la vie collective. Cette parole : que Dieu a délivré les Israélites de l'Égypte, eut pour corollaire la doctrine de l'*égalité de tous dans la société*. Il ne devait y avoir parmi eux ni maître ni esclave. Nul ne pouvait se vendre ni être vendu comme esclave à perpétuité. Si quelqu'un avait encouru la perte de sa liberté, il ne pouvait servir que six années, la septième il redevenait libre. L'enfant dénaturé, le meurtrier volontaire, étaient punis de mort, et le sanctuaire même ne pouvait leur servir d'asile. Le meurtre même d'un esclave non israélite devait être vengé; si son maître le maltraitait, il recouvrait sa liberté *ipso facto*. Pour sauvegarder l'honneur de la jeune fille, le séducteur était tenu d'épouser sa victime ou de payer au père des dommages-intérêts.

La loi insiste particulièrement sur les égards dus à la veuve et à l'orphelin, qu'elle ne permet pas de molester. Elle couvre de sa protection l'étranger même qui désire vivre au sein d'une tribu. Les Israélites doivent toujours se souvenir qu'ils furent étrangers en Égypte, et n'être point durs à l'étranger comme on le fut pour eux-mêmes. — Le recueil de ces lois et autres semblables, toutes pénétrées de justice et de charité, pauvres en prescriptions cérémonielles, forma le *Code* antique, la *Thora*.

Or, la mission dévolue aux Israélites par la révélation du Sinaï était trop haute, trop idéale, elle contrastait trop avec leurs habitudes et leurs idées antérieures pour pouvoir entrer immédiatement dans leur intelligence. Les habitués du culte d'Apis ne pouvaient guère mettre leur confiance en un pur esprit. En tout cas, ils voyaient dans Moïse une divinité faite homme, de même que les Égyptiens avaient coutume de révérer leurs rois et leurs prêtres comme des dieux visibles. La religion spirituelle proclamée sur le Sinaï ne cherchait pas dans les sacrifices la manifestation du culte que l'homme doit à Dieu, elle tendait surtout à développer une vie morale et sainte. Mais ce but dépassait le niveau intellectuel du peuple; pour l'y conduire, il fallait d'abord faire son éducation. Les peuples de l'antiquité ne connaissant d'autre moyen que les sacrifices pour obtenir la grâce divine, force était de conserver cette forme de culte ; mais elle fut simplifiée. Un autel avait pour complément obligé un sanctuaire. Dans ce dernier, nulle image ne fut admise, mais uniquement un chandelier, une table avec douze pains, symbole des douze tribus, plus un autel, enfin une enceinte pour l'arche d'alliance (le saint des saints).

À l'autel, au sanctuaire et aux sacrifices, un corps de prêtres était nécessaire. Cette antique institution fut donc aussi conservée. Le sacerdoce fut naturellement conféré à la tribu de Lévi, la plus fidèle de toutes et la plus instruite, qui déjà en Égypte avait fait office de prêtres. Mais la possession territoriale aurait pu la conduire, comme les prêtres d'Égypte, à l'égoïsme, à l'abaissement du caractère, à l'exploitation intéressée du sentiment religieux. Les prêtres d'Israël, les Lévites, n'eurent point de canton en propre, et leurs moyens d'existence devaient se borner aux redevances que la loi prescrivait aux laïques de leur fournir. D'autre part, une vieille coutume, qui remontait à l'époque des patriarches, confiait aux premiers-nés des familles le soin des sacrifices. Cette prêtrise domestique, ne pouvant être brusquement supprimée, se maintint concurremment avec la prêtrise lévitique. Il se mêla ainsi, à la pure doctrine du Sinaï, un élément disparate et même antipathique. Les tendances matérielles du peuple rendaient nécessaires ces concessions, qui devaient servir de transition et d'acheminement à des idées plus élevées. Mais la partie éclairée du peuple, plus ou moins pénétrée de ces mêmes idées, n'attribua jamais à l'institution des sacrifices qu'une valeur secondaire.

Les Israélites demeurèrent quarante années dans le désert, menant une existence nomade, cherchant des pâturages pour leurs troupeaux, errant çà et là de Kadesch au golfe d'Ailat. C'est dans cette région et dans cet intervalle que Moïse accomplit sa mission d'éducateur. Cette première génération s'éteignit peu à peu, et la génération nouvelle, élevée par lui et par les hommes qui le secondaient, devint une communauté confiante en Dieu, pleine de courage et de persévérance. Il lui donna une série de lois successives, qu'il s'attacha à faire pénétrer dans son cœur. Moïse s'était entouré d'un sénat composé des chefs des soixante-dix familles. Ces « soixante-dix Anciens », qui servirent de modèle à des institutions ultérieures, devaient lui alléger le fardeau des affaires publiques, prendre part au conseil et à l'exécution dans toutes les occurrences importantes. En outre, il institua des juges supérieurs et subalternes, préposés respectivement à mille, à cent, à dix familles. Il confia leur élection au peuple, qui devait choisir lui-même les plus dignes et les lui proposer. Il enjoignit à ces juges de prononcer avec justice, non seulement entre leurs coreligionnaires, mais entre Israélites et étrangers. Ils étaient tenus de ne faire acception de personne, d'être équitables aux petits comme aux grands, inaccessibles à la corruption et à la crainte, animés, en un mot, du seul désir de bien juger : « car la justice est à Dieu », il en est la source, il en surveille l'exercice.

Amour du prochain, fraternité, égalité, douceur et justice, tel fut l'idéal que Moïse proposa à la jeune génération élevée par lui, et qu'elle devait aspirer à réaliser un jour. Ce fut un beau temps que celui où de telles lois et de telles doctrines furent infusées à un peuple comme l'âme même de son existence! La jeunesse de ce peuple était comme transfigurée par un glorieux idéal. C'étaient les épousailles de la vierge d'Israël s'unissant à son Dieu, et « le suivant avec amour à travers une aride solitude ! »

Enfin, ces pérégrinations étaient arrivées à leur terme. L'ancienne génération était morte, et la nouvelle, plus docile et plus vaillante, semblait mûre pour le but assigné. Un certain nombre d'Israélites de la tribu de Juda, aidés de ceux de Siméon, pénétrèrent, paraît-il, dans la Palestine par le sud, y prirent plusieurs villes et s'y établirent. Les autres tribus devaient faire un détour et entrer dans le pays par l'est. Ce détour pouvait être évité si les Iduméens, qui habitaient les hauteurs de la chaîne du Séir, leur eussent permis de traverser leur territoire. Mais ceux-ci, craignant sans doute d'être dépossédés par ce peuple en quête d'un établissement, s'avancèrent en armes pour leur défendre le passage. Les tribus furent donc obligées de faire un long circuit, de tourner l'Idumée en longeant le Séir à l'est, et de s'approcher du pays de Canaan par la rive orientale du Jourdain.

Or Sichon, roi des Amorréens, occupait cette contrée. Moïse lui envoya des messagers de paix, lui demandant la permission, pour les Israélites, de traverser son pays afin de gagner le Jourdain. Sichon refusa, lui aussi, et marcha avec son armée contre les tribus. La génération élevée par Moïse, bien différente de ses pères, accepta la lutte avec une juvénile ardeur, et battit, avec leurs rois Sichon et Og, les peuplades qui prétendaient lui barrer le passage.

Cette victoire des Israélites eut de grandes conséquences pour eux, et dans le présent et dans l'avenir. D'abord, ils prirent possession de toute la contrée, s'y cantonnèrent et mirent ainsi fin à leur vie nomade. De plus, ce premier succès leur donna la confiance et l'espoir de vaincre toutes les résistances qu'ils pourraient rencontrer dans la conquête de la Terre promise. Les peuplades voisines, informées de la défaite de ces puissants princes, tremblèrent devant les tribus voyageuses.

La péripétie née de ces étonnantes victoires fit éclore des chants, première apparition d'un génie sans lequel un peuple ne saurait prétendre à une place éminente. Les premiers vers chantés par la muse hébraïque furent des chants de guerre et de victoire. Les auteurs de ces poèmes (*moschlim*) furent, dès l'abord, en si haute estime que l'on conserva leurs productions dans un recueil, « le *Livre des guerres de Dieu* ». Il n'est resté que trois de ces poèmes, et à l'état de fragments... La poésie hébraïque, dans ses premiers essais, manque et de profondeur et de suavité, mais elle montre déjà une double originalité qu'elle devait porter plus tard jusqu'à la perfection. Eu égard à la forme, elle a déjà la *symétrie des hémistiches*, autrement dit le parallélisme, où une même pensée se répète, dans deux ou trois membres successifs, sous des formes différentes. Eu égard au fond, cette muse naissante aime déjà l'ironie, fruit d'une double préoccupation : celle de l'idéal qu'elle porte en son âme, et celle de la réalité qui lui ressemble si peu...

Pour arriver à leur but, — la Terre de promission, — les Israélites ne pouvaient s'attarder plus longtemps dans les fertiles campagnes situées entre l'Arnon et le Jabok; il fallait se mettre en mesure de passer le Jourdain. Ici se manifesta la fâcheuse conséquence de la conquête des pays d'Og et de Sichon. Les tribus de Gad et de Ruben déclarèrent, un beau jour, vouloir rester sur le territoire conquis, parce qu'il était riche en pâturages et avantageux pour leur nombreux bétail et leurs chameaux. Ce fut pour Moïse une nouvelle douleur. Il leur reprocha amèrement leur égoïsme et, tout en cédant à leur désir, en les autorisant à garder le terrain conquis, il leur fit promettre que tous leurs hommes valides et propres à la guerre passeraient le Jourdain avec les autres tribus pour les aider à la conquête. Ainsi se forma un canton distinct et non prévu, celui des *deux tribus et demie* ou de la Pérée, « l'autre côté » du Jourdain, canton dont la possession devait avoir ultérieurement des conséquences plutôt nuisibles que favorables.

Les autres tribus étaient déjà prêtes à passer le Jourdain, lorsque Moïse, leur incomparable guide, cessa de vivre. Les Israélites pleurèrent sa mort trente jours; ce n'était que justice, car une telle perte était irréparable. Israël, à bon droit, se sentait orphelin. Pas un législateur, fondateur d'État ni éducateur de peuple, ne saurait être mis en parallèle avec Moïse. Il n'a pas seulement, et dans la situation la plus défavorable, fait d'une horde d'esclaves un peuple, il a aussi imprimé à ce peuple le sceau de l'immortalité. Il a mis dans ce corps une âme impérissable. Il a fait briller à ses yeux un idéal qu'il devait poursuivre sans cesse, heureux ou malheureux selon qu'il saurait ou non l'atteindre. Moïse a pu dire de lui-même qu'il a porté ce peuple « comme le nourricier porte son nourrisson », et rarement il a cédé au découragement ou à l'impatience. Sa douceur et son abnégation, traits dominants de son caractère, joints à la lucidité de son intuition, l'ont rendu digne d'être l'organe de la Divinité. Étranger à tout sentiment d'envie, il aurait voulu « que tous les Israélites fussent prophètes comme lui, qu'à eux tous Dieu envoyât son inspiration ». Aussi Moïse est-il resté, pour la postérité, le type incomparable du prophète; et la pensée que l'aurore du judaïsme vit briller un tel modèle ne fut pas un médiocre stimulant pour les générations suivantes.

La mort même de Moïse fut un enseignement. C'est dans le pays de Moab, au pied d'une montagne révérée dans cette région, — le mont Peor, — qu'il fut mystérieusement enseveli, et nul ne connaît jusqu'aujourd'hui le lieu de sa sépulture. Il fallait éviter que son peuple ne le divinisât, comme les païens faisaient de leurs rois, de leurs grands ou prétendus grands hommes, de leurs fondateurs de religions. Pleurant la mort du chef bien-aimé qui ne devait pas les conduire dans la Terre promise; pleines des grands souvenirs de la délivrance d'Égypte, du passage de la mer, de la révélation sinaïque; exaltées par leurs récentes victoires sur les rois Sichon et Og, les tribus passèrent le Jourdain, par un jour de printemps, sous la conduite de *Josué*, fidèle disciple de Moïse.

## CHAPITRE II

### CONQUÊTE DU PAYS DE CANAAN
### L'ÉPOQUE DES JUGES

Les Israélites ne rencontrèrent aucune résistance, soit pour traverser le fleuve, soit pour s'avancer dans l'intérieur du pays. La terreur avait paralysé les habitants. D'ailleurs, entre ces différentes peuplades, il n'existait point de lien qui en formât un tout et leur permît de marcher en masses compactes contre les envahisseurs. Il y avait bien, dit l'Écriture, trente et un rois dans le pays de Canaan, indépendamment de ceux qui habitaient le littoral de la Méditerranée; mais ce n'étaient, à vrai dire, que des roitelets, régnant chacun sur une ville et ses dépendances, et isolés les uns des autres. Ils laissèrent tranquillement les Israélites dresser un vaste camp à *Ghilgal*, entre le Jourdain et Jéricho. Cette dernière ville elle-même, qui devait, selon toute apparence, être attaquée la première, n'avait aucun secours à attendre des villes voisines, et ne pouvait compter que sur elle-même. Les tribus israélites, au contraire, étaient unies, avides de conquêtes, exercées aux armes, et elles étaient conduites par un chef qui avait fait ses preuves.

*Josué*, fils de Nun, de la tribu d'Éphraïm, était le successeur autorisé du grand prophète, qui lui avait imposé les mains et lui avait communiqué une partie de son esprit. Toutefois il n'était point prophète. Il avait plutôt le sentiment de la réalité, de l'utilité présente et pratique, que de l'avenir idéal. C'était un vaillant soldat, un général habile, et il l'avait prouvé autrefois dans sa rencontre avec les Amalécites. De plus, il avait le bonheur d'appartenir à la tribu d'Éphraïm, la plus considérée de toutes. Autrement sa tribu, fière et peu traitable de sa nature, ne se serait pas si facilement soumise à ses ordres. Mais, celle-ci l'acceptant pour chef, les autres ne lui marchandèrent point l'obéissance. Général et armée, qui avaient remporté l'un et l'autre d'éclatantes victoires, étaient pleins de résolution et animés du ferme espoir que Dieu favoriserait leurs entreprises et assurerait leur triomphe.

La première conquête fut celle de *Jéricho*, ville située près de la montagne, dans une contrée des plus fertiles où croissaient non seulement des palmiers à haute tige, mais encore le précieux balsamier. Grâce au voisinage de la mer Morte, le climat de Jéricho jouit, la plus grande partie de l'année, d'une température élevée, et les fruits y mûrissent plus vite que dans l'intérieur du pays. Il importait donc de se mettre d'abord en possession de cette ville. Mais on renforça les fortifications de Jéricho, parce que les habitants, comptant peu sur leur force de résistance, ne se sentaient en sûreté que derrière de bonnes murailles. Pourtant ces murs tombèrent, raconte l'Écriture, au fracas intense soulevé par les guerriers israélites. Ceux-ci pénétrèrent dans la ville sans trop de résistance, et eurent facilement raison d'une population énervée par la débauche. — La forteresse d'*Aï*, située à deux ou trois lieues plus au nord, ne put être prise que par un stratagème et par la mise en mouvement de toute l'armée. *Béthel*, non loin de cette ville, fut enlevée peu après par des guerriers d'Éphraïm, à l'aide d'une ruse. La prise des deux fortes cités acheva de décourager les habitants des villes et villages voisins, qui, sans même attendre d'être attaqués, s'enfuirent dans la direction du nord, de l'ouest et du sud, abandonnant leur territoire à l'ennemi, qui en prit possession en tout ou en partie. Les Hivéens du district de *Gabaon*, ou Gabaonites, se soumirent spontanément à Josué et au peuple, cédèrent aux Israélites la propriété de leurs villes, et ne demandèrent en retour qu'à être épargnés et tolérés. Josué, d'accord avec les Anciens et acquiesçant à cette condition, conclut avec eux un traité qui, selon l'usage de l'époque, fut scellé par un serment. — C'est ainsi que presque tout le pays de montagne, depuis la lisière de la grande plaine jusque près de la ville qui fut plus tard Jérusalem, tomba au pouvoir des Israélites. Cette zone séparait les anciens habitants du nord de ceux du sud, de sorte qu'ils étaient hors d'état de se prêter mutuellement assistance.

Les Cananéens du sud n'en sentirent que mieux le besoin de s'unir; la crainte de voir leur pays devenir infailliblement la proie de l'ennemi commun triompha de leurs petites jalousies et de leurs querelles particulières, resserra leur faisceau et leur donna du cœur pour l'attaque. Cinq « rois » ou souverains de territoires, parmi lesquels ceux de *Jébus* (Jérusalem) et d'*Hébron*, se coalisèrent pour attaquer les Gabaonites, qui, par leur soumission volontaire, avaient donné libre carrière aux conquérants. Les Gabaonites implorèrent la protection de Josué, qui fit marcher contre les cinq armées ses guerriers accoutumés à la victoire, et les battit si complètement qu'elles s'enfuirent au loin dans toutes les directions. Ce dut être une journée extraordinaire sous les murs de Gabaon, puisque, cinq siècles plus tard, on en conservait encore le souvenir. Un chant l'a immortalisée :

« Josué s'écria :
» Soleil, arrête-toi sur Gabaon !
» Et toi, Lune, dans la vallée d'Ayalon !
» Et le soleil s'arrêta,
» Et la lune fit halte,
» Jusqu'à ce que le peuple eût châtié ses ennemis. »

Le passage du Jourdain, accompli avec un bonheur inespéré, et ces victoires si rapides remportées coup sur coup, étaient autant de miracles qu'on pouvait ajouter aux miracles anciens. Ils fournirent aux poètes une ample matière pour glorifier non les exploits de la nation, mais la merveilleuse protection de son Dieu...

La victoire de Gabaon aplanit aux Israélites la route du midi et leur permit de s'étendre aussi dans cette direction. Là, toutefois, il y eut plus d'une place forte dont ils ne purent faire ou conserver la conquête.

Une fois la région centrale subjuguée, le plus fort était fait, et les tribus cessèrent de mettre en commun leurs efforts, par suite sans doute de l'exemple donné par la tribu de Joseph. Cette dernière, qui se divisait en deux sous-tribus, celles d'*Éphraïm* et de *Manassé*, prétendait à une certaine prééminence, fondée sur la situation qu'elle avait occupée en Égypte, et corroborée par cette circonstance que Josué, le chef du peuple, était né dans son sein. C'est pourquoi elle réclamait la meilleure partie du pays, celle de la montagne centrale, très riche en sources et d'une extraordinaire fertilité. La tribu d'Éphraïm prit possession de la contrée située au nord et au sud de *Sichem*, accidentée par une succession de collines et de vallées. Elle adopta pour chef-lieu Sichem, l'antique cité des Hivéens, et qui, par sa position entre deux montagnes (Garizim et Ebal) riches en cours d'eau, méritait de devenir la capitale de tout le pays. Mais les branches d'Éphraïm et de Manassé ne se contentèrent pas de cette belle et plantureuse province appelée depuis la *Montagne d'Éphraïm*; persuadées que Josué, enfant de la même tribu, n'avait rien à leur refuser, elles revendiquèrent une part plus grande encore. Sous prétexte que leur lot territorial était insuffisant pour leurs nombreuses familles, elles voulurent, indépendamment de la belle et riche plaine qui s'étend, sur un espace de plusieurs lieues, au nord de la montagne d'Éphraïm, obtenir encore la contrée adjacente qui avoisine la haute montagne de Thabor. Mais, contre leur attente, Josué se montra peu traitable. Il leur répondit avec quelque ironie que, puisqu'elles étaient si nombreuses, elles n'avaient qu'à s'emparer du mont Thabor, dans le pays des Phérizéens et des Rephaïm, et à éclaircir la forêt. Voyant que Josué ne prêtait pas la moindre assistance à leurs prétentions égoïstes, ces hommes cessèrent de prendre aucune part aux entreprises communes; ils pouvaient se contenter de leur lot.

Ce fut comme un signal. En les voyant se désintéresser ainsi de la chose publique, les autres tribus firent comme eux: elles songèrent avant tout à elles-mêmes. Quatre tribus jetèrent leur dévolu sur le nord, quatre sur le sud et l'ouest. Ce que n'avaient pas osé les Joséphides, quatre tribus l'entreprirent résolument: *Issachar*, *Zabulon*, *Aser* et *Nephtali*. Elles descendirent dans la plaine de Jezréel (Esdrelom), où s'établit une partie d'entre elles, tandis que l'autre poussa plus au nord, dans le haut pays qui s'étend au pied de la montagne. Ces tribus étaient, encore moins que les Joséphides, en mesure de guerroyer contre les habitants de la plaine, parce qu'elles n'auraient pu tenir contre les chariots de guerre qui la parcouraient aisément en tout sens. La tribu d'*Issachar* s'en tenait aux pâturages qu'elle avait été heureuse de trouver dans cette grande plaine, et ne songeait pas, pour le moment, à posséder des places fortes. Séduite par les charmes du repos et par la fécondité de cette terre, elle semble s'être soumise aux Cananéens de la province, satisfaite d'être tolérée, fût-ce au prix de lourds sacrifices. Sa jumelle, la tribu de *Zabulon*, moins amoureuse de repos, paraît avoir acquis par la force, dans le haut pays au nord du Thabor, des positions solides. Les deux autres tribus, *Aser* et *Nephtali*, doivent avoir trouvé plus de difficulté à s'établir : de ce côté-là, en effet, la population cananéenne était plus belliqueuse et plus étroitement unie. Là s'élevait une sorte de capitale, *Hasor*, dont le roi, *Jabin*, régnait sur plusieurs cantons. Celui-ci appela aux armes les villes alliées, pour écraser les Israélites qui menaçaient de les envahir. Les tribus d'Aser et de Nephtali n'étaient pas capables de leur tenir tête, et elles se hâtèrent, paraît-il, d'invoquer l'assistance de Josué. L'esprit de solidarité était encore assez puissant parmi les tribus pour que Josué les trouvât disposées à venir en aide à leurs frères du nord. Avec les guerriers qu'il réunit, il tomba à l'improviste sur les Cananéens commandés par Jabin, près du lac de *Mérom*, les battit et les mit en fuite. Ce fut la seconde grande victoire qu'il remporta sur ses ennemis coalisés. Cette bataille permit aux deux tribus de s'établir solidement entre le cours supérieur du Jourdain, à l'est, et la Méditerranée à l'ouest. Aser et Nephtali étaient les tribus les plus reculées vers le nord ; c'étaient comme les gardes avancées de la frontière, la première au couchant, la seconde sur les hauteurs de l'orient.

A la même époque, quatre autres tribus conquirent leur place dans le sud, et cela par leurs seuls efforts et sans le concours du reste de la nation. La petite tribu de *Benjamin* reçut, vraisemblablement des Joséphides, qui avaient avec elle des liens plus étroits, une zone peu étendue et d'une fertilité médiocre, vers leur frontière méridionale : ce n'était guère que le territoire des Gabaonites, avec quelques annexes à l'est et à l'ouest. Pénétrer plus avant dans le sud était tout aussi malaisé que de s'avancer dans le nord à travers la grande plaine. Au milieu du pays, en effet, demeuraient les *Jébuséens*, population guerrière et puissante, dont le territoire était défendu par le *Sion*, forteresse inaccessible, bâtie sur une montagne. Dans la plaine, à l'ouest, du côté de la mer, les habitants avaient des chariots de guerre en fer, que les Israélites, dans ces premiers temps, ne pouvaient affronter. Et pourtant les tribus restantes n'avaient pas d'autre ressource que le sud et l'ouest, pour s'y mettre en quête d'établissements. Parmi ces tribus, celle de *Juda* (Yehouda) était une des plus nombreuses et des plus puissantes, et celle de *Siméon* s'appuyait sur elle, comme une tribu vassale sur sa suzeraine.

La tribu de *Dan* fut de toutes la plus disgraciée ; elle restait, pour ainsi dire, entre ciel et terre. Ses familles paraissent avoir été peu nombreuses. Dan n'avait même pas, comme Siméon, une tribu *patronne* pour le protéger. Il semble avoir marché à la suite de la tribu d'Éphraïm ; mais cette dernière, dont nous connaissons l'égoïsme, ne lui avait laissé qu'un territoire incertain et difficile à conserver, au sud-ouest de son propre canton, ou plutôt une parcelle du canton de Benjamin. Les Danites devaient s'emparer du bas-fond ou de la plaine de Saron jusqu'à la mer, et s'y établir. Mais les Amorréens les empêchèrent de prendre pied dans cette contrée et les obligèrent de se retirer sur la montagne, où d'autre part les Éphraïmites, et leurs voisins les Benjamites, ne souffraient point d'établissements solides. Dan fut donc longtemps réduit à une vie de campement, et plus tard contraint d'émigrer pour chercher au loin des établissements dans le nord.

La conquête de la plus grande partie du pays s'était effectuée si rapidement, qu'elle dut apparaître comme un miracle aux contemporains et à la postérité. A peine un demi-siècle auparavant, les Israélites, apprenant par leurs émissaires que les habitants du pays étaient trop forts pour qu'on pût espérer de les vaincre, avaient reculé éperdus et découragés. Et maintenant ces mêmes peuplades si redoutées étaient à ce point terrifiées par les Israélites, que la plupart abandonnèrent leurs possessions sans résistance, et que, là où elles avaient essayé de se défendre, elles furent abattues. Le peuple se persuada que Dieu même avait marché à la tête des légions israélites, que c'était lui qui avait jeté le désordre dans les rangs de leurs ennemis et les avait dispersés. La poésie condensa dans une belle composition (le psaume XLIV) les détails de cette grande conquête du pays.

Quelque chétive et parcimonieuse qu'on eût fait la part de certaines tribus, telles que Siméon et Dan, elles avaient néanmoins reçu une possession suffisante pour servir de point d'appui à leur existence et de point de départ pour un développement ultérieur. Seule, la tribu de *Lévi* était restée complètement dépourvue de territoire. La règle instituée par Moïse avait été fidèlement observée. Les Lévites, tribu de prêtres-nés, ne devaient pas être absorbés par l'agriculture, ni se préoccuper d'un patrimoine à arrondir, ni, comme les prêtres d'Égypte, enlever les terres au peuple sous couleur d'intérêts religieux; ils ne devaient point, enfin, former une caste opulente, mais demeurer pauvres et se contenter de ce que les propriétaires de champs et de bétail leur accorderaient. Le sanctuaire et la Loi devaient être leur unique objectif.

Ghilgal, siège de l'arche et centre de ralliement, ne pouvait garder à jamais cette prérogative : il était situé dans une région peu fertile et en dehors de toute relation. Aussi, dès que la situation se fut consolidée et que les troupes d'au delà du Jourdain furent licenciées, dut-on se mettre en quête d'un siège plus convenable pour le sanctuaire. Il allait de soi, étant donnée la situation générale, que c'était dans la tribu d'Éphraïm qu'il fallait le chercher. *Silo* fut choisi à cet effet; c'est là qu'on transporta l'arche d'alliance et qu'on érigea un autel. Là était le rendez-vous, sinon de toutes les tribus, au moins des tribus centrales, Éphraïm, Manassé et Benjamin. Le grand prêtre descendant d'Aaron, *Phinéas*, et ses successeurs, fixèrent leur résidence à Silo. Beaucoup de Lévites, selon toute apparence, y séjournèrent également, tandis que d'autres vivaient dispersés dans les villes des autres tribus et menaient, en somme, une existence vagabonde.

Par suite de l'immigration des Israélites, le pays de Canaan changea désormais, non seulement d'appellation, mais de caractère. Il devint un *sol sacré*, *l'héritage du Seigneur*. Il devait concourir, en quelque sorte, à l'accomplissement de la sainte mission imposée au peuple. La terre étrangère était, en comparaison, une terre profane, où la fidélité au Dieu unique et spirituel et l'accomplissement de sa doctrine étaient choses impossibles. On prêtait à la Terre sainte une sorte de sensibilité, qui la rendait impressionnable à la conduite religieuse ou impie du peuple. Trois crimes notamment, — le meurtre, l'inceste et l'idolâtrie, — lui étaient intolérables ; c'est pour de pareils méfaits que le pays avait rejeté, avait « vomi » ses premiers habitants, et qu'il rejetterait, le cas échéant, le peuple israélite. C'était, aux yeux de ses nouveaux habitants, un sol d'une nature particulière et qui ne se pouvait comparer à aucun autre.

De fait, le pays d'Israël, — comme on l'a nommé depuis cette époque, — offre des particularités étonnantes et comme on n'en voit dans nul autre pays au monde. Sur un espace exigu d'environ trente milles géographiques de longueur sur environ douze de largeur (en y comprenant la région au delà du Jourdain), sont entassés des contrastes qui lui donnent un caractère merveilleux. Les pics éternellement neigeux du Liban et de l'Hermon, au nord, dominent une succession de sommets et de vallées jusqu'aux sables du midi, où toute végétation est brûlée par l'ardeur du soleil africain. Là croissent et prospèrent côte à côte des espèces partout ailleurs antipathiques : le svelte palmier, qui n'aime que les hautes températures, et le chêne, qui ne peut les souffrir. Si la chaleur du midi fait bouillir le sang et porte l'homme aux passions violentes, le vent qui souffle des glaciers du nord vient le rafraîchir, le disposer au calme et à la réflexion. Le pays est baigné par une double bordure d'eau : ici la Méditerranée, qui ouvre, le long de sa côte, des ports aux vaisseaux ; là un long fleuve, le Jourdain, qui, sorti de la hauteur de l'Hermon, court presque en ligne droite du nord au sud et a ses deux points extrêmes nettement marqués par deux grands lacs intérieurs. Au nord, il coule à travers le « lac de la Harpe » (*Kinnéreth*) ou de Tibériade ; au sud, il perd ses eaux dans le miraculeux « lac du Sel ». Ces deux lacs, eux aussi, forment un contraste. Celui de la Harpe est un lac d'eau douce, où frétillent des poissons d'espèces variées, aux bords duquel croissent à foison le palmier, le figuier, la vigne et autres arbres fruitiers. Par suite de la chaude température, les fruits mûrissent dans son voisinage un mois plus tôt que sur les hauteurs. Le lac du Sel (*Arabah*) a une influence toute contraire et s'appelle à juste titre *mer Morte*, car nul animal vertébré ne peut vivre dans ses eaux. Le sel qu'il renferme en abondance, mêlé à la magnésie et aux masses d'asphalte, est mortel à tout ce qui respire. L'air même y est imprégné de sel, et tout le sol environnant, rempli de salines, n'est qu'un affreux désert. L'ovale de montagnes qui entoure la mer Morte, et dont les parois s'élèvent, par places, de plus de 1,300 pieds au-dessus, du niveau de l'eau, est aride, sans végétation, et imprime à toute cette région un aspect sinistre. Sur ces mêmes bords, néanmoins, entre l'eau du lac et les flancs des montagnes, se trouvent des oasis qui ne le cèdent pas en fertilité aux plus délicieux coins de terre, et où se développent les précieuses plantes balsamiques. Telle est l'oasis d'*Engadi*, vers le milieu du bord occidental. Telle, et peut-être plus favorisée encore, l'oasis qu'on voit à l'angle sud-est de la mer Morte, où était la ville de *Soar*, célèbre par ses bois de palmiers, qui lui avaient valu le nom de *Thamara*. Là aussi fleurissait autrefois le baumier. A une lieue et demie au nord-est de la mer Morte, près de la ville de *Bétharam*, se récoltait le célèbre « baume de Galaad ». Et au bord de cette même mer, sur un espace de plusieurs lieues, s'étendent des marais salants qui répandent au loin des exhalaisons dangereuses. Mais les deux lacs, celui du « Sel » et celui de la « Harpe », ont cela de commun que l'un et l'autre possèdent sur leurs bords des sources thermales sulfureuses, efficaces pour la guérison de certaines maladies : *Callirhoé* à l'est de la mer Morte, *Ammaüs*, près du lac de Kinnéreth.

Le pays d'Israël est, avant tout, un pays de montagnes, et ses montagnes sont une grande bénédiction pour lui. Deux longues chaînes majestueuses, séparées par une vallée profonde, s'élèvent au nord comme deux fiers colosses à la tête chenue : le *Liban*, dont le plus haut sommet pénètre à plus de dix mille pieds dans la région des neiges, et l'*Antiliban* ou Hermon, dont le plus haut sommet atteint neuf mille trois cents pieds Le Liban n'a jamais fait partie du pays d'Israël, il a toujours appartenu aux Phéniciens, aux Araméens et à leurs successeurs. Mais ses fameuses forêts de cèdres ont été exploitées par les Israélites, et la majesté de ses cimes, la senteur de ses arbres, l'ont été plus encore par les poètes de ce peuple. Plus voisin d'eux était le mont *Hermon* et son sommet brillant de neige, que l'on contemple avec admiration à plus de vingt milles de distance, quand la vue n'en est pas masquée par d'autres montagnes. La limite méridionale du pays d'Israël finissait au pied de sa pente abrupte.

Les montagnes d'Israël, au nord, formaient les contreforts des deux chaînes. Ces hauteurs s'abaissent successivement jusqu'à la grande et fertile plaine de Jezréel. Cette plaine, qui a l'aspect d'un triangle irrégulier, et que bornent à ses deux extrémités les montagnes de Carmel et de Gelboé, partage le pays en deux moitiés inégales : la plus petite au nord (ultérieurement appelée *Galilée*), la plus grande au sud. De ce dernier côté, le terrain s'élève de nouveau, formant plusieurs éminences qui atteignent plus de deux mille pieds et qu'on nommait les *Monts d'Éphraïm*. De Jérusalem à Hébron, tirant au sud, le sol recommence à s'élever et forme des hauteurs de trois mille pieds, dites les *Monts de Juda*, puis il s'abaisse insensiblement, si bien que Bersabée, l'ancienne ville frontière, n'est plus qu'à une altitude de sept cents pieds. Les monts d'Éphraïm, comme ceux de Juda, s'inclinent de l'est à l'ouest, où se développe, entre leurs versants et la mer, la plaine appelée *Saron* et aussi la Basse-Terre (*Schephêlah*). La chaîne décroît à l'est, dans la direction du Jourdain. Plusieurs mamelons des deux chaînes d'Éphraïm et de Juda eurent une notoriété particulière; telles furent les deux montagnes près de Sichem, celles de *Garizim*, « montagne de la bénédiction », et d'*Ébal*, « montagne de la malédiction »; *Béthel*, à l'est, et *Mitspé*, à quelques heures de la future capitale; enfin la montagne de *Sion* (2,610 pieds) et celle des *Oliviers* (2,720 pieds).

Cette configuration particulière du pays lui donne une bigarrure dont les effets ne se montrent pas seulement dans les productions de la terre, mais se sont accusés aussi dans le caractère des habitants. Du nord au sud, le pays est partagé en trois zones. La vaste zone montagneuse règne au centre, celle de la Basse-Terre à l'ouest jusqu'à la mer, et celle des plaines à l'est jusqu'au Jourdain. Le climat de la Basse-Terre est tempéré; celui de la montagne, âpre dans la saison des pluies et tempéré dans la saison chaude; celui de la plaine du Jourdain, brûlant la plus grande partie de l'année.

Des rivières proprement dites, coulant toute l'année sans interruption, la Palestine n'en a point ou n'en a qu'une seule, le *Jourdain;* encore n'est-il pas navigable. Il ne fertilise que les plaines basses de ses deux rives, surtout la plaine orientale, au printemps, lorsque l'Hermon, par la fonte des neiges, vient grossir ses eaux. Les autres cours d'eau du pays, étant à sec dans les grandes chaleurs, ne sont point, à proprement parler, des rivières. Ces torrents n'en sont pas moins une source de fécondité pour les pays qu'ils arrosent, et c'est sur leurs bords que se trouvent les terres arables. Un autre élément de fertilité, ce sont les petites sources qui naissent des montagnes, et qui sont trop faibles pour former des rivières. Les régions privées de sources pourvoient à leur boisson au moyen de la pluie, qu'on recueille dans des citernes creusées dans le roc.

Grâce à la configuration de son sol, aux eaux abondantes que lui versent le Liban, l'Antiliban et leurs contreforts, aux sources qui le sillonnent et à la pluie qu'il reçoit largement deux fois l'année, le pays possède, presque partout, une riche végétation. Il était, il est encore en partie, partout où agit la main de l'homme, un pays « où coulent le lait et le miel », un beau pays « de sources et de ruisseaux, de lacs, de vallées et de montagnes, un pays de froment, d'orge, de vignes, de figues, de grenades, où l'olive donne son huile et la datte son jus; où l'homme n'a que faire d'entasser des provisions pour se mettre à l'abri du besoin; pays où rien ne manque, dont les pierres sont du fer et dont les montagnes fournissent de l'airain ». Les plaines surtout sont d'une incroyable fécondité et rendent au labeur de l'homme deux moissons dans l'année. Mais au nord de la plaine de Jezréel, le sol n'est pas moins productif; il portait autrefois un si grand nombre d'oliviers, qu'on a pu en dire : « On y baigne son pied dans l'huile ». Au sud de cette grande plaine, la région du milieu, partage d'Éphraïm et de Manassé, récompensait par d'amples récoltes le travail de ses possesseurs. Des sources, jaillissant partout de la roche, se rejoignent et deviennent assez puissantes pour faire mouvoir des moulins, tout en fertilisant la terre. Le canton des enfants de Joseph était particulièrement béni de Dieu :

> Des bénédictions du ciel, en haut,
> Et de celles de la terre, dans la profondeur ;
> Des fruits que mûrit le soleil,
> Et de ceux que développe l'action de la lune.

De riants jardins et des vignes aux grappes rebondies couvraient jadis le flanc des montagnes, couronnées de forêts ombreuses, notamment de térébinthes, de chênes et d'ifs, qui, à leur tour, entretenaient la fertilité dans les vallées. Sur certains points se dressaient des palmiers à la tige élancée, qui prodiguaient des fruits exquis et souvent versaient leur suc sur le sol. La fertilité diminue seulement vers le sud, où règnent surtout des collines calcaires et nues, et où les bas-fonds deviennent rares. Là encore, cependant, les troupeaux trouvaient des pâturages ; mais dans l'extrême sud, au midi d'Hébron, la campagne n'offre qu'un aspect triste et sauvage.

Grâce à ses montagnes et aux courants d'air pur qui affluent sans cesse des hauteurs et de la mer, le climat du pays est sain et la population robuste. On n'y voit point de ces marais putrides qui empoisonnent l'atmosphère. Les maladies sont rares, si elles ne sont amenées par quelque lésion extérieure ; rares également les épidémies, qui aujourd'hui encore n'y sévissent qu'importées du dehors.

Mais ce pays était encore plus nourrissant et plus vivifiant pour l'âme. Il est bien petit sans doute, comparé aux vastes régions de l'ancien monde. De certains points, de certains sommets au milieu du pays, le regard peut embrasser à la fois la frontière de l'orient et celle du couchant ; les flots de la Méditerranée d'un côté, de l'autre la nappe de la mer Morte, le Jourdain et les monts de Galaad. Du haut de l'Hermon, la perspective est encore plus étendue. Mais combien cette perspective élève l'âme ! De bien des points, l'œil peut contempler les aspects les plus ravissants, les plus sublimes. L'atmosphère est, presque toute l'année, si pure et si transparente, qu'elle agit en quelque sorte à la façon d'une puissante lunette, supprime la distance entre l'œil et le paysage et rapproche du spectateur les points les plus éloignés. Dans ce pays, le doigt de Dieu est visible partout pour une âme sensible et pensante : « Le Thabor et l'Hermon célèbrent le nom du Seigneur! » La croupe ondulée des montagnes ou leur cime gracieuse n'écrasent pas l'imagination comme ces colosses énormes qui se dressent jusqu'au ciel, ne l'oppressent pas par ces précipices sauvages, par ces crevasses fantastiques qui épouvantent le regard ; mais elles la transportent doucement au-dessus de la matière infime et lui donnent la sensation bienfaisante d'un idéal aimable, suave, pénétrant. Qu'un germe de poésie couve dans l'âme de l'observateur, ce germe s'éveillera et se développera bientôt à l'aspect de cette nature si riche et si variée. Et de fait, la vraie, la chaude et profonde poésie de la nature, c'est là seulement qu'elle a pris naissance.

Dans ces lieux où, de chaque sommet, le regard peut errer librement au loin et embrasser de toute part un immense horizon, l'âme a conçu sans effort la haute pensée de l'infini, qui ailleurs n'y pouvait entrer que d'une façon artificielle. Sur un pareil théâtre, des âmes vierges se familiarisaient aisément avec l'idée de la grandeur et de la majesté divine. Dès l'aurore de ses destinées, le peuple d'Israël avait reconnu le doigt de Dieu. Ce doigt puissant, il le voyait encore dans l'éternel balancement d'une mer sans limites, dans le retour et la disparition périodiques des nuées fécondantes, dans la rosée distillant des montagnes sur les vallées, dans toutes ces merveilles journalières qu'un horizon borné dérobe à la vue, mais que les grands espaces lui révèlent.

> Celui qui a sculpté les montagnes et créé le vent,
> Qui fait succéder l'obscurité au jour,
> Qui domine les hauteurs de la terre,
> Est aussi le Dieu qui protège Israël.

Cette pensée, si tardivement reconnue et cependant si fortifiante pour l'homme, que le même Esprit tout-puissant qui règne sur la nature gouverne aussi l'histoire, que l'Auteur des lois inflexibles de l'univers est le même qui préside aux variables destinées des peuples, cette pensée est née chez un peuple qui a puisé dans son histoire et dans ses larges horizons l'intuition de l'extraordinaire et du merveilleux.

Sans doute, l'autre rive du Jourdain, le Galaad, jadis possession des rois Sichon et Og, depuis échu à deux tribus et demie, offrait, lui aussi, de saisissants spectacles ; de ses hauteurs aussi, l'œil peut embrasser de vastes étendues. Mais on n'y contemple point la mer houleuse et mugissante, à peine un mince ruban de son azur. La poésie ne trouvait pas là le même excitant que dans la région opposée. Le Galaad n'a pas, que l'on sache, produit de poètes, et en fait de prophètes il n'en connut qu'un seul, âpre et sauvage comme ses solitudes et les gorges de ses montagnes. Le Jourdain n'était pas seulement une limite naturelle, c'était aussi une frontière morale. La Palestine citérieure avait d'ailleurs un autre avantage encore sur le Galaad : c'est que là, dès la conquête, les tribus avaient trouvé des places fortes et des cités organisées, base première de la société civile ; le Galaad, au contraire, avait peu de villes, encore étaient-elles éparpillées.

Cependant le pays d'Israël était loin d'être entièrement conquis et partagé entre les tribus ; des portions entières étaient encore au pouvoir des indigènes. On ne saurait décider jusqu'à quel point Josué lui-même fut responsable de cet état de choses, qui laissait la conquête inachevée. Sa vieillesse ne resta pas aussi verte que l'avait été celle de son maître Moïse, et sa main défaillante semble avoir laissé échapper la verge du commandement. Mais ce fut certainement la tribu d'Éphraïm et, à sa suite, celle de Manassé qui enrayèrent l'élan guerrier de la nation. Voyant ces tribus, en possession des meilleures provinces, se reposer sur leurs lauriers, le reste du peuple, lui aussi, ne songea plus qu'à la possession et au repos, et remit l'épée au fourreau. La première fougue de la conquête une fois passée, on ne voit plus qu'aucune entreprise collective se soit organisée. Chaque tribu et chaque fraction de tribu n'ont plus à compter que sur elles-mêmes. Ainsi isolées, ce n'est plus chose facile pour elles de s'arrondir aux dépens des anciens possesseurs.

Toute la côte notamment, cette Basse-Terre mi-partie fertile et sablonneuse qui s'étend depuis Gaza ou le « fleuve d'Égypte » (Rhinocolura) jusqu'à Acco, resta indépendante. Ni ce littoral ni la côte qui s'étend plus au nord, d'Acco à Tyr et à Sidon, et qui formait proprement la Phénicie, ne furent jamais, même plus tard, annexés au pays d'Israël. La côte septentrionale resta aux *Phéniciens*, celle du midi aux *Philistins*. Entièrement isolées des autres tribus, celles de Juda et de Siméon vivaient, plus qu'elles encore, entremêlées à des populations étrangères, adonnées tour à tour à la vie pastorale et au brigandage. Comme nous l'avons déjà remarqué, les Jébuséens formaient comme un mur de séparation entre ces tribus méridionales et celles du nord.

Si Josué, dans ses vieux jours, eut la joie de voir accomplie la promesse de Dieu aux patriarches, cette joie ne fut pas sans mélange. Chose trop fréquente dans la vie des peuples comme dans celle des individus, la réalité n'avait guère répondu aux rêves de l'espérance. Le pays appartenait bien aux enfants d'Israël; mais il ne leur appartenait que pour moitié, et cette moitié, pour peu que la population indigène se fût vigoureusement unie, pouvait leur être reprise, et, repoussés à leur tour, ils auraient de nouveau erré sans asile. La conscience de son œuvre inachevée dut remplir de souci les derniers moments de Josué; souci d'autant plus fondé qu'il ne voyait aucun chef capable de parachever sa tâche, aucun du moins à qui les tribus, surtout l'ambitieux Éphraïm, eussent consenti à se soumettre. Sa mort laissait le peuple orphelin, et ce peuple, qui pis est, n'avait même pas le sentiment de son abandon. Il ne pleura pas son second guide, mort, autant qu'il avait pleuré le premier. Josué ne légua qu'une seule chose à son peuple : l'espoir et la perspective de posséder un jour le pays tout entier, sans partage. Quand les peuples s'y attachent avec ténacité, leurs espérances finissent par s'accomplir. Mais il y avait encore bien des luttes à soutenir avant que cet idéal d'une possession exclusive pût devenir une réalité !

En effet, les Israélites, dès l'origine, eurent affaire à bien des ennemis. Si les peuples voisins ignoraient que la doctrine nouvelle, dont Israël était dépositaire, ne visait à rien moins qu'à renverser leurs dieux, à briser leurs autels et leurs obélisques, à abattre leurs bois sacrés, à anéantir tout leur attirail mythologique; s'ils ne se doutaient pas de l'énorme contraste entre leur caractère et les aspirations des nouveaux venus, ils n'en haïssaient pas moins ces intrus qui, l'épée à la main, s'étaient installés dans la plus grande partie du pays. A l'encontre de cette hostilité ouverte ou sourde, que devaient faire les Israélites? Ils devaient, ou déclarer à leurs voisins une guerre d'extermination, ou se mettre avec eux sur un pied de bon voisinage. Pousser à la guerre n'était pas possible; car, depuis la mort de Josué, ils manquaient de direction et d'unité, ils n'avaient ni aptitudes pour la guerre ni envie de guerroyer. Ces conquérants remirent donc peu à peu l'épée au fourreau et cherchèrent à nouer des relations d'amitié avec leurs voisins. Les Cananéens et les Phéniciens n'en demandaient, pour le moment, pas davantage. Leurs visées, en général, étant plus pacifiques que belliqueuses, ils se tenaient pour satisfaits, si les routes des caravanes leur restaient ouvertes pour la liberté de leur commerce international. Seuls, les Iduméens, les Philistins et les Moabites montraient un même empressement à opprimer et à mettre à mal leurs voisins israélites.

Ceux-ci éprouvaient encore un plus grand besoin de repos, un plus vif amour de la paix, lorsqu'ils se rappelaient le pénible voyage du désert. Rien ne leur coûtait pour satisfaire ce besoin, et plus d'une fois, en faveur de l'étranger, ils firent bon marché de l'intérêt de leurs frères. Pour entretenir les relations amicales avec leurs voisins et s'assurer en quelque façon contre l'avenir, ils contractèrent avec eux des mariages, en ce sens que les pères donnaient leurs filles pour épouses à des Cananéens et acceptaient pour leurs fils de jeunes Cananéennes. Ces mariages *mixtes* devaient surtout se produire chez les tribus des frontières, qui voyaient dans les bons rapports de voisinage une condition essentielle de sécurité.

Or, de ces alliances matrimoniales avec les païens à la tentation de prendre part à leur culte, il n'y avait qu'un pas. Les indigènes avaient déjà des sanctuaires et des lieux de pèlerinage, auxquels se rattachaient des mythes qui souriaient à l'imagination populaire. Les Israélites trouvaient, sur leur propre territoire, mainte colline élevée, mainte vallée gracieuse, déjà revêtues d'un caractère sacré. Le peuple des campagnes, qui ne savait pas assez distinguer les fictions païennes de la vérité israélite, et qui nourrissait encore le souvenir des aberrations de l'Égypte, n'éprouvait pas trop de répugnance à s'asseoir aux repas sacrés des idolâtres. Cette participation aux rites étrangers gagna peu à peu du terrain, d'autant plus que les Phéniciens imposaient aux Israélites par leur supériorité artistique et leurs capacités. D'ailleurs, le culte des peuples voisins ne flattait que trop les sens ; il devait plaire à ces natures encore jeunes, plus que le culte israélite, qui n'avait pas encore de formes arrêtées. A cette époque et plus tard encore, le *sacrifice* était l'expression par excellence du culte religieux et des rapports de l'homme avec la Divinité. Celui-là donc qui en éprouvait le besoin était obligé d'élever un autel à son usage ou d'adopter un sanctuaire déjà établi. Et la doctrine du Sinaï n'avait encore aucun représentant ni interprète pour enseigner aux hommes une autre manière d'honorer Dieu. Les Lévites, obligés de vivre et d'enseigner parmi toutes les tribus, n'avaient pas de domiciles fixes dans les villes, et, privés de propriétés foncières, étaient pauvres et peu considérés. L'habitude, l'esprit d'imitation, la séduction des sens, tout entraînait les Israélites vers le culte idolâtre des peuples voisins, tandis qu'un culte plus épuré, conforme à l'esprit de la loi sinaïque, n'avait guère pour eux ni attrait ni prestige.

Rien d'étonnant donc si les hauts lieux, dans le pays d'Israël, se couvrirent d'autels et si on y éleva des monolithes (*matséboth*)... A la vérité, les vieux souvenirs des miracles accomplis vivaient encore et formaient entre les tribus comme un lien invisible, en dépit de leur isolement et de leur accession à l'idolâtrie. Ces souvenirs, le père les transmettait à son fils et celui-ci au sien. Aux époques de détresse, des individus ou des tribus entières les caressaient avec ardeur : « Où sont ces miracles de Dieu que nous ont contés nos pères ; ces prodiges qu'il opéra en nous amenant de l'Égypte dans ce pays-ci ? » La scène du Sinaï enflammé restait toujours vivace chez ceux qui n'avaient pas suivi la stupide multitude. Les avertissements, d'ailleurs, ne leur manquaient point : des voix graves rappelaient à Israël cet heureux passé et censuraient sévèrement son existence idolâtre. Selon toute apparence, c'étaient des Lévites — ces gardiens de la Loi et des Tables d'alliance, ces serviteurs du sanctuaire de Silo — qui, de temps à autre, surtout aux heures sombres, au sein des assemblées populaires, tonnaient contre ces désordres. Mais, lors même qu'un de ces orateurs réussissait à secouer l'âme de la foule, cette émotion n'était pas durable. La propension à frayer avec les voisins et à imiter leurs mœurs était trop puissante pour qu'on en pût aisément triompher.

Ainsi un mal en avait engendré un autre. L'égoïsme des Éphraïmites avait forcé les autres tribus, elles aussi, à ne penser qu'à elles-mêmes, et le faisceau national s'était relâché. En présence de cet individualisme, l'existence d'un chef unique n'était pas possible. Aucune tribu ne pouvant, en cas de besoin, compter sur l'assistance de ses sœurs, toutes se trouvaient réduites à se mettre sur un bon pied avec les peuplades voisines, à s'allier avec elles par des mariages, à s'associer à leurs coutumes idolâtres, à s'assimiler leurs mœurs et leur immoralité. La défection intérieure était une conséquence de la dislocation extérieure. Mais, en dépit de ces sacrifices et de cette complaisante abnégation, on ne pouvait obtenir ni une pleine sécurité ni une suffisante indépendance.

Ces voisins haineux, aussitôt qu'ils se jugèrent assez forts, firent constamment sentir aux Israélites qu'ils ne voyaient en eux que des intrus, dont l'anéantissement, ou du moins l'humiliation, était le plus cher de leurs désirs. Josué mort, de tristes jours ne tardèrent pas à luire. L'une après l'autre, les tribus furent attaquées, maltraitées, comprimées jusqu'à la servitude. A la vérité, dans les périls extrêmes, des hommes pleins de zèle et de courage s'avançaient sur la brèche et se signalaient par des traits héroïques. Ces héros, ces sauveurs du peuple, — les *juges* (schofetim), comme on les appelle d'ordinaire, — pouvaient bien, aux heures de crise, rassembler quelques tribus pour une action commune; mais ils étaient impuissants à réunir le peuple entier sous leur main, même à retenir en un faisceau les tribus qu'ils avaient momentanément groupées, bref, à fonder un ordre durable. Encore moins ces sauveurs improvisés, ces chefs temporaires, étaient-ils capables de conjurer le fléau de l'idolâtrie et de l'immoralité, de susciter des partisans à la saine doctrine nationale, étant eux-mêmes imbus des erreurs dominantes et n'ayant que de vagues notions de la doctrine du Sinaï. Ils ne pouvaient pas, ces douze ou treize héros de la judicature, écarter définitivement des frontières du pays ses malveillants voisins, ni créer à l'intérieur une organisation durable. Même les plus marquants d'entre eux, *Barak* et la prophétesse *Débora* avec leur inspiration, *Gédéon* et *Jephté* avec leur valeur martiale, n'étaient pas assez forts pour créer ou restaurer l'unité nationale. L'importance de leur rôle, tout de circonstance, s'effaçait dès qu'ils avaient repoussé les ennemis, conjuré le péril, procuré une certaine sécurité à leurs concitoyens. D'autorité, ils n'en avaient point, même sur les tribus qu'ils avaient sauvées par leur courage. Les exploits de Samson n'empêchèrent pas les Philistins de considérer les tribus de leur territoire comme leurs sujettes ou mieux comme leurs esclaves, et de les traiter en conséquence ; et pareillement les victoires de Jephté sur les Ammonites ne les affaiblirent pas au point de les faire renoncer à leurs revendications contre les deux tribus et demie de la rive orientale.

Mais ce fut cet excès même de faiblesse qui, une fois constaté, amena graduellement la guérison et le retour des forces. Certains chefs de tribus durent enfin se convaincre que ces avances faites aux peuples voisins et cet empressement à les imiter, loin de profiter aux Israélites, les avaient annulés de plus en plus. Le souvenir du Dieu de leurs pères doit s'être réveillé dans les cœurs et avoir secoué les consciences. Avec ce souvenir s'éveilla la pensée du sanctuaire, de la tente sacrée dédiée à ce même Dieu dans Silo, et le besoin de la visiter. Aussi, vers la fin de l'époque des juges, Silo devint-il, plus qu'auparavant, un lieu de réunion. Là se trouvaient des lévites, gardiens encore fidèles de la doctrine mosaïque, et ceux-là peuvent avoir fait sentir au peuple, dans les assemblées provoquées par les crises publiques, que ces crises avaient pour cause la défection envers le Dieu d'Israël et le culte rendu à Baal.

Or, en ces temps calamiteux vivait à Silo un prêtre, digne descendant d'Aaron et de Phinéas, le premier Aaronide de cette période dont le nom ait passé à la postérité. On le nomme simplement *Héli*, et on nous le montre comme un vénérable et doux vieillard, à la parole bienveillante, incapable d'adresser à personne, même à ses fils indignes, une réprimande sévère. Un tel personnage devait déjà, par la gravité de son caractère et la sainteté de sa vie, exercer une salutaire influence et gagner de chaudes sympathies à la doctrine dont il était le représentant. Et lorsque des membres désolés des tribus d'Éphraïm et de Benjamin venaient à Silo, de plus en plus nombreux, exhaler leurs plaintes les uns contre les Philistins, les autres contre les Ammonites, c'était pour Héli une occasion incessante de leur parler du secourable Dieu d'Israël et de les détourner énergiquement du culte des faux dieux. Par là, il éveillait dans leurs esprits des sentiments plus nobles; plusieurs, parmi les Anciens des tribus, furent ainsi amenés à quitter Baal pour revenir au Dieu des ancêtres, et le reste de la tribu suivait généralement cet exemple.

Héli ne paraît pas avoir été belliqueux, et tout indique, au contraire, que ce fut un juge pacifique. Les prêtres et les Lévites d'Israël n'étaient pas habitués à manier l'épée et la lance. Cela n'empêche pas Héli d'être compté parmi les juges et libérateurs d'Israël. Lorsque des troupes israélites venaient lui demander inspiration et conseil, il les encourageait, au nom du Dieu de leurs pères, à opposer une résistance énergique aux fréquentes incursions de l'ennemi : son rôle actif ne paraît pas avoir été au delà.

Peut-être en Israël, comme ailleurs, la période de la judicature ou des temps héroïques eût été suivie d'une période de gouvernement sacerdotal, si les descendants d'Héli eussent hérité de sa considération. Mais il n'en fut pas ainsi; ses deux fils, *Hophni* et *Phinéas*, ne marchèrent pas sur ses traces. Et lorsqu'un beau jour le peuple et lui-même furent frappés d'un grand malheur, on y vit une punition du ciel, irrité de la conduite des fils d'Héli et de la faiblesse d'un père trop indulgent. Voici le fait.

Les Philistins, toujours plus forts que les tribus de leur voisinage, faisaient de continuelles incursions dans le pays et le mettaient au pillage. Les Israélites des tribus le plus directement exposées avaient déjà acquis une certaine expérience militaire, si bien qu'au lieu d'opposer à l'ennemi des masses désordonnées, ils s'avançaient régulièrement « en ordre de bataille ». Mais les

Philistins, grâce à leurs chariots de fer, étaient supérieurs aux Israélites. Sur le conseil des Anciens, on alla chercher à Silo l'arche d'alliance, dont la présence seule, supposait-on, serait déjà un gage de victoire. La seconde rencontre n'en eut pas moins une issue malheureuse. La troupe israélite fut mise en déroute, l'arche d'alliance capturée par les Philistins, et les fils d'Héli, qui l'accompagnaient, perdirent la vie. Les Philistins se mirent à la poursuite des fuyards et semèrent la terreur dans tous les alentours. Tandis que le peuple de Silo et le grand prêtre attendaient impatiemment des nouvelles favorables, arrive un messager effaré, hors d'haleine, apportant ce terrible message : « Les Israélites ont lâché pied devant les Philistins, tes deux fils sont morts, l'arche sainte est prisonnière de l'ennemi ! » Cette dernière nouvelle épouvanta le vieillard plus encore que la mort de ses fils : il tomba raide mort de son siège, au seuil même du sanctuaire.

De fait, tout honneur était perdu en ce moment pour Israël. L'incursion passagère et le pillage ne suffisaient plus aux Philistins victorieux : ils s'avancèrent à travers le pays dans toute sa largeur, jusqu'à Silo, et avec la ville ils détruisirent aussi le tabernacle, ce témoin qui rappelait encore l'heureux temps de Moïse. Longtemps après, un poète décrivait, d'un cœur encore oppressé, cette lamentable époque :

> Le Seigneur a délaissé le temple de Silo,
> La tente où il résidait parmi les hommes ;
> Il a livré sa gloire (*l'arche d'alliance*) à la captivité,
> Son honneur aux mains de l'ennemi,
> Jeté son peuple en proie au glaive,
> Courroucé qu'il était contre son héritage.
> Le feu a consumé ses adolescents,
> Et ses jeunes filles n'ont pu prendre le deuil ;
> Ses prêtres sont tombés sous le glaive,
> Et ses veuves n'ont point pleuré...

La force et le courage du peuple furent complètement brisés par cette défaite. Les tribus qui jusqu'alors avaient formé comme l'avant-garde d'Israël étaient paralysées. C'est Éphraïm qui — à bon droit, il est vrai — avait le plus souffert. De plus, la perte du sanctuaire, qui avait commencé sous Héli à devenir un centre de ralliement, semble avoir rompu toute relation entre les tribus, notamment avec celles du nord.

En s'emparant de l'arche d'alliance, réputée le palladium des Israélites, et en détruisant le sanctuaire, les Philistins s'imaginaient avoir, par cela même, vaincu le Dieu tutélaire de ce peuple. Ils furent bientôt désabusés à leurs dépens. L'arche ne fut pas plus tôt amenée dans la ville voisine, Asdod, que toutes sortes de plaies vinrent accabler le pays. Consternés, les princes philistins résolurent, d'après le conseil des prêtres et des magiciens, de renvoyer l'arche, avec des offrandes expiatoires, au lieu où ils l'avaient prise. Elle n'était restée que sept mois au pouvoir des Philistins. Sortie de leur territoire, elle trouva un abri dans la « ville forestière » (*Kiryat-Yearim*), sur une colline, où elle resta sous la garde des Lévites qui y résidaient. Mais elle fit si peu faute au peuple, qu'il s'écoula plusieurs dizaines d'années avant qu'on se ressouvînt d'elle. Ni par leur contenu, ni par leur haute antiquité, les tables de la Loi n'avaient grande valeur aux yeux d'une population dégénérée.

Toutefois, les malheurs mêmes du sanctuaire de Silo, son abandon et sa ruine, avaient provoqué dans les esprits une réaction salutaire. Ceux qui avaient conservé un peu de sens moral durent reconnaître, après tout, que le désarroi religieux et politique de la nation avait causé tous ses maux. Les Lévites qui avaient échappé au désastre de Silo et s'étaient disséminés sur différents points, ne pouvaient guère manquer de réveiller dans les consciences le respect de l'antique doctrine. Peut-être aussi le retour de l'arche avait-il exercé une influence directe sur les âmes et fait naître l'espérance d'un avenir meilleur. L'élan qui portait le peuple vers le Dieu d'Israël s'étendait de proche en proche. Il ne manquait plus qu'un homme sérieux, plein de résolution et de zèle, capable de montrer le bon chemin au peuple aveuglé, pour relever ces esprits affaissés par un long deuil. Et l'homme surgit à point nommé, qui devait donner une face nouvelle à l'histoire israélite.

Cet homme providentiel fut *Samuel*, fils d'Elkana ; ce fut lui qui reforma le faisceau, depuis longtemps désagrégé, de la communion israélite, qui en prévint la décomposition et la ruine. Sa grandeur ressort déjà de ce fait, qu'on le classe au second rang après Moïse, non seulement dans l'ordre chronologique, mais encore eu égard à l'autorité prophétique. Samuel fut une imposante personnalité, un fier et ferme caractère, sévère à lui-même comme aux autres. Vivant au milieu du peuple, en contact incessant avec lui, il surpassa ses contemporains par la religiosité profonde, par l'élévation de la pensée, par l'abnégation. Mais, plus encore que ces qualités, sa grandeur prophétique le mettait hors de pair. Son œil intérieur savait percer les voiles dont s'enveloppe l'avenir : ce qu'il avait ainsi vu, il l'annonçait, et ce qu'il annonçait se réalisait toujours.

Samuel descendait d'une des familles lévitiques les plus considérées. Sa mère *Hanna* (Anne), dont la prière silencieuse et fervente mérita de servir de modèle à la postérité, semble lui avoir transmis une profonde tendresse de cœur. De bonne heure il fut placé par elle sous la direction d'Héli, et fit office de Lévite dans le sanctuaire de Silo. Il en ouvrait les portes chaque jour, aidait aux cérémonies des sacrifices, et restait, même la nuit, dans l'enceinte du tabernacle. Jeune encore, la faculté prophétique s'éveilla en lui, sans qu'il en eût conscience. Un jour, au plus fort du sommeil, il crut entendre de l'intérieur du sanctuaire, où était encore l'arche, une voix l'appeler par son nom. Ce fut sa première vision prophétique. Peu après s'accomplit cette série de malheurs, la défaite de l'armée israélite par les Philistins, la prise de l'arche, la mort d'Héli et de ses deux fils, la destruction de Silo. Arrêté dans son service par ce dernier événement, il revint à Rama dans la maison paternelle, sans aucun doute avec une profonde douleur.

Dans le monde lévitique, où il avait grandi, régnait la ferme conviction que les revers d'Israël étaient la conséquence de la désertion de son Dieu. « Plus de tabernacle », cela revenait à dire que Dieu avait abandonné son peuple. Toutefois, Samuel semble avoir insensiblement pris son parti d'une situation irrémédiable et être arrivé à un autre ordre d'idées. *Plus de sanctuaire! Plus de sacrifices!* Le sacrifice est-il donc si indispensable à une pure adoration de Dieu, à une conduite sainte et religieuse ? Cette pensée mûrit dans son intelligence, et il la proclama plus tard en temps et lieu : à savoir, que les sacrifices n'ont qu'une valeur secondaire, et que ce n'est pas la graisse des béliers qui procure la bienveillance divine. En quoi donc doit consister l'adoration de Dieu ? Dans la stricte obéissance à ce que Dieu commande. Mais cette volonté de Dieu, quelle est-elle ? Pendant son séjour à Silo, Samuel ne s'était pas initié seulement au contenu des tables de pierre conservées dans l'arche, mais encore à celui du livre de la Loi légué par Moïse. Sa pensée s'était nourrie de ce livre. Dans ces saintes archives étaient recommandés, comme préceptes divins, le droit et la justice, la charité, l'égalité de tous sans distinction de classes ni privilège de castes ; rien des sacrifices, ou du moins peu de chose. Samuel, de beaucoup plus rapproché du berceau d'Israël et de sa doctrine que les derniers prophètes, était convaincu comme eux que Dieu n'avait pas simplement affranchi les Israélites pour qu'ils sacrifiassent à lui seul et à nul autre, mais pour qu'ils fissent de ses lois une vérité. Le contenu de ces archives, ou la Loi, c'était la volonté de Dieu, volonté à laquelle les Israélites devaient docilement se soumettre. Cette loi devint une vivante réalité dans la conscience de Samuel ; il en fut l'organe et l'interprète, il l'inculqua au peuple comme règle de conduite.

Désormais, la mission de Samuel était trouvée : initier le peuple à la sainte doctrine, le corriger des vices et des erreurs idolâtres qu'une habitude invétérée avait transformés en seconde nature. Son principal moyen pour obtenir ce grand résultat fut le puissant verbe du prophète. Samuel était doué d'une éloquence pénétrante. Exalté lui-même par ses visions prophétiques, il les communiquait à ses auditeurs, et il commença sans doute par Rama, sa ville natale. Ces révélations extraordinaires, qui dépassaient le cercle étroit de la vie commune, il paraît les avoir exprimées sous forme de vers, caractérisés par le parallélisme des membres, par l'emploi d'images et de similitudes poétiques...

Quand Samuel revint à la maison paternelle, sa renommée l'y avait devancé : on savait qu'à plusieurs reprises, à Silo, il avait été honoré de révélations prophétiques, et que sa parole s'était toujours accomplie. Bientôt le bruit se répandit aux environs de Rama, puis, de proche en proche, se propagea au loin, qu'un prophète avait surgi en Israël, que cet esprit divin qui avait inspiré Moïse reposait maintenant sur le fils d'Elkana. Dans le long espace de siècles qui sépare ces deux hommes, il n'y a pas eu de prophète, au sens vrai du mot. Cette pensée, que Dieu venait de susciter un second Moïse, enflamma les cœurs de l'espérance de voir luire prochainement de meilleurs jours.

La première préoccupation de Samuel fut de déshabituer son peuple du culte impur de Baal et d'Astarté, et de le guérir de sa crédulité à l'endroit des oracles. Les tendances d'une partie du peuple à s'éloigner des anciens errements et à se rapprocher du Dieu d'Israël vinrent en aide à ses efforts. Ses discours entraînants, où dominait surtout cette idée que les dieux des païens étaient de vains fantômes, incapables de secourir, que c'était folie et crime tout à la fois de consulter des oracles trompeurs et d'ajouter foi aux jongleries des devins, enfin que Dieu n'abandonnerait jamais son peuple, ces discours trouvaient un écho de plus en plus puissant dans le cœur de ceux qui les entendaient ou qui en avaient ouï parler. Samuel n'attendait pas les auditeurs, il les cherchait, il allait au-devant d'eux. Il faisait des tournées dans le pays, organisait des assemblées populaires et révélait à la foule ce que l'esprit de Dieu lui avait inspiré. Et les Israélites, échauffés par le feu de sa parole, s'éveillaient de la torpeur où les avait plongés l'adversité, reprenaient confiance en leur Dieu et en eux-mêmes, et entraient dans la voie de la résipiscence. Ils avaient trouvé l'homme qu'il leur fallait, celui qui, en ces temps calamiteux, pouvait le mieux les guider.

Toutefois, Samuel n'était pas isolé, et il n'aurait pu, à lui seul, opérer cette heureuse transformation. Il avait à sa disposition un corps d'auxiliaires sur lesquels il pouvait compter. Les Lévites, d'abord établis à Silo, s'étaient débandés après la destruction de cette ville et du sanctuaire, et avaient en quelque sorte perdu pied. Accoutumés à se grouper autour de l'autel et à servir dans le tabernacle, étrangers à toute autre besogne, que pouvaient-ils essayer dans leur isolement? Un nouveau centre de culte n'existait pas encore, vers lequel ils pussent se porter. Un certain nombre de Lévites se rallièrent donc autour de Samuel, dont ils avaient apprécié la supériorité à Silo, et il sut les utiliser pour le succès de ses desseins. Petit à petit ils devinrent assez nombreux pour former une compagnie, une communauté lévitique. Ils étaient habiles musiciens, savaient jouer des timbales, de la harpe et du luth. La parole brûlante des prophètes, revêtue d'une forme poétique, a certainement servi de base à la mélodie musicale. Réunies, paroles et musique exerçaient une telle puissance que les auditeurs, saisis d'enthousiasme, tombaient dans l'extase et se sentaient comme transformés. Ces stagiaires de la prophétie, dirigés par Samuel et poussés par l'esprit divin, eurent une part considérable à la révolution morale qui s'opéra chez les Israélites.

Une autre circonstance encore contribua à relever ce peuple de son apathie. Pendant toute la durée de la judicature, la tribu de Juda n'avait pris aucune part aux affaires publiques ni aux événements. Confinée dans les pacages et les solitudes de son territoire, elle était, pour les autres tribus, comme si elle n'eût point existé. Les Jébuséens, qui occupaient la région située entre les monts d'Éphraïm et ceux de Juda, isolaient cette dernière tribu de ses sœurs du nord. Ce sont seulement les entreprises réitérées des Philistins sur le territoire israélite qui semblent avoir secoué cette tribu et l'avoir fait sortir de sa retraite. Quelles que soient d'ailleurs les circonstances qui ont amené cette situation, il est certain qu'à l'époque de Samuel la tribu de Juda et sa vassale, celle de Siméon, entrèrent dans l'action commune. Jacob et Israël, séparés l'un de l'autre pendant les longs siècles écoulés depuis leur entrée au pays, sont maintenant réunis, et c'est probablement Samuel qui a provoqué cette jonction. L'entrée de Juda sur la scène y introduit un élément nouveau, plus vigoureux, et en quelque sorte rajeunissant. Dans la province dont elle avait pris possession, la tribu de Juda avait trouvé peu de villes et une civilisation peu développée. La seule ville qui eût un nom était Hébron; le reste n'était que bourgades pour des pâtres. Les mœurs raffinées et corrompues de la Phénicie restèrent étrangères aux Judaïtes et aux Siméonites ; le culte de Baal et d'Astarté, avec sa dépravation sensuelle et grossière, ne pénétra pas jusqu'à eux. Ils restèrent, en majeure partie, ce qu'ils avaient été à leur entrée dans le pays : de simples pasteurs, jaloux de leur liberté et sachant la défendre, mais peu ambitieux de gloire militaire. C'est dans la

Judée que la simplicité patriarcale semble avoir persisté le plus longtemps.

A la vérité, sans l'énergique et imposante personnalité de Samuel, le relèvement politique et religieux n'eût guère pu s'accomplir. Le fils d'Elkana, sans être un héros, était néanmoins considéré comme la forte colonne sur laquelle s'appuyaient les deux maisons de Jacob et d'Israël. Secondé par le corps prophétique des Lévites, Samuel soutint son rôle actif durant plusieurs années, avec ardeur et résolution. Le peuple voyait en lui un chef, et il le conduisit en effet à la victoire par la puissance de l'inspiration. Celle qu'il lui fit remporter près du lieu même où, bien des années auparavant, les Philistins avaient écrasé l'armée israélite et capturé l'arche d'alliance, eut des conséquences sérieuses et durables : elle releva le courage des Israélites et abattit celui des Philistins.

Pendant une dizaine d'années environ, le peuple doit avoir goûté de nouveau les charmes de la paix, et Samuel prit à tâche d'empêcher que les avantages nés du malheur ne fussent détruits par la prospérité. Maintenir la cohésion des tribus, qui avait fait leur force, fut sans doute le principal objet de ses efforts. Tous les ans, il convoquait les Anciens du peuple, leur exposait leurs devoirs, leur rappelait les infortunes que le peuple s'était attirées par l'oubli de son Dieu, par la fréquentation des idolâtres, par l'imitation de leurs mœurs, et les mettait en garde contre le danger des rechutes. — Grâce à lui, un élément nouveau entra dans le culte israélite : la louange chantée, le psaume. Samuel lui-même, ancêtre des renommés psalmistes qui s'appelaient les *fils de Coré*, a, sans aucun doute, composé d'abord des cantiques pour le service divin. Son petit-fils *Héman* avait, dans la génération suivante, avec *Asaph* et *Yedouthoun*, la réputation de poète sacré et d'habile musicien. Ces deux aimables sœurs, qui se complètent si bien en s'unissant, — la poésie et la musique, — furent mises par Samuel au service de la religion ; le culte y gagna de la grandeur et de la solennité, et son action sur les cœurs en devint plus puissante et plus durable.

L'introduction des chœurs lévitiques et du chant des psaumes amoindrit naturellement l'importance des sacrifices. Les prêtres, les fils d'Aaron, furent relégués par Samuel au second plan, et, en quelque façon, laissés dans l'ombre. Un petit-fils d'Héli, *Achitoub*, s'était enfui lors du désastre de Silo et réfugié à *Nob*, petite ville voisine de Jérusalem, emportant avec lui ses vêtements de grand prêtre. Bientôt les autres membres de la famille d'Aaron se rendirent également à Nob, qui devint ainsi une « ville de prêtres ». Mais Samuel n'accorda pas la moindre attention à ce nouveau siège de culte. Sa sollicitude s'était portée exclusivement sur le centre et sur le midi. Sur ses vieux jours, il envoya ses deux fils, *Joël* et *Abia*, comme ses substituts, l'un à Bersabée, dans le sud occupé par Juda, l'autre à Béthel, laissant le nord sans représentation. Devenu âgé, il ne pouvait plus déployer l'activité énergique de sa jeunesse et de sa maturité. Ses fils n'étaient pas aimés ; on les accusait d'avilir leurs fonctions en acceptant des présents corrupteurs. Quant à d'autres hommes, vaillants et résolus, Samuel n'en trouvait point dans son entourage. Le prophète ne pouvant plus aussi fréquemment se mettre en rapport avec les Anciens, le faisceau de l'unité nationale se desserra peu à peu. De plus, et précisément à cette époque, les pires ennemis du peuple israélite devinrent particulièrement puissants. Du temps de Samuel, en effet, les Philistins adoptèrent le régime de la royauté, ou bien il leur fut imposé par le gouverneur d'une de leurs cinq villes. Sous ce régime, ils devinrent plus unis et plus forts. L'ambition du nouveau roi de la Philistée visait à de vastes conquêtes. Il paraîtrait même qu'il s'attaqua avec succès aux Phéniciens et qu'il détruisit la ville de Sidon. Les Sidoniens s'enfuirent sur des vaisseaux et bâtirent, sur un rocher qui s'avançait loin dans la mer, une nouvelle ville qu'ils appelèrent *Tyr*, la ville du « Rocher ». — La chute de Sidon avait rendu les Philistins maîtres de toute la côte, depuis Gaza jusqu'à Sidon. La tentation de conquérir l'intérieur était donc naturelle, et il leur paraissait facile, avec leur puissance maintenant agrandie, de subjuguer le pays d'Israël tout entier. Ainsi naquirent de nouveau des guerres sanglantes entre eux et les Israélites.

Les Ammonites aussi, établis au delà du Jourdain, et que Jephté avait réduits, relevèrent la tête sous le règne de *Nachasch*. Ce roi belliqueux fit des incursions dans les cantons de la tribu de Gad et de la demi-tribu de Manassé. Hors d'état de se défendre, elles envoyèrent des délégués à Samuel pour solliciter une vigoureuse assistance, et prononcèrent une parole qui blessa profondément Samuel, mais qui exprimait la pensée de tous. Elles demandèrent qu'un roi fût donné à la communauté d'Israël, qui pût contraindre tous les membres du peuple à une action d'ensemble, qui pût les mener aux combats et remporter des victoires... Un roi en Israël ! Samuel était glacé d'effroi à cette pensée. Quoi ! un peuple entier dépendrait des caprices d'un seul, de son bon plaisir ! L'égalité de tous devant Dieu et la loi, l'absolue indépendance de chaque famille sous le patriarche qui la gouverne, étaient tellement passées en habitude et en règle, qu'un changement quelconque dans ce régime avait quelque chose d'incompréhensible et semblait receler toute sorte de malheurs.

Le prophète Samuel, qui mesurait toute la funeste portée de ce vœu, éclata comme un homme qui sortirait d'un mauvais rêve. Il montra aux Anciens du peuple, dans une peinture saisissante, les conséquences inévitables de la royauté, qui commence par la soumission spontanée des masses à la volonté d'un seul, et qui finit par la servitude, par le suicide de leur liberté !

Mais quelque frappantes que fussent les admonitions de Samuel, les Anciens persistèrent, convaincus qu'un roi seul pouvait mettre fin à leur détresse.

Les Philistins faisaient de nouveau de fréquentes incursions, et ne rencontraient cette fois que peu ou point de résistance. Ils mettaient plus d'âpreté et d'acharnement à asseoir leur domination, à subjuguer les Israélites. Non contents désormais de leur arracher les villes limitrophes, ils étendaient leurs empiétements à travers toute la largeur du pays, presque jusqu'au Jourdain. Ils avaient dans plusieurs villes des commissaires d'impôts (*netsib*) pour les redevances en bétail et en blé. Dans un tel état de choses, le besoin d'avoir un roi devenait de plus en plus vif et pressant. Les Anciens d'Israël le demandèrent avec une sorte de violence à Samuel ; ils ne se laissèrent pas éconduire, et en dépit de ses propres sentiments et de son opposition première, le prophète dut céder. L'esprit divin lui enjoignit de ne pas résister au vœu unanime des représentants de la nation, de se mettre à la recherche d'un roi et de l'oindre. La nouvelle forme de gouvernement, qui devait donner une face nouvelle aux destinées du peuple israélite, était devenue une nécessité. Avec son jugement sûr, l'homme la repoussait; le prophète dut l'accorder. La royauté, en Israël, est née dans la douleur; ce n'est pas l'amour qui l'a enfantée, c'est la contrainte. C'est pourquoi elle n'a pu s'adapter naturellement à l'économie de l'État israélite, et les meilleurs esprits ne virent jamais en elle qu'un élément disparate et justement suspect.

# DEUXIÈME ÉPOQUE

# L'APOGÉE

## CHAPITRE III

### LA ROYAUTÉ EN ISRAEL

Le roi demandé violemment par le peuple et octroyé à contre-cœur par le prophète devait prouver, mieux encore que ne l'avaient fait toutes les objections de Samuel, que la royauté n'était pas propre à réaliser les espérances qu'on fondait sur elle. Elle changea à ce point un homme simple et bon, étranger jusqu'alors à toute idée d'ambition et de tyrannie, qu'il ne recula pas devant la cruauté et la barbarie pour se maintenir au pouvoir. Des précautions dictées par l'inspiration prophétique avaient été prises pour que le nouveau roi ne ressemblât pas au portrait décourageant qu'en avait tracé Samuel, pour qu'il ne fût jamais porté par l'orgueil à se mettre au-dessus de la loi, pour qu'il se souvînt constamment de son humble origine. Samuel n'alla pas le choisir dans la fière tribu d'Éphraïm, mais dans la moindre de toutes, dans celle de Benjamin. Sa famille était une des moindres de la tribu. Son père *Kisch* ne se distinguait non plus par aucun mérite extraordinaire; c'était un honnête campagnard, et l'histoire ne fait de lui d'autre éloge sinon que c'était un brave homme. Pour *Saül*, il était timide et sauvage comme un vrai paysan. Ces circonstances et quelques autres semblaient donner toute garantie que le premier roi d'Israël ne serait entaché ni d'orgueil ni d'arrogance. On pouvait espérer qu'il obéirait au prophète qui l'avait élevé d'une condition infime à la plus haute dignité, qu'il le regarderait toujours comme l'organe de la Divinité et comme la voix de la conscience elle-même.

Or Samuel devait, conformément à sa promesse, faire connaître au peuple l'homme qu'il avait secrètement choisi comme le plus digne de la couronne. A cet effet, il convoqua les Anciens sur la hauteur de Mitspa. Selon toute apparence, ceux qui vinrent au rendez-vous étaient, pour la plupart, des Benjamites. Saül, avec les autres membres de la famille de Kisch, s'y était également rendu. Avant de procéder à l'élection, le prophète déclara de nouveau aux Israélites que leur désir d'être gouvernés par un roi était une défection à l'égard de Dieu, mais que néanmoins il avait reçu mission de les satisfaire. Il proposa de s'en rapporter à la voie du sort, et le sort désigna Saül. Mais on ne put le trouver tout d'abord, car il se tenait caché. Lorsque enfin on l'eut découvert et présenté à l'assistance, celle-ci fut frappée de son aspect. Saül était d'une haute stature, il dépassait de la tête tout le peuple ; il était d'ailleurs beau et bien fait, et son émotion ajoutait peut-être à l'impression favorable qu'il produisait sur tous. « Voyez, dit Samuel, voilà l'homme que Dieu a choisi pour votre roi ; il n'a pas son pareil dans tout Israël ! » La plus grande partie des assistants, subjugués par la solennité de la scène et par la prestance de Saül, s'écrièrent en chœur : « Vive le roi ! » Et le prophète oignit le nouvel élu de l'huile sainte, qui lui conférait un caractère inviolable. Les Anciens étaient transportés de joie de voir enfin accompli le plus ardent de leurs vœux, et ils s'en promettaient d'heureux jours. A cette occasion, raconte l'Écriture, Samuel exposa au peuple les diverses prérogatives de la royauté. Cette institution d'un roi marqua une heure solennelle dans la vie du peuple israélite, une heure décisive pour son avenir. Toutefois, à ce concert de joie et d'enthousiasme se mêla une note discordante. Quelques mécontents — probablement des Éphraïmites qui avaient espéré que le roi serait pris dans leur tribu — exprimèrent tout haut leur désappointement : « Quel bien peut nous faire *cet homme ?* » Et tandis que les autres Anciens, selon la coutume générale, apportaient des présents au nouveau roi comme hommage de fidélité ; qu'une partie d'entre eux, les plus vaillants, le suivaient à Gabaa pour seconder ses entreprises contre les ennemis d'Israël, les mécontents se tenaient à l'écart et refusaient de le reconnaître.

Il faut que le courage de Saül ait singulièrement grandi depuis son élection, ou que, par le fait même de cette soudaine élévation, il se sentît désormais sûr de la protection divine, pour avoir pu seulement concevoir le projet hasardeux de tenir tête à un ennemi puissant et de réparer le désarroi de la chose publique. La situation du peuple, à ce moment, était triste et décourageante, pire encore peut-être qu'à l'époque des juges. Les Philistins vainqueurs avaient enlevé toutes les armes sans exception, arcs, flèches, épées, et n'avaient pas laissé dans le pays un seul forgeron qui pût en confectionner de nouvelles. Seul, le nouveau roi avait une épée, ce symbole de la monarchie chez tous les peuples et dans tous les temps. Les collecteurs d'impôts établis par les Philistins pressuraient le pays jusqu'à la moelle et avaient ordre d'étouffer toute velléité de révolte. Tel était l'abaissement des Israélites, qu'ils étaient forcés de marcher avec les Philistins pour attaquer leurs propres frères. Ils ne pouvaient plus attendre leur délivrance que d'un miracle. Et ce miracle, ce fut Saül, son fils et ses parents, qui l'accomplirent.

*Jonathan*, son fils aîné, eût été plus digne encore de la royauté que Saül. Modeste et désintéressé plus encore que son père, courageux jusqu'au mépris de la mort, il joignait à ces qualités un cœur aimant et chaud, une puissance d'affection éminemment sympathique ; il péchait presque par excès de bonté et de douceur. Cette vertu eût été un grand défaut dans un monarque, tenu à une certaine dose de fermeté et de rigueur. Nature franche et loyale, ennemi de tout artifice, il disait sa pensée sans détour, au risque de déplaire, de compromettre sa position et sa vie elle-même. Secondé par lui, par son parent Abner, — une fine lame d'une indomptable énergie, — et par d'autres fidèles de la tribu de Benjamin, toute fière du relief qu'il lui procurait, Saül entama la lutte avec les Philistins, lutte d'abord inégale.

C'est Jonathan qui ouvrit les hostilités. Il tomba à l'improviste sur un des commissaires philistins et lui tua ses hommes. Ce fut la première déclaration de guerre, laquelle eut lieu par ordre de Saül ou avec son approbation. Là-dessus, le roi fit savoir à son de cor, dans tout le pays, que la sanglante campagne contre les Philistins était commencée. Beaucoup accueillirent la nouvelle avec joie, d'autres avec tristesse et frayeur. Les hommes de cœur se réunirent pour se serrer autour de leur roi et, en combattant à ses côtés, effacer la honte d'Israël ou mourir. Les pusillanimes se précipitèrent au delà du Jourdain ou allèrent se cacher dans des cavernes, dans des creux de rochers, dans des souterrains. Les esprits étaient pleins d'angoisses sur l'issue possible de la lutte. Les Israélites devaient se réunir à Ghilgal, la ville la plus éloignée du pays des Philistins. Ce point avait été désigné par le prophète Samuel, qui avait averti Saül de s'y rendre également pour y attendre son arrivée et ses instructions ultérieures. Là sans doute, à Ghilgal, se trouvait aussi le chœur des prophètes instrumentistes, qui avaient mission d'inspirer aux guerriers israélites, par leurs psaumes et leurs chants, le courage dans les combats et le dévouement au salut de la patrie.

Cependant les Philistins s'apprêtaient à une guerre d'extermination contre Israël. La nouvelle de l'attaque d'un de leurs postes par Jonathan les avait mis en fureur, mais ils en avaient été plus surpris qu'effrayés. Comment les Israélites, craintifs et sans armes, oseraient-ils s'attaquer aux Philistins, leurs maîtres? Une troupe nombreuse, soutenue par un corps de cavalerie, s'avança par les vallées de la chaîne méridionale d'Éphraïm, traversant le pays dans toute sa largeur jusqu'à Mikhmas. De ce point central, des bandes armées se répandirent dans trois directions différentes. Chose profondément humiliante, des Israélites furent contraints de prêter assistance aux Philistins pour combattre leurs propres frères. Ce fut une heure néfaste pour le peuple d'Israël !

Pendant que les Philistins s'avançaient insensiblement jusqu'à Mikhmas, Saül, avec les vaillants de sa tribu qui s'étaient rassemblés autour de lui, attendait à Ghilgal, avec une fiévreuse impatience, l'arrivée de Samuel, qui devait lui donner ses instructions prophétiques et remplir les guerriers israélites d'une martiale ardeur. Mais les jours succédèrent aux jours sans que Samuel se montrât. Chaque heure d'inaction semblait compromettre la chance favorable. Déjà une partie de la troupe de Saül avait lâché pied, voyant dans l'absence de Samuel un fâcheux symptôme. Dans son impatience, Saül prit le parti d'agir de son propre chef. Il offrit d'abord des sacrifices, selon l'antique usage, afin de rendre la Divinité favorable au succès de ses armes. Au moment même où il accomplissait cette cérémonie, il vit brusquement apparaître Samuel, qui lui fit d'amers reproches pour n'avoir pas su maîtriser son impatience, et qui se montra même tellement affecté de cette transgression qu'il s'éloigna aussitôt, au grand déplaisir de Saül, qui attendait beaucoup de l'assistance du prophète pour la réussite de sa grave entreprise.

Après le départ de Samuel, il n'y avait pas lieu pour Saül lui-même de rester là plus longtemps. En passant la revue de son effectif, il n'y compta pas plus de six cents hommes. Que Saül et Jonathan aient été consternés à la vue d'une armée si chétive, d'ailleurs dépourvue d'armes et qui devait se mesurer avec des ennemis redoutables, on ne saurait s'en étonner. Triste début, en effet, pour la royauté naissante ! Ce qui affligeait particulièrement Saül, c'est que cette retraite de Samuel le privait, lui et le peuple, du guide précieux qui les aurait dirigés d'après les inspirations du Seigneur.

C'est encore l'intervention de Jonathan qui détermina un dénouement favorable. Ghéba, où Saül campait avec tout son monde, est à peine à une heure de Mikhmas, où se trouvait le camp des Philistins. Les deux localités sont séparées par une vallée ; mais le chemin qui conduit de l'une à l'autre est impraticable pour des soldats, car la vallée est encaissée entre des roches escarpées, presque à pic, qui la resserrent, du côté de l'est, en un défilé large, au plus, de dix pas. Ce n'est qu'en prenant des chemins détournés que Philistins et Israélites eussent pu se rencontrer pour une bataille. Or Jonathan entreprit un jour, en compagnie de son écuyer, de gravir avec les pieds et les mains, à l'endroit le plus resserré du défilé, la paroi de rocher abrupte qui s'élève en pointe du côté de Mikhmas. Le moindre faux pas les eût précipités, d'une chute mortelle, dans l'abîme. Mais ils arrivèrent heureusement au sommet. Les Philistins, à leur vue, furent saisis de surprise : ils ne comprenaient pas comment ils avaient pu, par cette pente raide et impraticable, pénétrer jusqu'à leur camp. S'imaginant que d'autres Hébreux grimpaient à leur suite, ils crièrent d'une voix railleuse : « Voyez donc, les Hébreux sortent des trous où ils se tenaient cachés ! Montez toujours, que nous fassions connaissance avec vous ! » Or, Jonathan était convenu avec son écuyer que, si on leur faisait un pareil défi, ils iraient de l'avant et risqueraient bravement l'attaque. Les Philistins cessèrent bientôt de railler, car les téméraires firent pleuvoir sur les plus avancés des quartiers de rocher et des pierres, — les Benjamites excellaient à manier la fronde, — et les deux guerriers, avançant toujours, continuaient sans relâche leur meurtrière attaque. Épouvantés de se voir si soudainement assaillis à cette hauteur, dont l'ascension leur paraissait impossible, les Philistins croient avoir affaire à des êtres surnaturels ; une confusion effroyable se répand parmi eux, ils se jettent les uns sur les autres, ou rompent leurs rangs et s'enfuient éperdus. Saül n'eut pas plus tôt, d'une hauteur voisine, remarqué cette débandade, qu'il accourut avec ses six cents braves sur le terrain du combat et acheva la défaite des ennemis. Aussitôt, les Israélites qui avaient naguère été contraints de se battre contre leurs frères tournèrent leurs armes contre leurs oppresseurs. Et sur la montagne d'Éphraïm, dans chaque ville par où fuyaient les Philistins, les habitants tombaient sur eux et les écrasaient en détail. Bien qu'épuisée de fatigue, la troupe de Saül, sans cesse grossissante, les poursuivait par monts et par vaux.

Cependant les hostilités des Ammonites contre les tribus transjordaniques avaient redoublé. Leur roi Nachasch assiégeait la ville de *Jabès-Galaad*, qui était bien fortifiée. Les habitants, ne pouvant plus guère tenir, entraient déjà en pourparlers avec Nachasch au sujet de leur soumission. Celui-ci leur imposa des conditions dures et cruelles ; les Galaadites, ne pouvant s'y résoudre, demandèrent un délai de sept jours pour envoyer des messagers à leurs frères des autres tribus. Or Saül, revenant un jour des champs avec ses attelages, trouva les habitants de sa ville en larmes et en grand émoi. Il s'informe, et les messagers de Jabès-Galaad lui apprennent le sort qui menace leurs concitoyens si on ne leur vient promptement en aide. Indigné de l'insolence du roi des Ammonites et de l'affront qu'il prétend infliger à Israël, Saül prend aussitôt la résolution de venir au secours des Galaadites de Jabès. C'était la première fois qu'il faisait usage de son autorité royale. Il ordonna à tout Israël de se joindre à lui, pour marcher contre les Ammonites. Samuel ajouta son autorité à cet appel, en déclarant que lui-même prendrait part à l'expédition. L'anarchie de l'époque des juges était désormais vaincue ; une volonté forte s'imposait à tous. Une troupe considérable d'Israélites passa le Jourdain. Attaqués de trois côtés à la fois, les Ammonites s'enfuirent dans toutes les directions. Ainsi fut sauvée la ville de Jabès, qui, pour cette délivrance, aussi prompte que complète, garda une invariable reconnaissance à Saül et à sa maison.

Lorsqu'il repassa le Jourdain après cette seconde victoire, Saül reçut partout un accueil enthousiaste. Témoin de ces bruyants transports, Samuel jugea utile d'avertir le roi et le peuple que la joie du triomphe ne devait pas dégénérer en fol orgueil, et qu'il fallait voir dans la royauté non un but, mais un moyen. Mû par cette pensée, il convoqua à Ghilgal une grande assemblée nationale, où il voulait que roi et peuple fussent avertis de leurs devoirs.

La réunion fut extraordinairement nombreuse. Samuel conféra pour la seconde fois l'onction royale à Saül, le peuple lui rendit de nouveau foi et hommage, et des sacrifices de réjouissance furent offerts. Au milieu de toute cette joie, Samuel prononça un discours qui témoigne et de la noblesse de son âme et de sa grandeur prophétique...

La double victoire de Saül et l'assemblée plénière de Ghilgal, où la plus grande partie des tribus l'avaient unanimement reconnu roi, consolidèrent d'une façon durable sa situation personnelle, comme aussi la royauté en général. Samuel avait beau vanter et glorifier l'époque de la judicature, le peuple sentait bien qu'un roi le protégeait mieux que n'avaient pu faire les juges, et il sacrifiait volontiers sa liberté républicaine pour obtenir l'unité, et, par l'unité, la force. Du reste, l'établissement de la royauté entraîna mainte modification. Tout d'abord, Saül forma une troupe d'élite, composée d'hommes et de jeunes gens intrépides, sorte d'armée permanente à qui il donna pour chef son cousin Abner. Il lui fallut aussi, en tant que roi, une série de fonctionnaires spéciaux : des officiers militaires, commandant respectivement des corps de mille et de cent hommes ; puis des conseillers, des amis, commensaux habituels de sa maison. Une autre classe de serviteurs était celle des *coureurs* ou *trabans*, satellites armés, exécuteurs fidèles des ordres du roi, à la fois gendarmes et bourreaux. Ces hommes et leur chef ne connaissaient que la volonté royale. Grâce à la présence de ces employés et des troupes régulières, Gabaa, qui jusqu'alors n'avait été qu'une petite ville, peut-être un village, s'éleva au rang de résidence.

Néanmoins Saül, au début, se montra docile et déférant à l'égard du prophète. Lorsque Samuel, de la part de Dieu, lui commanda d'engager une guerre d'extermination contre les Amalécites, il obéit aussitôt et appela tous les soldats aux armes. Les Amalécites étaient, de longue date, ennemis jurés du peuple israélite. Dans son voyage à travers le désert, dans ses premiers pas en Palestine, ils s'étaient montrés cruellement hostiles, et maintes fois ils s'étaient joints aux ennemis d'Israël pour contribuer à l'affaiblir. Leur roi *Agag*, du temps de Saül, paraît avoir fait bien du mal à la tribu de Juda : « son glaive avait privé beaucoup de mères de leurs enfants ». Toutefois, ce n'était pas une mince besogne qu'une expédition contre les Amalécites. Leur roi était un grand homme de guerre, qui répandait partout la terreur ; et ce peuple avait une grande réputation de bravoure et de puissance. Cependant Saül n'hésita pas un instant à entreprendre cette périlleuse guerre, où il paraît avoir déployé autant d'habileté que de courage. Il sut attirer l'ennemi dans une embuscade et réussit par ce moyen à remporter une éclatante victoire. Il s'empara de la capitale, mit à mort hommes, femmes et enfants, et fit prisonnier le redouté Agag. Les guerriers israélites trouvèrent un butin considérable ; mais toutes ces richesses, d'après les instructions de Samuel, devaient être anéanties : il ne devait rester d'Amalec ni vestige ni souvenir. Pourtant les guerriers ne pouvaient se résoudre à vouer à la destruction une si riche capture ; Saül, d'habitude si sévère, laissa le pillage s'accomplir, et, en fermant les yeux sur cette désobéissance au prophète, s'en fit lui-même complice.

Saül n'était pas médiocrement fier d'avoir vaincu un peuple aussi redoutable. Il emmena le roi Agag, chargé de chaînes, comme un trophée vivant. Enivré de son succès, il répudia la modestie qui l'avait distingué jusqu'alors, et, à son retour, il érigea, dans l'oasis de Carmel, un monument de sa victoire. Sur ces entrefaites,

Samuel apprit, par une vision prophétique, que le roi n'avait pas entièrement obéi à ses ordres. Une mission sévère lui fut imposée vis-à-vis du victorieux Saül, mais il lui répugnait de l'accomplir, et il passa toute une nuit à prier Dieu, à lutter contre lui-même. Enfin il se décide à aller trouver Saül; mais, ayant appris à mi-chemin que ce prince s'est laissé dominer par l'orgueil jusqu'à se dresser un monument à lui-même, il revient sur ses pas et se rend à Ghilgal. Saül, qui avait été informé de son voyage, l'y suivit à son tour. Les Anciens de Benjamin et des tribus voisines se présentèrent pareillement à Ghilgal, pour féliciter le roi de sa victoire ; mais ils y assistèrent à un dissentiment qui n'était pas de bon augure pour l'avenir.

Le roi, comme si de rien n'était, aborda Samuel en lui disant : « J'ai exécuté l'ordre du Seigneur. — Et que signifient, demanda sévèrement le prophète, que signifient ces bêlements de troupeaux que j'entends ? — C'est que le peuple, répondit Saül, a épargné les plus belles bêtes à laine et à cornes pour les immoler sur l'autel, à Ghilgal... » A ces mots, le prophète n'est plus maître de son indignation, et il lui lance cette apostrophe inspirée :

« Des holocaustes, aux yeux de l'Éternel,
» Ont-ils autant de prix que l'obéissance?
» Ah! l'obéissance vaut mieux que le sacrifice,
» Et la soumission que la graisse des béliers !
» Le péché de magie a pour cause la rébellion,
» Et le culte impie des Teraphim la désobéissance !

» Puisque tu as repoussé la parole de Dieu, Dieu te repousse de la royauté d'Israël ! »

Atterré par ces accablantes paroles et par l'attitude sombre et sévère du prophète, Saül reconnut son tort et, voulant retenir Samuel, le saisit par son manteau avec tant de force qu'il le déchira. « C'est un présage ! s'écria le saint orateur. Dieu t'arrache la majesté royale pour la donner à un plus digne, dût-il en résulter un déchirement en Israël même. » Encore une fois Saül supplia le prophète : « Honore-moi, du moins, en présence des Anciens de ma tribu et d'Israël, et reviens ! » Alors Samuel se décida à l'accompagner à l'autel, où le roi s'humilia devant Dieu ; puis Samuel ordonna qu'on lui amenât le roi Agag, qu'on avait chargé de chaînes. « Que la mort est amère, oh ! qu'elle est amère ! » gémissait l'Amalécite. Et Samuel lui répondit :

> « Comme ton épée a privé des femmes de leurs fils,
> » Ainsi ta mère soit privée du sien ! »

et il ordonna que le roi d'Amalec fût coupé en morceaux.

Depuis cette scène de Ghilgal, le roi et le prophète évitèrent de se rencontrer. La victoire de Saül sur Amalec était devenue pour lui une défaite : son orgueil avait été humilié. L'annonce de la disgrâce divine jeta un voile de tristesse sur son âme. Cette humeur noire de Saül, qui plus tard dégénéra en fureur, date de la menaçante parole qui lui fut adressée par Samuel : « Dieu remettra à un plus digne la royauté d'Israël. » Cette parole ne cessa pas de retentir aux oreilles de Saül. Autant il avait résisté d'abord à accepter le pouvoir, autant il s'obstina à ne point le lâcher. Et pourtant il sentait bien son impuissance : comment lutter contre le terrible prophète ?

Pour s'étourdir, il chercha une diversion dans la guerre. Il ne manquait pas d'ennemis à combattre, sur les frontières du pays d'Israël. Une autre voie, d'ailleurs, s'offrait encore à lui pour renforcer dans les esprits le sentiment de sa personnalité. Dans l'intérieur du pays vivaient toujours, mêlées à la population israélite, des familles et de petites peuplades cananéennes qui, à l'époque de la conquête, n'avaient pas été évincées et ne pouvaient l'être. Leur exemple avait entraîné Israël au culte des faux dieux et aux mauvaises mœurs de l'idolâtrie. Saül pensait rendre un service signalé au peuple et à la doctrine d'Israël, s'il faisait disparaître ou chassait du pays ces voisins idolâtres. C'est ainsi qu'il commença à « se montrer zélé pour Israël », c'est-à-dire à écarter tout élément — hommes ou choses — étranger ou contraire à l'israélitisme. Au nombre de ces étrangers tolérés étaient notamment les *Gabaonites*, qui avaient fait leur soumission lors de l'arrivée des Israélites. Au mépris du serment qu'on leur avait fait, Saül ordonna le massacre de cette population, dont un petit nombre seulement échappa. En même temps que les peuplades cananéennes, Saül pourchassa les devins et les nécromanciens, dont les pratiques avaient d'intimes rapports avec l'idolâtrie.

Si Saül, d'un côté, recherchait avec ardeur l'affection populaire et voulait, par son zèle national et religieux, attester son dévouement absolu à la loi divine, il tâchait, d'autre part, d'inspirer au peuple un profond respect de la dignité royale. Il mit sur sa tête une couronne d'or, emblème de sa grandeur et de sa prééminence. Ses contemporains l'avaient connu simple laboureur et volontiers l'eussent traité de pair à compagnon : il convenait qu'ils oubliassent son passé et qu'ils prissent l'habitude de voir en lui un supérieur, un oint de Dieu, honoré du saint diadème. Quiconque s'approchait du roi était tenu de se prosterner devant lui. Il entoura sa cour d'un certain éclat et introduisit aussi la polygamie, ce luxe des rois d'Orient. Dans les guerres continuelles qu'il soutint contre les ennemis du dehors, dans celles qu'il poursuivit, à l'intérieur, contre les éléments étrangers, dans le déploiement de grandeur et de pompe dont il s'environna, Saül put oublier la terrible menace que le prophète lui avait jetée si brutalement dans l'oreille. Mais cette parole prit corps et, un beau jour, lui apparut inopinément comme un spectre, sous la figure d'un beau jeune homme qui le charma lui-même. Ce rival qu'il appréhendait, il dut lui-même le choyer, l'élever jusqu'à son propre trône, seconder en quelque sorte sa rivalité. Cette fatalité qui devait l'atteindre, c'est lui-même qui l'appela.

Un jour, après plusieurs rencontres avec les Philistins, il se trouvait engagé dans une guerre sérieuse avec ce peuple. Il avait réuni une nombreuse armée, et les deux camps, séparés seulement par une vallée profonde, restaient immobiles en face l'un de l'autre, chacun hésitant à faire le premier pas. Enfin, les Philistins proposèrent de vider la querelle par un combat singulier, et choisirent pour champion le géant *Goliath*. Saül, dans son vif désir de voir un de ses guerriers accepter la lutte, promit au vainqueur de riches présents, l'exemption de tout impôt pour sa famille, et alla jusqu'à lui promettre la main d'une de ses filles. Cependant, même à ce prix, aucun guerrier de l'armée israélite n'osait se mesurer avec Goliath. Là se trouvait, comme par hasard, un jeune berger de Bethléem, — une ville du voisinage, — et c'est ce berger qui mit fin à la lutte. Ce simple pâtre a provoqué, directement et indirectement, une révolution dans les destinées du peuple israélite et dans l'histoire de l'humanité. *David*, qui n'était connu alors que des habitants de la petite ville de Bethléem, est devenu depuis un des noms les plus retentissants de la terre.

Samuel, après sa rupture avec Saül, avait reçu la mission prophétique de se rendre à Bethléem, d'y choisir l'un des huit fils du vieux *Jessé* (Yischaï) comme futur remplaçant de Saül, et de lui donner l'onction. Il s'y était transporté secrètement, craignant l'opposition de Saül. Le dernier seulement des fils de Jessé, *David,* un jeune homme au doux regard, au teint frais, à la mine avenante, lui apparut comme le véritable élu de Dieu. Samuel l'oignit, au milieu de ses frères, comme roi d'Israël. Il va de soi que cet acte, simple en lui-même, mais d'une portée grave, fut accompli dans le plus grand mystère et tenu secret par Samuel comme par la famille du nouvel élu.

Jessé, père de David, n'était pas d'une branche illustre de Juda ; loin de là, il appartenait à l'une des moindres, comme les autres Bethléémites en général. Pour David, lors de son onction, il était encore fort jeune ; il avait environ dix-huit ans, et aucun événement, aucun service rendu n'avaient encore marqué dans sa vie. Le monde pour lui, jusqu'alors, s'était borné aux belles prairies qui entourent Bethléem. Mais dans cet adolescent se cachaient des facultés qui n'avaient besoin que d'être mises en jeu pour faire de lui le premier de ses contemporains par l'intelligence, comme Saül l'était par sa personne.

David avait surtout le génie poétique et musical, et maintes fois sans doute, en conduisant ses troupeaux, il fit résonner de ses chants les échos des montagnes. Mais l'inspiration poétique ne fit pas de lui un rêveur : esprit clairvoyant et réfléchi, son regard savait saisir la réalité, et sa pensée la mettre à profit. De plus, il y avait dans sa nature quelque chose d'attirant, de séduisant, qui fascinait tous les cœurs et les soumettait malgré eux à son empire ; bref, il était né conquérant. Tous ces dons, du reste, nous l'avons dit, étaient encore latents lorsqu'il fut sacré à huis clos par Samuel. Mais cette onction, mais cette élection les éveilla instantanément : « l'esprit de Dieu reposa sur lui à dater de ce jour. » Des sentiments élevés, la conscience de sa force, le courage, l'ardeur entreprenante envahirent tout son être : un instant avait suffi pour faire de l'adolescent un homme.

Samuel retourna à Rama secrètement, comme il en était parti ; mais il ne perdit pas de vue le jeune homme oint par lui, il l'admit dans son école de prophètes. Là, le génie de David prit un plus grand essor ; là, il put se perfectionner dans la musique instrumentale. Mais ce qu'il acquit surtout dans la société de Samuel, ce fut la connaissance de Dieu. Son esprit se pénétra de cette grande idée et s'initia à la sainte habitude de rapporter à Dieu toutes ses actions et toutes ses pensées, de se sentir conduit par sa main, de se consacrer à lui. L'influence de Samuel créa et développa dans son âme une confiance absolue en Dieu.

Il allait et venait fréquemment de Rama à Bethléem, de la compagnie des Lévites aux troupeaux de son père. L'accroissement de courage que lui avaient communiqué son onction et le contact de Samuel trouva déjà l'occasion de s'exercer dans les campagnes de Bethléem, à côté des troupeaux qu'il menait paître. — Mais lorsque, non loin de là, éclata la guerre contre les Philistins, David ne pouvait tenir en place : et son père l'ayant chargé d'un message pour ses frères, alors à l'armée, il obéit avec joie, heureux de pouvoir se rendre au camp. Là, il donna timidement à entendre qu'il se risquerait bien, quant à lui, à tenir tête à ce misérable Philistin qui osait insulter l'armée du Dieu vivant. Le bruit arriva ainsi aux oreilles du roi qu'un jeune homme s'offrait à combattre le géant. Moitié subjugué, moitié railleur, Saül le lui permit. Il lui offre sa propre armure ; David refuse... La première pierre de sa fronde, lancée d'une main sûre, atteint de loin le lourd colosse lourdement armé ; Goliath tombe de son long. Prompt comme l'éclair, David fond sur lui, arrache son épée du fourreau et lui tranche la tête. Les Philistins, voyant abattu leur champion, qu'ils tenaient pour invincible, s'avouent vaincus, renoncent à continuer la lutte et s'enfuient vers leurs places fortes. Mais le corps des Israélites, exalté par la victoire de David, se met à la poursuite de l'ennemi éperdu.

La tête sanglante de Goliath à la main, le jeune vainqueur fut conduit devant Saül, à qui il était inconnu jusqu'alors. Le roi était loin de se douter que cet adolescent, à qui il ne pouvait refuser son admiration, fût ce même rival si vivement redouté. Il n'éprouvait que la satisfaction de ce grand triomphe. Son fils Jonathan, l'homme au cœur loyal, sensible, désintéressé, était comme fasciné par le jeune vainqueur. Son âme s'éprenait pour lui d'une affection passionnée, plus forte que l'amour d'une femme. — Bientôt la renommée de David se répandit dans tous les confins d'Israël. Lui, cependant, s'en retourna modestement dans la maison paternelle, n'emportant comme souvenir de son exploit que le crâne de Goliath et son armure.

Toutefois, il ne resta pas longtemps chez son père; car la destinée de Saül commençait à s'accomplir, et David avait été choisi pour en être l'instrument. Le nuage de tristesse qui, depuis sa mésintelligence avec Samuel, avait envahi l'âme du roi, s'assombrissait de plus en plus. Sa mauvaise humeur dégénéra en mélancolie, celle-ci en hypocondrie, et parfois se manifestèrent chez lui des accès de folie furieuse. « Un mauvais esprit s'est emparé du roi », murmuraient entre eux ses serviteurs. La musique seule avait le don de le calmer. Aussi ses intimes lui conseillèrent-ils d'appeler à sa cour un musicien habile dans son art et poète, et ils lui recommandèrent comme tel le fils de Jessé. David vint et charma le roi par son jeu comme par toute sa personne. Chaque fois que Saül était pris d'humeur noire, David n'avait qu'à toucher son luth, l'accès se dissipait instantanément. Bientôt Saül ne put plus se passer de lui ; il en vint à le chérir comme un fils et finit par prier son père de le lui laisser définitivement. Il le nomma alors son écuyer, afin de l'avoir toujours près de lui et de recouvrer par son art la sérénité.

Ce fut là le premier échelon de la grandeur de David. Mais le roi ne fut pas le seul qui subit son empire. David exerçait la même puissance d'attraction sur tout l'entourage de Saül ; il captivait tous les cœurs, mais aucune amitié ne fut aussi vive que celle de Jonathan. *Michal*, la seconde fille de Saül, ressentait également au fond de son cœur une secrète inclination pour David. — A la cour de Saül, il apprit le métier des armes, et plus d'une fois il remplaça le luth par l'épée. Courageux comme il était, il se distingua bientôt dans les petites guerres auxquelles il prit part, et revint victorieux de toutes les expéditions que lui confia Saül.

Un jour qu'il avait infligé aux Philistins une perte considérable, tout le pays d'Israël en éprouva une vive allégresse ; de toutes les villes, des femmes et des jeunes filles s'avancèrent à sa rencontre, chantant et dansant, au son des sistres et des cymbales, et saluant sa victoire par de bruyantes acclamations : « Saül a défait des milliers, mais David des myriades ! » Ces démonstrations enthousiastes, ces hommages au jeune héros, dessillèrent enfin les yeux de Saül. Ainsi ce préféré de Dieu, ce successeur dont l'avait menacé Samuel, ce rival tant redouté, mais qui jusque-là n'était encore qu'un rêve, le voilà ! il est devant lui en chair et en os, c'est l'idole du peuple, c'est son favori à lui-même ; il règne sur tous les cœurs !... Ce fut pour Saül une accablante découverte. « Ils me donnent les mille, à lui les myriades ; ils le placent déjà au-dessus de moi ; que lui manque-t-il maintenant pour être roi ? » Depuis ce moment, les joyeuses acclamations des chœurs de femmes lui tintèrent sans cesse aux oreilles, comme un écho de la brutale parole du prophète : « Dieu t'a rejeté ! » Et l'affection de Saül pour David fit place à la haine, à une haine frénétique.

Dès le lendemain du jour où David était revenu vainqueur, Saül fut pris d'un accès de fureur et lui lança à deux reprises son javelot, dont il esquiva l'atteinte par un prompt écart. Ce coup manqué fut pour Saül, quand il eut repris son sang-froid, une nouvelle preuve que son ennemi était protégé de Dieu même. Alors il eut recours à la ruse pour se débarrasser de son compétiteur. Ostensiblement, il le traita avec distinction, le mit à la tête d'une troupe d'élite de mille hommes, lui confia des expéditions périlleuses et dut finalement, à son corps défendant, lui donner pour femme sa fille Michal, qui, du reste, aussi bien que Jonathan, tenait pour David contre Saül. Cela même redoubla l'exaspération du roi, qui chercha à se défaire de son gendre, subrepticement d'abord, puis ouvertement, en le poursuivant à la tête de ses soldats. David fut mis hors la loi et semblait désarmé devant son persécuteur. Mais bientôt se groupèrent autour de lui des jeunes gens déterminés, des mécontents, nécessiteux et aventuriers de toute sorte, amoureux de combats, particulièrement ses proches parents, *Joab* avec ses deux frères. Ce fut le noyau d'une troupe de combattants héroïques (*ghibborim*) à l'aide desquels David put monter par degrés jusqu'au trône. Un prophète de l'école de Samuel, nommé *Gad,* entra également dans son parti. Il existait un dernier représentant de la famille sacerdotale d'Héli : Saül le jeta lui-même, en quelque sorte, dans les bras de son ennemi supposé. Irrité de voir les prêtres de Nob, tous descendants ou parents d'Héli, pactiser avec David, il les fit tous mettre à mort et anéantit toute cette ville sacerdotale. Un seul prêtre échappé au massacre, *Abiathar*, se réfugia auprès de David, qui le reçut à bras ouverts.

— Ainsi la haine de Saül l'avait rendu féroce et sanguinaire. Tous les efforts de Jonathan pour réconcilier son père avec son ami furent impuissants, et n'aboutirent qu'à creuser l'abîme qui les séparait. Les torts étant du côté de Saül, une portion du peuple prit parti pour David, et si elle ne put l'appuyer ouvertement, elle l'assista du moins en secret. C'est par là seulement qu'il put échapper aux persécutions et aux pièges de son ennemi.

Il est fâcheux que David ait été contraint, par son existence précaire et par les difficultés de sa situation, à nouer des relations d'amitié avec les ennemis de son peuple, tels que le roi de Moab, celui des Ammonites et *Achis*, roi des Philistins. Par là, il s'exposait au soupçon de trahir sa patrie, et il justifiait en apparence la haine de Saül. Ses rapports avec Achis, chez qui il était revenu chercher asile après une première expulsion, étaient particulièrement de nature à le rendre suspect. De fait, Achis lui accorda sa protection et la résidence de la ville de Siklag, mais sous la condition qu'il romprait absolument avec Saül et sa patrie, qu'en cas de guerre il se joindrait, avec sa troupe, — forte déjà de six cents hommes, — à l'armée des Philistins pour combattre ses frères, et qu'enfin, même en temps de paix, il ferait des incursions sur les points mal surveillés du territoire de Juda, incursions dont les profits appartiendraient en partie à son suzerain. A la vérité, David se réservait sans doute d'éluder ces conditions, ou bien, le cas échéant, de se retourner avec ses compatriotes contre ses nouveaux alliés. Mais alors il s'engagerait dans des voies obliques et renierait la droiture dont jusqu'alors il avait fait preuve.

Pour Achis, il croyait avoir en David un allié fidèle, résolu d'employer contre ses propres frères ses talents militaires et le courage de ses hommes, et qui, après une telle attitude, ne pourrait jamais se réconcilier avec son peuple.

Dans cette persuasion, que David avait eu l'habileté de faire naître, Achis crut pouvoir entreprendre contre les Israélites une guerre décisive. Saül, devenu hypocondriaque, et brouillé avec son gendre, avait perdu ses qualités guerrières. Le meilleur bras qui le défendait naguère, la tête la plus inventive qui pensait pour lui, c'est contre lui maintenant qu'ils s'étaient tournés. Les plus vaillants hommes et jeunes gens d'Israël s'étaient mis à la disposition de David. Achis rassembla donc toutes ses forces pour frapper un grand coup. Il conduisit son armée dans la plaine de Jezréel. En vertu de leurs conventions, il invita David à l'aider dans cette grande expédition contre Saül et à se joindre, avec ses hommes, à l'armée philistine. Quelque répugnance que pût éprouver David à obéir, il ne pouvait plus faire autrement : il s'était vendu aux ennemis de son peuple. Mais les princes philistins le tirèrent de cette fausse situation. Ils réclamèrent bruyamment de leur roi le renvoi de David et de sa troupe, alléguant qu'on ne pouvait compter sur leur fidélité. Ce fut un bonheur pour David, qui échappa ainsi à la dure alternative, ou de trahir son peuple, ou de manquer de parole au roi.

Cependant les Philistins s'avancèrent par centaines, par milliers, et dressèrent leur camp près de la ville de *Sunem*. Saül, informé des projets et de la marche des ennemis, réunit toute son armée, la conduisit à marches forcées à leur rencontre, et campa d'abord au pied des montagnes de Gelboé. Puis, contournant le versant qu'il avait en face de lui, il s'avança vers le nord et campa au pied nord-ouest de la même chaine, près d'*Endor*.

Toutefois, l'aspect de cette nombreuse armée des Philistins, et surtout de leur cavalerie, déconcerta Saül ; la pensée du sombre avenir qu'il s'était préparé lui-même acheva de le décourager. Il vit bien aussi que Dieu l'abandonnait, puisque, à ses consultations sur l'issue de la guerre, il ne répondait ni par la voix d'un prêtre, ni par celle d'un prophète. Dans sa perplexité, il se mit en quête d'une ventriloque habitant Endor, qui s'était soustraite aux poursuites dirigées contre sa profession et qui continuait à l'exercer clandestinement. Singulière fatalité pour Saül, qui avait d'abord proscrit toute sorcellerie de son royaume, et qui maintenant était lui-même contraint d'y avoir recours !

C'est avec de sinistres pressentiments que Saül engagea la bataille ; et, comme si son découragement eût gagné ses soldats, l'issue en fut malheureuse. Toutefois les Israélites combattirent vaillamment une journée entière ; mais ne pouvant, dans la plaine, tenir tête à la cavalerie et aux chariots de guerre, ils se réfugièrent sur les monts de Gelboé, où les Philistins les poursuivirent et les taillèrent en pièces. Là tombèrent aussi trois des fils de Saül, parmi lesquels le sympathique Jonathan. Saül lui-même se trouva tout à coup isolé, n'ayant à ses côtés que son écuyer, lorsqu'il vit fondre sur lui les archers ennemis. Fuir, il ne le pouvait ; il ne voulait pas non plus devenir le prisonnier et la risée des Philistins. Il pria donc son compagnon de le frapper à mort. Mais celui-ci n'osant porter la main sur son roi, Saül se perça de sa propre épée et mourut en roi. L'écuyer suivit son exemple.

La défaite était désastreuse. La fleur de l'armée israélite gisait abattue sur les flancs du Gelboé et dans la plaine de Jezréel. Après s'être reposés pendant la nuit qui succéda à cette chaude journée, les Philistins explorèrent le champ de bataille et dépouillèrent les morts de leurs vêtements et de leurs armes. Parmi ces cadavres, ils trouvèrent ceux de Saül et de ses trois fils. Ils envoyèrent la tête du roi et ses armes dans leur pays, en guise de trophées ; le crâne fut conservé dans un temple de Dagon, l'armure dans un temple d'Astarté, comme souvenirs de cette mémorable victoire. Ils s'emparèrent ensuite des villes situées dans la plaine de Jezréel et dans la région orientale du Jourdain, et mirent garnison dans ces villes, dont les habitants s'étaient enfuis au delà du Jourdain à la nouvelle du désastre de Gelboé. Pour humilier les Israélites, les Philistins suspendirent aux murs de Bethsan le cadavre décapité de Saül et celui de Jonathan. — Il paraîtrait que les Philistins, poursuivant leur victoire, s'avancèrent au sud du mont Gelboé et de Bethsan, et occupèrent toutes les villes importantes. Dans la résidence de Saül, *Ghibeath-Saül*, l'approche des Philistins répandit une telle épouvante, qu'une femme chargée de la garde du petit *Mephiboseth*, fils de Jonathan, en emportant cet enfant dans sa fuite précipitée, le laissa tomber; si bien qu'il se cassa la jambe et devint boiteux pour toute la vie.

Saül, à sa mort, laissait le pays dans un triste état, plus triste encore qu'il ne l'avait trouvé lors de son élection. La défaite était tellement complète et inattendue, que d'aucun côté, dans le premier moment, on ne songea à la résistance. Tous les courages étaient anéantis. Et l'on vit une grande hardiesse dans ce fait de quelques habitants de Jabès-Galaad, qui, par reconnaissance pour Saül, libérateur de leur ville, se risquèrent à faire cesser l'opprobre infligé à ses restes. Ils se glissèrent de nuit sur l'autre rive du Jourdain, descendirent de la muraille les corps de Saül et de Jonathan, les rapportèrent dans leur ville, les inhumèrent sous un térébinthe et instituèrent un jeûne de sept jours en leur honneur. Les tribus citérieures n'avaient pas, apparemment, le même courage, ou bien elles n'éprouvaient pas autant de gratitude pour Saül, qui, par sa mésintelligence avec David, avait fait le malheur du pays.

Telle fut la fin d'un roi dont l'élection avait été saluée par le peuple avec tant d'espérances!

## CHAPITRE IV

### LE ROI DAVID

David aussi semblait oublié du peuple, qui avait d'abord fondé sur lui de grandes espérances. Qu'avait-il fait, lui, pendant que sa patrie saignait? Qu'on ait eu connaissance ou non de son association militaire avec les Philistins, il devait sembler étrange à tous que, dans ces tristes conjonctures, préoccupé seulement de sa propre sécurité, il se tînt à l'écart des périls, et, au lieu de voler au secours de son peuple en détresse, maintint son alliance avec les Philistins. Lui aussi, il est vrai, était dans une situation difficile, mais cette situation ne fut connue que plus tard. Pour le moment, ceux qui prenaient à cœur les dangers de la patrie devaient voir avec douleur David faire alliance avec les ennemis, et, pendant qu'Achis s'absentait pour guerroyer avec Israel, protéger en quelque sorte les frontières de ce prince.

Nous avons vu que la défiance des princes philistins avait empêché David de prendre part à leur expédition. De retour à Siklag, il trouva la ville incendiée ; femmes, enfants, tous ceux qui n'avaient pas suivi l'armée, tout avait disparu. Les Amalécites, que les incursions dévastatrices de David avaient forcés de fuir dans le désert, avaient profité de son absence pour entreprendre à leur tour une expédition de pillage. Les guerriers de David, en voyant à leur retour la ville en cendres et leurs familles enlevées, éprouvèrent une si violente douleur, qu'ils s'en prirent à David et le menacèrent de mort. Mais, calmés par la parole du prêtre Abiathar, ils se mirent en hâte, avec leur chef, à la poursuite de l'ennemi ; ils apprirent chemin faisant, par un esclave égyptien, le lieu de campement de la troupe amalécite, l'atteignirent à l'improviste et tombèrent sur elle avec une telle fureur, que la plupart restèrent sur le carreau et qu'un petit nombre seulement, grâce à la vitesse de leurs chameaux, purent échapper. Ivres de leur victoire et rentrés en possession des prisonniers, David et ses hommes retournèrent à Siklag, la rebâtirent et s'y réinstallèrent. Du butin fait sur les Amalécites, David envoya de belles parts aux Anciens de Juda et à ses amis dans nombre de villes, depuis Bersabée jusqu'à Hébron, dans le double but de leur apprendre sa victoire et de les prévenir en sa faveur.

A peine revenu à Siklag, il apprit que l'armée israélite avait subi une effroyable défaite sur le Gelboé, et que Saül et ses fils avaient péri. Sa première impression, à ces lugubres nouvelles, fut celle de la douleur, d'une douleur profonde, en songeant à cette mort fatale du roi et plus encore à la perte de Jonathan, cet ami si tendrement aimé. David ordonna un deuil public pour pleurer la mort du roi et de son ami Jonathan et la défaite du peuple de Dieu. A cette occasion, il prononça une élégie d'un sentiment profond, et dont la Bible nous a conservé les termes.

Quelque sincère cependant qu'eût été la douleur de David en apprenant la mort de Saül, il ne pouvait faire autrement que de la mettre à profit. Il ne pouvait plus tenir dans ce coin retiré de Siklag, et il avait hâte d'entrer en scène. Il choisit pour demeure l'antique ville d'*Hébron*, siège de la noblesse de Juda. Mais ce n'est pas par les Anciens qu'il y fut appelé ; il s'imposa plutôt en quelque sorte, tant il avait compromis sa popularité, même dans sa propre tribu, par ses accointances avec les Philistins. Son corps de six cents hommes et les vaillants qui le commandaient le suivirent et s'établirent, avec leurs familles, à Hébron. Cet acte de résolution et d'indépendance, il l'accomplissait au moment même où les Philistins, dans le nord, étaient en train d'exploiter leur victoire. C'est seulement lorsque David fut fixé dans cette ville, alors chef-lieu de la tribu de Juda, que les Anciens de la tribu entière, à l'instigation des amis qu'il s'était faits par sa prévenance, le nommèrent roi. Il noua aussitôt des relations avec les tribus transjordaniques, afin de les gagner, elles aussi, à sa cause. Quant à celles de la région citérieure, encore soumises à la domination des Philistins, il ne pouvait ni n'osait s'adresser à elles. Une malheureuse fatalité le rivait aux Philistins ; il y avait lutte, dans son esprit, entre la prudence et le patriotisme. Celui-ci lui commandait de s'affranchir à tout prix de cette funeste alliance, mais celle-là lui conseillait de ne pas irriter un voisin trop puissant. Pour Achis, il laissait David parfaitement libre d'agir en roi de Juda et de faire des excursions dans les parties limitrophes du désert, excursions dont, après comme avant, il touchait sa part de butin ; mais il ne permettait pas à David de faire un pas au delà. Joab, qui avait l'étoffe d'un capitaine à hautes visées, devait se résigner au rôle mesquin ou honteux de chef de bandits.

Mais si David ne pouvait songer à délivrer son pays des Philistins, parce qu'il avait les mains liées, un général de Saül, *Abner*, put mener à bien cette entreprise. Il avait eu le bonheur d'échapper au désastre de Gelboé, et il ne désespéra pas, dans ce naufrage de la maison de Saül, de sauver ce qui pouvait encore être sauvé. En compagnie de plusieurs fuyards, il se dirigea vers l'autre rive du Jourdain, où les Philistins ne pouvaient les atteindre, et où la maison de Saül comptait encore des cœurs affectionnés. Il choisit la ville de *Mahanaïm* comme point de ralliement pour les partisans de cette famille. C'est là qu'il conduisit *Isboseth*, dernier fils survivant de Saül, avec le reste des membres de cette infortunée famille, et il parvint à le faire reconnaitre roi par les tribus de cette région. Lorsque Abner, au moyen de ces tribus et des Benjamites qui l'avaient rejoint, eut composé un corps d'une solidité suffisante, il entama la lutte contre les Philistins. Il les délogea peu à peu de la région citérieure, mais ce ne fut qu'après quatre ou cinq ans (de 1055 à 1051) qu'il put en débarrasser entièrement le pays. La reprise du canton de Benjamin lui coûta sans doute le plus de peine, parce que les Philistins pouvaient aisément y jeter des troupes. Chaque tribu délivrée par Abner s'empressait de rendre hommage au fils de Saül. Ce qu'a réalisé Abner est vraiment extraordinaire. Non seulement il a reconquis l'indépendance du sol, mais il a su faire entrer dans le faisceau national les tribus mêmes qui, sous le règne de Saül, s'étaient montrées rétives. Il a ainsi fondé effectivement le royaume des dix tribus, le royaume d'Israël; il en a unifié et resserré les parties incohérentes. Et cependant, après sa victoire, après tous ses efforts, le peuple se trouva soudain réparti en deux royaumes, le royaume d'Israël et celui de Juda, gouvernés par deux rois différents. La tribu de Juda, à peine arrachée à son isolement par l'énergie de Samuel et de Saül, se trouva de nouveau séparée de ses sœurs. La victoire d'Abner n'avait pas causé d'allégresse, parce qu'elle avait provoqué la désunion.

Une fusion entre les maisons d'Israël et de Juda, il n'y fallait pas songer dans l'état des choses. Cette fusion répugnait non seulement aux deux rois David et Isboseth, qu'elle eût contraints naturellement l'un ou l'autre à abdiquer, mais plus encore peut-être à leur parti et à leurs généraux respectifs, Joab et Abner, qu'une jalousie violente animait l'un contre l'autre. Un fait considérable, c'est que la maison de Jacob avait pour guide un roi valeureux et rompu à la guerre, oint par le prophète Samuel et, comme tel, personnage sacré, tandis qu'Isboseth, peu belliqueux à ce qu'il semble, sans prestige ni consécration divine, n'était roi que de nom. Toute sa puissance reposait dans les mains de son général Abner. Isboseth vivait dans un coin écarté de la Transjordanie, était à peine informé des événements, tandis que David résidait au cœur de sa tribu et pouvait, d'Hébron, diriger toutes choses. — C'est ainsi qu'une guerre civile éclata entre les maisons d'Israël et de Juda, ou entre la famille de Saül et celle de David, lorsque Abner eut gagné ou regagné toutes les tribus, sauf celle de Juda, à la cause d'Isboseth. Cette guerre dura deux ans (de 1051 à 1049).

Une fatalité tragique s'abattit sur la maison de Saül. Abner s'était épris de la belle *Rispa*, concubine de Saül, qui demeurait, elle aussi, avec ses deux fils, à Mahanaïm. Bien qu'Isboseth fût contraint de passer beaucoup de choses à son général, dont les services lui étaient indispensables, il ne pouvait lui permettre, avec la veuve de son père, des privautés qui impliquaient usurpation de la dignité royale. Il adressa donc une réprimande à Abner. Celui-ci s'en offensa, reprocha à ce fantôme de roi son ingratitude et lui tourna le dos; puis il entama sous main des négociations avec David, s'engageant à lui procurer l'adhésion de toutes les tribus. En retour, il stipula sans doute qu'il conserverait ses fonctions de général en chef. David y acquiesça avec joie, mais exigea d'abord, comme gage du traité, qu'on lui rendît sa bien-aimée Michal, que Saül lui avait enlevée et avait donnée pour femme à un Benjamite, nommé *Paltiel*. On peut admettre qu'Isboseth lui-même reconnut la justice de cette réclamation et n'en conclut rien de fâcheux pour ses propres intérêts. Abner quitta donc son roi, sous prétexte de mener à bonne fin la revendication relative à Michal; il se rendit au canton de Benjamin et la reprit à Paltiel, qui l'accompagna en pleurant jusqu'à une certaine distance, mais qui, sur l'injonction d'Abner, dut s'en retourner chez lui. David rentra ainsi en possession de ses premières amours. Abner commença alors sa campagne parmi les tribus et entreprit de gagner en secret des partisans à David. Nombre d'Israélites désiraient sans doute, au fond du cœur, que cette malheureuse guerre civile se terminât par une soumission au roi judaïte, et même plusieurs Benjamites n'étaient pas défavorables à un arrangement. Avec vingt affidés, gagnés au parti de David, Abner entra dans Hébron, toujours mystérieusement. David avait eu la précaution d'éloigner d'Hébron, pour quelque expédition, Joab et son frère, ces deux fils de Serouya pleins de jalousie et de défiance. Pendant leur absence, David concerta avec Abner les moyens d'obtenir des Anciens des tribus la déchéance d'Isboseth et sa propre intronisation. Déjà Abner avait quitté Hébron pour adresser un appel aux Anciens et les engager à rendre hommage au roi de Juda, lorsque Joab, avec ses hommes, revint de son expédition. Joab, en arrivant, apprit cette surprenante nouvelle qu'Abner, hier l'ennemi de la cour de David, avait reçu de lui le plus cordial accueil et l'avait quitté dans les meilleurs termes. Ainsi, en arrière de Joab, son roi avait noué des négociations, conclu un pacte, et, en fin de compte, lui, Joab, était sacrifié : telle était sa conviction. Prompt à se décider, selon son habitude, Joab dépêcha des messagers à Abner; celui-ci rebroussa chemin. Joab et Abisaï se tenaient aux aguets à la porte d'Hébron... Abner, sans défiance, périt assassiné.

David fut profondément affecté de cette mort : ne lui enlevait-elle pas traîtreusement, au moment de voir ses desseins réalisés, l'homme qui seul pouvait et voulait lui gagner, sans coup férir, l'unanimité des tribus ? Pénible et difficile était sa situation. Pour écarter de lui les soupçons, il donna à sa douleur, d'ailleurs réelle et sincère, une expression solennelle. Il fit, dans Hébron, des funérailles imposantes au héros expiré, ordonna à tous ses serviteurs d'accompagner ses restes en appareil de deuil, les accompagna lui-même en pleurant, et épancha sa douleur dans un chant élégiaque dont le début nous a été conservé :

> O Abner, devais-tu périr d'une telle mort?
> Tes mains, Abner, ne furent jamais captives,
> Jamais tes pieds ne connurent les chaînes ;
> Tu meurs frappé par une main criminelle !

Ces paroles firent une vive impression sur les assistants, tous fondirent en larmes et nul ne mit en doute la sincérité de son désespoir. Toutefois, David n'osa demander compte de leur crime aux fils de Serouya, ni même leur en faire reproche : il avait trop besoin d'eux. Mais, en présence de ses intimes, il formula des plaintes amères contre les coupables : « Sachez-le, un grand prince d'Israël est tombé aujourd'hui. Pour moi, je suis trop faible, n'étant pas encore reconnu de tous, et les fils de Serouya sont plus puissants que moi. Que Dieu rende aux méchants ce qu'ils ont mérité ! »

La nouvelle de l'assassinat d'Abner atterra Isboseth. Ne se doutant point des intelligences secrètes de son général avec David, il ne pouvait ressentir que la perte irréparable d'un héros, son fidèle ami, le principal soutien de son trône. — Peu de temps après, Isboseth fut trouvé assassiné dans son lit. Ce fut l'écroulement de la maison de Saül.

Isboseth mort, le royaume des dix tribus revenait, par le fait, à David. Il y comptait aussi, de longue date, des partisans qui se souvenaient de ses exploits contre les Philistins, et qui vénéraient en lui l'homme choisi de Dieu par l'entremise du prophète Samuel. D'autres lui étaient déjà acquis par les soins d'Abner. Ceux-là même qu'avait scandalisés l'alliance de David avec les ennemis d'Israël ne pouvaient s'empêcher de considérer qu'il n'y avait d'autre parti à prendre que de le reconnaître roi. Les Anciens des tribus se rendirent donc à Hébron, prirent l'engagement de rester ses fidèles partisans et lui offrirent des présents de foi et hommage. Des Benjamites même le reconnurent, mais plus d'un à contre-cœur et avec un secret dépit. Ainsi s'accomplissait l'ambition de David : l'humble chef d'une tribu devenait, après tant d'obstacles et de tribulations, roi de tout Israël. La scission entre les maisons de Jacob et d'Israël était écartée pour le moment : tous les symptômes étaient favorables à David. Le corps des prêtres et celui des prophètes, loin de prendre à son égard, comme ils l'avaient fait pour Saül, une attitude hostile, lui étaient cordialement affectionnés. Un descendant d'Héli, *Abiathar*, faisait partie de son entourage, avait eu part aux épreuves endurées par David : quant aux prophètes, ils se reconnaissaient en lui : n'avait-il pas été oint par leur chef Samuel? Le prophète *Gad* était également de la société de David, et un autre prophète de cette époque, *Nathan*, était en quelque sorte son directeur de conscience. Il trouvait donc, du côté des deux puissances temporelles, aide et appui pour ses vues, et en somme, quant à l'intérieur, la voie lui était aplanie. Mais il avait au dehors de graves difficultés à vaincre, avant de parvenir à une royauté indépendante.

Avant tout, pour avoir ses coudées franches et pour regagner pleinement l'amour du peuple, il fallait rompre avec les Philistins. Une guerre sanglante avec ses anciens alliés était chose inévitable : il fallait en prendre son parti; toutefois, il n'entama pas immédiatement la lutte : ils étaient encore trop puissants. Il voulut d'abord déblayer le terrain d'un autre côté. Au milieu du territoire des Benjamites était une enclave occupée par les Jébuséens. La haute colline de *Sion* était défendue de trois côtés par des vallées étroites et des remparts artificiels qui la rendaient inaccessible; le côté le plus ardu était celui du sud, où la paroi de la colline s'élève presque à pic. Les Jébuséens, du haut de cette forteresse, dominaient tout le voisinage et se sentaient invincibles. Ils vivaient, sans doute, sur un pied d'alliance avec leurs voisins de Benjamin et de Juda, puisque nous voyons Saül lui-même les laisser tranquilles sur leur territoire. Mais David jugea utile, avant d'entreprendre la guerre avec les Philistins, de se rendre maître de la forteresse de Sion. Il commença par inviter les Jébuséens à lui céder la place bénévolement et à l'amiable; peut-être y ajouta-t-il l'offre d'une compensation. Mais ceux-ci se moquèrent de sa prétention et lui répondirent ironiquement : « Tu ne peux pénétrer jusqu'ici à moins d'écarter les aveugles et les boiteux » (car ceux-là mêmes seraient capables de te disputer le passage). Là-dessus, David se mit en mesure d'attaquer le Sion; il rassembla sa troupe d'élite et promit un prix au plus brave : celui qui le premier, par le flanc escarpé du midi, aurait atteint le sommet de la forteresse, serait nommé général. Animés par cette brillante perspective, les guerriers s'élancent, gravissent à l'envi l'âpre colline; mais les Jébuséens les accueillent par une grêle de flèches et de quartiers de rocher. Joab réussit enfin à gagner le sommet; avec l'aide de ses compagnons, il prend d'assaut la forteresse et écharpe ses défenseurs. Les Jébuséens, jugeant toute résistance inutile, se décident à capituler, et David leur accorde la paix. Il leur fut permis de rester dans leur ville, mais non dans le fort; ils purent s'établir dans la partie orientale, sur la colline de Moria.

Après la prise de la forteresse de Sion, David y transféra d'Hébron sa résidence, et elle s'appela désormais la *Ville de David*. La ville, dans son ensemble, reçut le nom de *Jérusalem* (Yerouschalaïm), — appellation dont le sens est incertain, — et perdit son ancien nom de Jébus. David permit à ses guerriers et aux gens de sa cour de s'y établir avec leurs familles. Le quartier où les plus vaillants élurent domicile s'appela, par ce motif : « Maison des héros » (*Bet ha-Ghibborim*). Tel fut le commencement de cette ville qui, depuis cette époque, devait être et rester pour de longs siècles la *Ville sainte*. Ériger cette humble localité en capitale fut, en raison des circonstances, une heureuse inspiration. Évidemment *Sichem* convenait beaucoup mieux comme centre, vu sa situation au milieu des tribus et la fertilité de son territoire; mais il n'était pas possible que David transportât sa résidence dans cette ville éphraïmite, dont les habitants ne lui étaient pas très sympathiques, mécontents qu'ils étaient d'obéir à un roi issu de la tribu demi-barbare de Juda. Par contre, il lui fallait un point d'appui solide dans sa propre tribu, et ce point d'appui il le trouvait dans Jérusalem, située sur la limite de Benjamin et de Juda, et qui, en cas d'insoumission des autres tribus, pouvait lui offrir un refuge protecteur. La contrée, siège de la nouvelle capitale, ne manque pas de fertilité, bien qu'elle ne soutienne pas la comparaison avec celle de Sichem. Dans ses vallons coulent des sources intarissables, celles de *Siloé* et d'*En-Roghel* au sud-ouest, le *Ghihon* à l'ouest, qui, aux époques sèches de l'année, peuvent fournir d'eau la ville et les champs. Une ceinture de collines, à la fois ornement et défense, entoure de trois côtés Jérusalem. A l'est s'élève la haute montagne des *Oliviers*, qui doit son nom aux oliviers dont elle est couverte. Au sud, la colline est plus basse, et plus étroite la vallée qui la sépare de la ville : c'est la trop célèbre vallée de *Hinnom* ou *Ghê-Hinnom*, ainsi nommée d'un certain Hinnom ou de sa famille, et qui, à son tour, a donné son nom sinistre à l'enfer (*Géhenne*). A l'ouest, le coteau s'abaisse encore plus et mérite à peine de s'appeler colline. Enfin, au nord, ce n'est plus qu'une plaine tout unie. Ces hauteurs et ces vallées protègent Jérusalem de trois côtés, comme des remparts et des fossés naturels. A l'intérieur de Jérusalem, sur le terrain qui s'élève entre les trois vallées de l'est, du sud et de l'ouest, trois collines dominaient la plaine : à l'ouest la plus haute, le *Sion;* au nord une autre plus basse, et à l'opposite une troisième, le *Moria*, avec un prolongement au sud qu'on appelait *Ophel*. Le Moria, beaucoup plus bas que le Sion, devait cependant un jour dépasser et le Sion et les plus hauts sommets de la terre.

Il ne pouvait échapper aux Philistins que l'avènement de David à la royauté de tout Israël aurait pour conséquence d'affaiblir son alliance avec eux, ou plutôt de lui imposer une attitude hostile à leur égard. Toutefois, ils n'auraient pas voulu dénoncer le traité. Mais la prise de Jébus ou Jérusalem et la fixation de sa résidence dans cette ville leur apparurent comme des symptômes d'évolution, et ils se hâtèrent de prendre l'offensive pour ne pas lui laisser le temps de mettre sur pied la population valide de toutes les tribus. Un corps de Philistins pénétra de la plaine dans la montagne et s'approcha de Jérusalem. Soit que David fût surpris par cette irruption, soit qu'il voulût éviter de combattre sous les murs de sa capitale, il s'en éloigna avec sa troupe et se retira vers *Adullam*, au sud. Encouragés par cette fuite apparente, les Philistins s'avancèrent jusqu'à Bethléem, la patrie de David, y fortifièrent leur camp, et de là envoyèrent des bandes mettre au pillage le pays de Juda. David différa d'attaquer les Philistins, probablement parce que sa troupe était encore trop faible et qu'il attendait du renfort de la part des tribus. En attendant, pour tenir ses braves en haleine jusqu'au moment décisif, il exprima le désir de boire de l'eau d'une citerne qui se trouvait près de Bethléem, au pouvoir des Philistins. Aussitôt trois des principaux guerriers, *Yeschobeam, Eléazar* et *Schama* se mirent en route, pénétrèrent jusqu'à Bethléem, déconcertèrent les Philistins par leur audace et puisèrent de l'eau qu'ils rapportèrent à David. Mais celui-ci ne voulut pas boire de cette eau, que les héros étaient allés querir au péril de leur vie; il n'avait voulu que mettre leur courage à l'épreuve. — Enfin, les troupes israélites marchèrent contre les Philistins et les défirent près de *Baal-Pe-*

*ratsim* d'une manière si complète, qu'on assimila cette victoire à celle que Josué avait remportée près de Gabaon. Les Philistins, dans leur fuite précipitée, abandonnèrent leurs idoles, qui furent livrées au feu par les Israélites. Mais les ennemis n'en poursuivirent pas moins leurs projets d'asservissement contre David et son peuple. Ils firent à plusieurs reprises des incursions dans le pays, une fois jusqu'à la vallée des Rephaïm, une autre fois à Éphesdamim, dans la vallée du Térébinthe. La troupe de David les battit, les poursuivit, et quelques-uns de ses héros, dans des combats singuliers, firent des prodiges de valeur.

Mais David ne se borna pas à se défendre, il songea aussi à prendre l'offensive. De fait, s'il voulait débarrasser son peuple de cette petite, mais puissante peuplade, pour qui s'agrandir et guerroyer était une condition d'existence, il fallait la réduire à l'impuissance, ou s'attendre sans cesse à de nouvelles guerres. Il marcha donc avec ses hommes sur *Gath*, alors la capitale des Philistins et la ville la plus rapprochée du pays de Juda. La résistance, naturellement, fut des plus opiniâtres, et il s'ensuivit des mêlées sanglantes où les vaillants de David eurent occasion de se signaler. Les Philistins, paraît-il, proposaient volontiers des combats singuliers, que les derniers descendants de leurs géants (*rephaïm*) se chargeaient de soutenir. Mais les temps étaient changés. Si, à l'époque de la jeunesse de David, pas un guerrier de l'armée d'Israël n'osait répondre au défi de Goliath, il y en avait maintenant plus de trente qui brûlaient d'obtenir une semblable permission.

Enfin, les Israélites portèrent de si rudes coups aux Philistins, que ceux-ci furent contraints de leur abandonner Gath, leur capitale, avec ses villages et son territoire. Les rôles étaient renversés. Cette même ville, qui n'avait vu dans le fils de Jessé qu'un suppliant et un pauvre fou, devait maintenant se courber devant lui. Cet abaissement des Philistins était un fait de la plus haute importance : il assurait au peuple un repos durable et la liberté de ses mouvements, car aucun ennemi ne harcela les Israélites avec autant d'acharnement que les Philistins. Du reste, David ne poussa pas plus loin la conquête de ce pays, et il paraît même avoir rendu plus tard la ville de Gath à son roi. Il avait sans doute ses raisons pour ne pas poursuivre ses avantages à outrance, et peut-être lui semblait-il plus prudent d'avoir les Philistins pour tributaires que de les réduire aux extrémités du désespoir.

La victoire de David sur les Philistins rehaussa son autorité chez les Israélites, et lui valut même la considération des peuples voisins. *Hiram*, ce roi qui avait fait passer de Sidon à Tyr la puissance phénicienne, envoya des ambassadeurs à David, pour lui proposer une alliance et lui offrir du bois de cèdre et autres matériaux destinés à l'embellissement de Jérusalem, la nouvelle capitale. Il se réjouissait de voir les Philistins domptés : leur affaiblissement était une garantie qu'ils ne jetteraient plus de sitôt un regard de convoitise sur la côte phénicienne. Le roi de Tyr tenait d'ailleurs particulièrement à l'alliance de David, afin que les caravanes de Phénicie, allant et venant sans cesse de leur pays en Égypte, et parcourant, pour leurs besoins, les routes du pays d'Israël, trouvassent protection et sécurité pour elles et pour leurs marchandises. David accepta avec empressement la proposition, et ainsi se forma une sorte d'amitié entre lui et Hiram. Il profita de ses offres pour fortifier la capitale récemment fondée et la couvrir d'élégantes constructions. Les Phéniciens étaient déjà, à cette époque, des architectes fort habiles.

Avant tout, il songea à fortifier Jérusalem, en se bornant d'abord, vraisemblablement, au côté nord, dont l'accès était plus facile. La colline de Sion ou Ville de David, d'une étendue assez médiocre, était insuffisante pour la population qui s'y était déjà établie, ou tout au moins le serait-elle pour la population future. C'est pourquoi la colline basse, située au nord du Sion, fut jointe à la ville; une étroite vallée séparait la ville de la colline, qui reçut le nom de *Millo* (Enclave), et qui devint le « second quartier », eu égard à l'ancien quartier formé par la ville de Sion. La colline de Moria et son prolongement, l'Ophel, restèrent provisoirement séparés de la ville; du reste, ils ne faisaient point alors partie de Jérusalem, étant occupés par les Jébuséens qu'on avait épargnés. — David se fit construire aussi un palais en bois de cèdre, qu'on fit venir du Liban. Pareillement, Joab et les autres personnages notables de l'entourage de David reçurent de belles et spacieuses maisons, bâties en bois de cyprès, sinon en bois de cèdre.

Mais David songea aussi à faire de Jérusalem le centre de la vie religieuse, afin que les regards du peuple entier se portassent de préférence sur cette ville. Il prit donc des mesures pour faire retirer l'arche d'alliance de Kiryath-Yearim, où elle était restée, dans la maison d'Abinadab, depuis son retour de chez les Philistins, et fit dresser une tente d'apparat pour la recevoir. On se racontait que David avait fait vœu de ne pas entrer dans sa maison, de ne pas monter sur son lit, de ne pas permettre le sommeil à ses yeux, qu'il n'eût trouvé une place pour abriter l'arche. Le roi se rendit, avec un nombreux cortège, à Kiryath-Yearim (environ trois lieues nord-ouest de Jérusalem). Beaucoup de Lévites faisaient partie du cortège. L'arche fut placée sur un chariot neuf attelé de bœufs et conduit par deux fils d'Abinadab. Les Lévites entonnèrent des chants, au son de nombreux instruments de musique, et David y prit part avec un vif enthousiasme. Mais un accident funeste, survenu pendant le trajet, effraya David, qui n'osa introduire l'arche dans Jérusalem, craignant qu'elle ne portât malheur aux habitants comme autrefois aux Philistins. Pourtant, l'individu chez qui on l'avait déposée l'ayant logée trois mois impunément, David se décida de nouveau à la transférer dans le Sion ; seulement elle ne devait plus être voiturée, mais portée à bras par des Lévites. Au milieu d'un grand concours de peuple, avec des acclamations bruyantes, des instruments de musique et des danses, elle fut introduite dans la tente qui lui était destinée. Le roi lui-même, oubliant sa dignité, avait chanté et dansé devant l'arche avec enthousiasme, sur quoi sa femme Michal lui reprocha amèrement de s'être donné en spectacle comme un homme de rien.

Par la présence de l'arche, la nouvelle ville de Jérusalem monta au rang de ville sainte, comme précédemment Silo. Siège d'un culte, il lui fallait maintenant un prêtre ou une compagnie de prêtres. *Abiathar*, ce fidèle compagnon de David dans ses pérégrinations, était naturellement désigné comme grand prêtre de l'arche sainte à Sion. Toutefois, il existait encore un grand prêtre à Gabaon, installé par Saül après l'extermination de la famille d'Héli à Nob. Le laisser absolument à l'écart, c'était provoquer la discorde. David se décida donc à le reconnaître également comme grand prêtre, de sorte que les deux hommes fonctionnèrent au même titre : Abiathar à Jérusalem, et Sadoc à Gabaon. Il était naturel que David, disciple des chœurs de Lévites, lui-même poète et musicien, désirât introduire, à l'exemple de Samuel, des psaumes avec chœurs dans les offices solennels. Lui-même composait des cantiques de circonstance, lorsque son cœur, à la suite d'une victoire ou de quelque autre événement heureux, s'exaltait dans un transport de reconnaissance envers Dieu et d'enthousiasme poétique. C'est lui, sans doute, qui a créé cette forme de poésie intime et pieuse. A côté du psalmiste couronné, on nomme encore d'autres poètes et musiciens, ses contemporains : *Asaph*, *Héman*, petit-fils de Samuel, et *Yedouthoun*. C'est d'eux qu'étaient issus les « fils d'Asaph » et les « fils de Coré », qui ont acquis, à côté de David, un grand nom dans la littérature lyrique. Le culte spirituel, inauguré par Samuel, reçut de David une assiette solide et durable ; et, bien que lui aussi rendît hommage au culte cérémoniel, il conféra une importance égale au chant des psaumes, qui saisit et élève l'âme. En un temps où, chez les autres peuples de la terre, la poésie venait à peine de naître, elle constituait déjà, en Israël, un élément essentiel de l'adoration divine.

Si David, au point de vue religieux, a été le fondateur d'un culte épuré, il a aussi, au point de vue moral, créé un État ayant la justice pour base. Il rendait la justice en personne, écoutait, sans se lasser, les débats des particuliers ou des familles, et rendait ses arrêts avec une stricte impartialité. Son trône n'était pas seulement le siège auguste de l'autorité et de la force, c'était aussi celui de la justice et de l'équité. David est resté, pour la postérité, le roi modèle, dont le trône a été le soutien du droit et le régulateur de la paix sociale. Par lui, Jérusalem devint la ville idéale où la saine piété et l'austère justice avaient trouvé leur centre.

Grâce à tous ces mérites, — l'affranchissement de la domination philistine, la sécurité reconquise, le règne de la justice, — David redevint ce qu'il avait été jadis, l'idole du peuple. L'affection et la fidélité lui arrivèrent d'elles-mêmes, sans contrainte.

David modifia, à certains égards, l'économie intérieure du pays. La constitution des tribus, à la vérité, demeura intacte. Les Anciens gouvernaient les familles, et le chef de la plus ancienne famille était en même temps prince de la tribu entière. C'étaient ces princes qui représentaient les tribus auprès du roi. Mais l'indépendance ou plutôt le bon plaisir des tribus, en matière militaire, fut soumis à des restrictions. Chaque tribu devait, en cas de guerre, fournir un contingent d'hommes valides, âgés de vingt ans au moins. Cette levée était confiée à un fonctionnaire spécial, dit le « compteur » ou « dresseur de listes », qui inscrivait sur un rouleau tous les sujets valides, veillait à ce qu'ils rejoignissent leur corps et y contraignait les retardataires. L'armée, réunie, était commandée par un général en chef, charge confiée à Joab. David avait, en outre, un corps de troupes stipendiées, composées de païens amoureux de la guerre : les *Krêthi*, originaires d'une province des Philistins, et les *Plêthi*, dont l'origine est inconnue. Ils avaient pour capitaine *Benaïahou*, fils de Joïada, un des vaillants de David. Il institua aussi, dans le principe, un fonctionnaire spécial, le *mazkir*, qui avait mission de noter tous les faits importants ou supposés tels, les services rendus au roi ou les délits commis à son égard. Le favoritisme étant inséparable de la royauté. David avait naturellement son favori, à qui il pouvait se fier en toutes choses, notamment dans les choses qui ne se disent pas au premier venu. Il avait aussi le bonheur d'avoir près de lui un conseiller, habile à le tirer d'affaire dans les conjonctures difficiles, *Achitophel,* de la ville de Ghilo. Sa parole passait pour un oracle, aussi sûr que celui de la Divinité dans la bouche du grand prêtre. Ce conseiller habile, trop habile, devait plus tard intervenir d'une manière fâcheuse dans la vie de David.

La conscience de David, en tant que juge, fut mise un jour à une pénible épreuve. Une famine persistante désolait le pays, où il n'avait pas plu deux années consécutives. La pluie ayant encore manqué au printemps de la troisième année, la détresse arriva à son comble, et le peuple implora le roi pour obtenir assistance. On voyait, dans cette effroyable calamité, un châtiment envoyé de Dieu pour quelque crime caché et demeuré impuni. David consulta à ce sujet le grand prêtre Abiathar, et l'oracle divin répondit : « C'est à cause de Saül, de la persécution sanglante qu'il a exercée sur les Gabaonites. » Là-dessus, David manda auprès de lui les Gabaonites survivants et leur demanda quelle réparation ils exigeaient. Mais ce n'était pas de l'argent qu'il leur fallait, c'étaient des victimes expiatoires, et ils réclamèrent l'exécution de sept descendants de Saül. Or, en les épargnant, David aurait irrité le peuple, qui l'aurait accusé de prolonger le malheur du pays par ce déni de satisfaction ; mais, d'autre part, il s'exposait au soupçon de vouloir, par esprit de vengeance ou par d'autres motifs intéressés, exterminer la postérité de Saül. Il lui fallut donc, la mort dans l'âme, obéir au vœu cruel des Gabaonites. Les deux fils que Saül avait eus de sa concubine *Rispa* et les petits-fils que lui avait donnés sa fille *Mérab* furent recherchés et livrés aux Gabaonites, qui les pendirent de leurs propres mains à Ghibeath-Saül, dans la ville même où leur père avait porté la couronne. David n'épargna que le fils de Jonathan, *Mephiboseth*, respectant ainsi le serment qu'il avait fait à son ami de protéger toujours ses descendants. Les cadavres des sept victimes devaient rester attachés au gibet jusqu'à ce que le ciel envoyât la pluie ; mais elle tarda longtemps à venir. Dans cette circonstance, la belle Rispa, pour laquelle Abner s'était brouillé avec Isboseth, montra de quoi une mère est capable. Pour préserver les corps de ses fils de servir de pâture aux aigles de l'air et aux chacals de la plaine, elle dressa sa couche sur le rocher où étaient exposés les cadavres, veilla sur eux d'un regard obstiné, bravant, le jour, les ardeurs de l'été, refusant, la nuit, le sommeil à ses yeux, pour écarter les animaux de proie de ces restes bien-aimés. Lorsqu'enfin, l'automne venu, la pluie tomba, on enleva les sept corps, et, sur l'ordre de David, on leur rendit les derniers honneurs. A cette occasion, il fit aussi chercher à Jabès-Galaad les ossements de Saül et de Jonathan, qu'on ensevelit à côté de ceux de leurs parents, dans le caveau de la famille de Kisch. Il paraîtrait que David fit redire alors son émouvante élégie sur la mort de Saül et de Jonathan, pour montrer combien lui tenait au cœur la chute de la maison royale de Benjamin, et il ordonna même que ce chant fût appris par cœur. — Quant à Mephiboseth, le fils survivant de Jonathan, qui avait vécu jusqu'alors dans la maison d'un homme notable au delà du Jourdain, David le fit venir à Jérusalem, l'installa chez lui, l'admit à sa table et le traita comme son propre fils; ce qui n'empêcha pas les Benjamites de l'accuser entre eux d'avoir exterminé la famille de Saül et de n'avoir laissé vivre qu'un misérable infirme, incapable de régner. Lorsque, plus tard, la fortune cessa de sourire à David, les Benjamites irrités le poursuivirent à coups de pierres.

## CHAPITRE V

### LE ROI DAVID (*Suite*)

(1035-1015)

Après vingt ans de règne, David eut à subir différentes guerres, qui le détournèrent de ses pacifiques efforts pour établir l'ordre intérieur du pays et y exercer la justice. Ces guerres lointaines, qui s'imposèrent à lui à son corps défendant, donnèrent à sa puissance un accroissement inattendu et à l'activité de son peuple un singulier essor. Il fit d'abord une guerre acharnée aux *Moabites*, habitant au delà de la mer Morte, avec lesquels, au temps de sa vie errante, il avait eu des relations amicales et chez qui il avait rencontré un accueil hospitalier. C'était vraisemblablement une guerre de représailles, car David vainqueur traita les prisonniers avec plus de cruauté qu'aucun des peuples vaincus par lui. Tout le pays de Moab fut soumis à son empire et tenu d'envoyer un tribut annuel à Jérusalem.

Quelque temps après, Nachasch, roi des Ammonites, étant mort, David, qui avait été lié d'amitié avec lui, envoya un message de condoléance à son fils *Chanoun*. Cette démarche parut suspecte. Les familiers du nouveau roi le mirent en défiance contre David, prétendant que les messagers n'étaient que des espions chargés d'explorer les points vulnérables de la capitale (Rabbath-Ammon), qu'on se proposait d'attaquer cette ville et de lui faire subir le sort de la capitale moabite. Entraîné par leurs suggestions, Chanoun fit au roi israélite un affront qui ne pouvait rester impuni. A ses envoyés qui, selon le droit des gens, étaient inviolables, il fit raser la moitié de la barbe, couper les vêtements jusqu'à la ceinture, et les expulsa du pays. David fut informé du fait, et il s'apprêta à une guerre sans merci. Les bans de l'armée furent convoqués, le corps des « vaillants » ceignit ses reins, et les troupes mercenaires des *Krêthi* et *Plêthi*, commandées par Benaïahou, marchèrent en tête. Chanoun, qui redoutait les qualités guerrières des Israélites, chercha à se procurer du renfort ; il soudoya des Araméens, répandus depuis la chaîne de l'Hermon jusqu'à l'Euphrate, et qui vendaient leurs services. Le plus fort contingent (20,000 hommes) fut fourni par *Hadadézer*, roi de Soba, près de l'Euphrate. David ne fit pas cette guerre en personne, il en confia la direction au prudent et fidèle Joab. Aussitôt que celui-ci eut franchi le Jourdain avec son armée, il la partagea en deux corps, laissa l'un sous les ordres de son frère Abisaï, et attaqua lui-même les Araméens à la tête de l'autre. Il avait enflammé les courages par ces simples et expressives paroles : « Combattons vaillamment pour notre peuple et notre ville sainte, Dieu fera le reste ! » Joab, fondant avec impétuosité sur les Araméens, les mit en déroute, si bien qu'à leur tour les Ammonites, épouvantés, abandonnèrent la bataille et se retirèrent sous les murs de leur capitale.

Après cette belle journée, Joab se hâta de rentrer dans Jérusalem, où il rendit compte au roi et lui développa un plan consistant à écraser les Araméens, de façon à leur ôter désormais l'envie d'intervenir. Avec l'armée victorieuse, qui venait d'évacuer provisoirement le territoire ammonite et qu'il renforça encore, David se mit lui-même à la poursuite des Araméens, au delà du Jourdain. Bien que le roi Hadadézer eût envoyé, lui aussi, de nouveaux renforts à son armée battue, elle succomba encore une fois, et son général lui-même perdit la vie. Les vassaux du puissant Hadadézer firent promptement leur paix avec David, qui, poursuivant son succès, pénétra jusqu'à la capitale du roi araméen, dans le voisinage de l'Euphrate. Les chariots et la cavalerie de l'ennemi ne purent soutenir le choc impétueux de l'armée israélite, et les Araméens furent battus une troisième fois. Le vaste État de Soba, dont plusieurs princes relevaient comme tributaires, fut sur le penchant de sa ruine. Le roi de Damas, qui avait prêté assistance à celui de Soba, fut pareillement vaincu par David, et l'antique cité de Damas passa depuis lors sous l'obéissance du roi d'Israël. Dans toutes les provinces araméennes, depuis l'Hermon jusqu'à l'Euphrate, David établit des gouverneurs chargés de la perception des tributs. — David et son armée durent être surpris eux-mêmes de tant de victoires merveilleuses, qui répandirent au loin la terreur de leur nom.

Cependant le roi des Ammonites n'avait pas encore expié l'affront infligé aux ambassadeurs israélites. Retenue, pendant une année presque entière, par sa guerre avec les Araméens, l'armée israélite ne pouvait reprendre la campagne contre Chanoun. Mais, une fois ces grands succès obtenus, David fit marcher Joab avec son armée contre Ammon. Or, la guerre avec ce peuple avait été l'occasion d'une autre guerre. Les Iduméens, qui habitaient au sud de la mer Morte jusqu'au golfe Ælanitique, avaient, eux aussi, prêté appui aux Ammonites en leur envoyant des troupes auxiliaires ; eux aussi, il fallait les mettre à la raison. David fit donc attaquer les Iduméens par son second général, Abisaï, le frère de Joab. Du reste, Joab avait fort à faire avec les Ammonites, retranchés derrière les puissants remparts de leur capitale, et qui faisaient de fréquentes sorties. L'armée israélite, ne possédant ni béliers ni autres engins de siège, ne pouvait obtenir quelque résultat qu'en tentant d'escalader les murs ; mais les archers postés sur le faîte les repoussaient sans cesse. Enfin Joab réussit, après des assauts réitérés, à s'emparer d'un quartier de la ville ; il fit aussitôt part de cet exploit à David et l'engagea à se rendre au camp pour assister à la prise des autres quartiers, afin que l'honneur de la conquête lui fût attribué. David arriva devant Rabba avec des troupes fraîches, et il eut, en effet, la satisfaction de prendre la ville entière et de faire un riche butin. Il mit sur sa tête la couronne de *Malkom* (Milkom), dieu des Ammonites, laquelle était d'or et enrichie de pierreries. Il ne paraît pas que David ait détruit la ville, comme il en avait eu l'intention ; il se borna à condamner la population mâle, ou seulement les prisonniers, à des travaux serviles, tels que polir des pierres, triturer le blé avec des rouleaux de fer, couper du bois et confectionner des briques, et il procéda de même avec les prisonniers des autres villes. Quant au roi Chanoun, cause première de la guerre, et qui avait si gravement offensé David, ou il fut mis à mort, ou il réussit à s'échapper. David lui donna probablement pour successeur *Schobi*, frère de ce prince.

De son côté, Abisaï avait guerroyé avec les Iduméens et les avait battus dans la « vallée du Sel », voisine sans doute de la montagne saline au bord de la mer Morte. Il est à croire que les survivants se soumirent; aussi David se contenta de leur imposer une garnison et des gouverneurs, comme à Damas et aux autres pays araméens. Il paraîtrait que, plus tard, les Iduméens se soulevèrent contre la garnison israélite et la massacrèrent; car Joab se rendit en Idumée, fit donner la sépulture aux victimes et mettre à mort toute la population iduméenne mâle. Six mois furent employés à cette guerre d'extermination; si bien qu'un petit nombre d'hommes seulement purent y échapper par la fuite, au nombre desquels se trouvait un fils ou petit-fils d'Hadad, le roi des Iduméens.

Par ces grandes victoires de David, dans l'Ouest sur les Philistins, au Midi sur les Iduméens, dans l'Orient, au delà du Jourdain, sur les Moabites et les Ammonites et, dans le Nord, sur les Araméens, l'État israélite acquit une puissance inespérée. Si, précédemment, alors qu'il fut reconnu roi de tout Israël, les limites du pays étaient renfermées entre *Dan* et *Bersabée*, l'empire de David embrassait maintenant le vaste territoire qui s'étend du *Torrent d'Égypte* (Rhinocolura, El-Arisch) jusqu'à l'*Euphrate*, ou de *Gaza* jusqu'à *Thapsacus* (sur l'Euphrate). Les peuples vaincus étaient obligés, chaque année, d'envoyer des présents comme hommage, de payer un tribut et peut-être de fournir des corvéables pour les constructions et autres travaux pénibles.

Toutes ces guerres et ces victoires révélèrent la grande âme de David mieux que n'avait fait son existence antérieure, courbée sous la contrainte. Ferme et énergique dans l'action, quand il y allait de l'honneur et de la sécurité de son peuple, il restait humble et modeste après le succès, sans ombre de vanité ni d'orgueil. Il n'éleva point de monument pour célébrer ses triomphes, comme avait fait Saül; loin de là, il était persuadé, de même que son illustre général Joab, que Dieu seul lui avait donné la victoire. Cette confiance en Dieu qu'on met dans la bouche de David allant combattre le géant Goliath : « Dieu est l'arbitre de la guerre, et il peut donner la victoire sans lance ni épée », il la manifesta dans toutes ses héroïques épreuves. David exprime cette pensée fondamentale dans un psaume (le XVIII$^e$) chanté probablement devant l'arche après cette période de guerres, et où il jette un regard rétrospectif sur tout son passé.

Deux pensées connexes, nées de ces grandes victoires, sont entrées si profondément dans la conscience du peuple, qu'elles ont eu une action décisive sur tout son avenir. La première, entre autres formes variées, s'exprime ainsi :

> Le salut du roi ne repose pas sur une grande armée,
> Ni celui du héros sur sa force personnelle ;
> Vaine ressource que le coursier pour donner la victoire !

« Dieu seul dirige la guerre et l'achève, décide la victoire ou la défaite, et son assistance ne dépend pas du nombre des bataillons. » — La seconde pensée, étroitement liée à la précédente, c'est la conviction que Dieu, lorsque Israël s'arme pour sa cause, fait toujours triompher ses légions, pour la gloire de son propre nom ou pour le salut de son peuple. C'est en conséquence de cette pensée que le Dieu d'Israël a été désigné d'un nom particulier et tout à fait caractéristique ; on l'a appelé le « Dieu des armées » (*Yhwh Tsebaoth*), celui qui les fait triompher dans les combats. Depuis, au début de toute guerre, on invoqua le Roi Tsebaoth, et les légions d'Israël marchèrent au combat avec la pleine assurance qu'elles ne pouvaient succomber. Dans la suite des temps, cette même assurance a enfanté des prodiges.

Autant David traitait avec rigueur les divinités des peuples vaincus, parce qu'il voyait en elles une source de corruption, autant il se montrait, après la victoire, clément à leurs adorateurs. Les Moabites seuls furent par lui durement châtiés et les Ammonites astreints au servage, tandis qu'aux autres peuples subjugués il imposait un simple tribut; on peut en conclure que les premiers étaient particulièrement coupables. Les peuplades étrangères établies dans le pays ne furent pas inquiétées : tels les Jébuséens à Jérusalem, tels les Cananéens et les Héthéens dans d'autres provinces. Aussi, maints étrangers ou indigènes, d'origine non israélite, venaient grossir le nombre de ses vaillants ou lui amenaient des troupes. Le Héthéen *Urie,* l'un des trente héros de David, et qui devait être mêlé un jour à la destinée de ce roi, éprouvait un attachement profond pour la nationalité israélite.

Cependant, la joie causée par cette brillante situation ne resta pas longtemps sans nuage. Le bonheur des États, comme celui des individus, est rarement durable ; il faut qu'aux jours de soleil succèdent des jours sombres, pour que les facultés humaines ne s'engourdissent pas. Un seul faux pas de David lui coûta non seulement la paix et la sérénité de l'âme, mais compromit jusqu'aux fondements de l'État, édifiés par lui avec tant d'efforts. A son retour de l'expédition contre les Araméens, comme il se reposait des fatigues de la guerre, pendant que Joab, avec ses troupes et la phalange des héros, recommençait la campagne interrompue contre les Ammonites, David, de la terrasse élevée de son palais, où il goûtait la fraîcheur du soir, aperçut une belle femme qui se baignait. C'était la femme d'un de ses plus fidèles guerriers, du Héthéen Urie. Les maisons de ses braves étaient bâties sur le Sion, à proximité de son palais, et c'est ainsi que son regard rencontra la séduisante *Bethsabée.* Saisi, à cette vue, d'une passion violente qu'il ne sut pas maîtriser, il lui manda de venir le trouver. Elle obéit, et crut peut-être ne pouvoir rien refuser à son roi. Quelque temps après, informé par Bethsabée des conséquences de cet adultère, David songea à sauvegarder son honneur et n'aboutit ainsi qu'à aggraver son tort. Il fit venir Urie du camp de Rabba à Jérusalem, lui fit l'accueil le plus amical et lui permit de rentrer chez lui, d'y goûter le repos et les douceurs de la vie conjugale. Mais Urie, au lieu d'user de la permission, préféra passer la nuit à l'entrée du palais, avec les satellites attachés à la personne du roi. Cette fidélité ne faisait pas l'affaire de David. Il s'avisa donc d'un autre expédient, mais qui n'était rien moins qu'un crime. Puisqu'il ne pouvait, lui, sauver son honneur, Urie ne pouvait vivre. Il l'envoya donc au camp avec une lettre à Joab, où il lui ordonnait d'assigner au porteur, lors des sorties des Ammonites, le poste le plus périlleux, où il était exposé à une mort certaine. Cette prévision se réalisa : Urie tomba percé par une flèche ammonite. Bethsabée porta, selon l'usage, le deuil de son époux, après quoi David la prit pour femme, et elle lui donna un fils.

Dans tout autre pays, des fantaisies royales de ce genre n'auraient provoqué chez les courtisans que des chuchotements fort discrets; on les eût à peine blâmées et, en tout cas, bientôt oubliées. Quant au peuple, tout au plus une vague rumeur en serait-elle arrivée jusqu'à lui. Que s'est-il passé, après tout? Urie est mort en combattant : qui sait par quelle volonté? Joab seul. Sa veuve Bethsabée avait été admise dans le harem : qui pouvait s'en scandaliser? Il lui était né un fils... peut-être quelques mois trop tôt : qui aurait voulu vérifier le compte des mois? L'enfant pouvait passer pour un fils posthume d'Urie. —Mais, dans l'État israélite, il y avait un œil habile à percer les plus savantes ténèbres, et une conscience qui prenait une voix pour accuser le pécheur, ce pécheur eût-il été roi! Cet œil perçant, cette conscience vigilante et inexorable, c'était le prophétisme. C'était même là sa plus belle mission, de ne pas encourager le crime par de lâches ménagements et par une complaisance coupable, de le montrer, au contraire, dans sa brutale réalité pour le flétrir. David pouvait croire que Bethsabée seule était dans le secret de l'adultère, que le seul Joab était initié au meurtre d'Urie. Brusquement, et à son grand effroi, il fut tiré de cette illusion.

Un jour, le prophète *Nathan* se présente à ses yeux, et demande la permission de lui transmettre une plainte. Tranquillement il lui raconte une parabole : Dans certaine ville existait un riche, possédant de nombreux troupeaux; il avait un voisin pauvre, ayant pour tout bien un petit agneau qu'il avait élevé et qu'il aimait tendrement. Un jour, un étranger arriva chez l'homme riche; celui-ci, voulant le traiter, mais trop avare pour se priver d'une de ses bêtes, déroba l'agneau du pauvre et le servit à son ami... A ce récit, le cœur honnête de David se révolte, et il s'écrie indigné : « Ce mauvais riche mérite la mort! Tout au moins doit-il payer au quadruple l'agneau qu'il a volé! » Le prophète lui répond : « CET HOMME, C'EST TOI-MÊME! »

Tout autre roi eût assurément châtié l'audacieux censeur qui osait dire la vérité à une tête couronnée, au représentant de Dieu sur la terre. David, le disciple du prophète Samuel, accepta humblement la leçon, et, courbé par le repentir, il dit : « Oui, j'ai péché. » Sans aucun doute, il n'épargna ni les prières ferventes, ni les mortifications, ni les sacrifices expiatoires, pour obtenir de Dieu le pardon de ses méfaits. Quoi qu'il en soit, l'enfant conçu dans le péché mourut peu après, bien que David se fût consumé dans les larmes et le jeûne pour que Dieu le lui conservât. Bethsabée lui donna depuis un second fils, qu'on appela *Yedidya* et *Salomon*, et qui devint le favori de son père.

Toutefois, si Dieu pardonna à David ses actions criminelles, les hommes ne l'amnistièrent point, et elles eurent des suites fâcheuses pour son repos. Bethsabée était fille d'*Éliam*, un des guerriers héroïques de David, et petite-fille de son conseiller, *Achitophel*. Celui-ci jugea son honneur offensé par la conduite de David envers sa petite-fille, et ne lui pardonna jamais. Il se tut cependant et garda sa haine au plus profond de son cœur; mais il n'attendait que l'occasion d'en faire sentir les effets au roi. David fit tout au monde pour l'apaiser. Il éleva au premier rang, comme reine, la femme qu'il avait déshonorée; il lui promit en confidence que l'enfant né d'elle serait l'héritier de son trône, et confirma cette promesse par un serment solennel : tout cela pour complaire à Achitophel, dont les conseils lui étaient précieux, et pour le désarmer par la pensée de voir un jour son descendant assis sur le trône d'Israël. Mais Achitophel resta inflexible. Pour compliquer encore la situation, un triste incident survint dans la maison de David qui acheva d'empoisonner ses dernières années.

Son fils aîné *Amnon*, qui se croyait sûr de lui succéder et autorisé à tout se permettre, aimait passionnément sa belle-sœur *Thamar*, fille de Maacha de Gessur et sœur d'Absalon; mais il l'aimait d'un amour déshonnête. Il lui aurait été facile de demander sa main, mais il avait d'autres vues. D'après l'odieux conseil de son ami Jonadab, il l'attira dans sa chambre en prétextant une maladie, abusa de son innocence et, ajoutant l'insulte à l'impudicité, la fit jeter à la porte, comme si, nouveau Joseph, il eût été en butte à ses séductions. Thamar courut à son appartement éperdue, désespérée, se tordant les mains, déchirant ses vêtements. Absalon la rencontra ainsi pantelante, surexcitée, et, en voyant sa sœur dans cet état, un projet traversa soudainement sa pensée. Il tranquillisa la malheureuse, l'engagea à se taire et lui promit de la bien venger. David eut vent de l'infamie commise et en éprouva une vive douleur; mais il était faible pour ses enfants et fermait les yeux sur leurs écarts. Pour Absalon, qui nourrissait un profond ressentiment contre son frère aîné et qui méditait sa perte, il sut dissimuler deux années durant. Il ne lui adressa pas une parole d'amitié, pas une non plus de haine, afin d'endormir ses soupçons et ceux de son père, et de leur faire croire qu'il avait oublié l'outrage de sa sœur. Il était habile, comme Achitophel, à masquer ses desseins; et peut-être ce dernier faisait cause commune avec lui et lui avait tracé son plan de conduite.

Outre les six enfants qui étaient nés à Hébron, David en avait eu onze à Jérusalem. Chacun de ses fils adultes avait une maison à lui, un personnel et des terres. Absalon avait ses biens et ses troupeaux à *Baal-Hasor*, non loin de la capitale. Il y convia tous ses frères à la fête de la tonte des moutons qu'il allait célébrer. Pendant que ses hôtes faisaient honneur au repas et savouraient le bon vin, les serviteurs d'Absalon, sur son ordre, assaillirent Amnon et le frappèrent à mort. Par ce meurtre, il atteignait un double but : il vengeait le déshonneur de sa sœur, et, par la disparition de son frère aîné, comptait s'assurer la succession au trône.

David fut anéanti en apprenant cette nouvelle. Son fils, un fratricide! Ce fut un coup terrible pour l'infortuné roi. Sa première pensée était de poursuivre l'assassin — qui s'était réfugié près de son aïeul, le roi de Gessur, au sud-ouest de la frontière de Juda — et de lui infliger la peine due à son crime, au besoin par la force des armes. Mais d'autres influences agissaient en sens contraire, car aussi bien, depuis l'aventure de Bethsabée, mainte intrigue s'agitait à la cour de David. Joab était opposé à l'avènement du dernier-né, Salomon, conséquemment favorable à celui de l'aîné, maintenant Absalon. Achitophel aussi, l'infaillible conseiller de David, tenait à ce qu'on épargnât Absalon, dont il comptait se servir comme d'un instrument contre le roi son père. D'autre part, *Adonias*, quatrième fils de David, souhaitait que son frère consanguin fût rigoureusement puni, jugeant plus facile d'écarter Salomon, cet héritier tard-venu, qu'un Absalon qui ne reculait devant rien. Si donc le fratricide était puni, c'est à lui-même qu'écherrait la succession. Adonias et sa mère *Hagghit* devaient donc pousser à l'exécution d'Absalon; mais Joab et Achitophel étaient plus habiles, et il dépendait d'eux de faire échouer une expédition contre le fugitif ou contre l'aïeul qui lui donnait asile.

David ayant néanmoins résolu de faire saisir le coupable ou de réclamer son extradition (bien qu'il fût absent depuis trois ans déjà), Joab eut recours à un stratagème pour le détourner de ce dessein. Il fit venir de *Tekoa* — une ville du voisinage — une femme renommée par la finesse et l'habileté de sa parole, et concerta avec elle un plan d'après lequel elle montrerait au roi, dans un chaleureux discours, combien il était inhumain, de la part d'un père, de vouloir immoler son propre fils pour un meurtre qui, après tout, avait bien son excuse. L'intelligente mandataire se rendit auprès du roi en costume de deuil, et, se courbant jusqu'à terre : « A mon aide, ô roi! à mon aide! » dit-elle d'une voix gémissante. David s'informa du sujet de sa plainte, et elle lui débita une fable qu'elle avait imaginée. Sous l'ingénieux déguisement de sa pensée, le roi devina l'allusion et l'invita à lui dire franchement si cette démarche et ce discours n'étaient pas inspirés par Joab. La femme lui en fit l'aveu ; sur quoi le roi manda Joab, lui assura qu'il n'avait plus de mauvais desseins contre Absalon et lui donna ordre de le faire venir à Jérusalem. La sage habitante de Tekoa lui avait fait comprendre que la poursuite d'un fils par son propre père était une véritable énormité.

Joab alla lui-même chercher Absalon à Gessur et le conduisit à Jérusalem ; là, toutefois, il ne lui fut pas permis de paraître devant son père, et il dut, comme un proscrit, se confiner dans sa maison. Sans s'en douter, Joab venait d'introduire la discorde dans la famille de David ; car Absalon, dans la solitude de sa disgrâce, rêvait nuit et jour à l'exécrable projet qu'il avait conçu de renverser son père. Mais, pour en assurer le succès, il lui fallait cacher son jeu. Avant tout, il était nécessaire qu'une réconciliation s'opérât, au moins ostensiblement. Joab, qui avait à cœur ce rapprochement, dut sans doute plaider chaudement la cause du fils auprès du père ; car David, après avoir tenu deux ans rigueur à son fils, se décida enfin à l'admettre en sa présence. Dans cette entrevue, Absalon joua supérieurement son rôle de fils soumis et repentant. Et David lui donna le baiser paternel, et la réconciliation fut consommée. Sept ans s'étaient écoulés déjà depuis la mort d'Amnon.

Alors les intrigues se donnèrent carrière. Absalon dut sans doute avoir mainte conférence secrète avec Achitophel et agir d'après ses conseils. Il se posa dès lors en futur héritier du trône. Il fit venir d'Égypte des chevaux et des chars, se donna cinquante gardes du corps, s'entoura enfin d'un appareil royal. De plus, il se levait chaque matin de bonne heure pour s'entretenir avec ceux qui venaient présenter leurs doléances au roi. Il les interrogeait, se faisait raconter leurs griefs, donnait raison à chacun, regrettait que le roi ne donnât pas audience et satisfaction à tous et ajoutait que, si lui-même devenait un jour juge, nul n'aurait jamais à se plaindre d'un déni de justice. Telles furent ses allures près de quatre ans de suite après sa réconciliation avec son père.
— Absalon était le plus bel homme de son temps ; il avait dépassé la trentaine et atteint la plénitude de sa vigueur. Sa luxuriante chevelure ondoyait sur ses épaules comme la crinière d'un lion. Il captivait, par son aménité et ses manières affables, tous ceux qui l'approchaient. Et David, aveuglé, ne s'apercevait pas que son perfide enfant lui enlevait peu à peu tous les cœurs. Absalon n'attendait qu'une occasion favorable pour lever le masque, se déclarer ouvertement contre son père, le renverser, l'immoler peut-être et s'emparer du pouvoir. L'occasion ne se fit pas longtemps attendre.

David, dans les dernières années de son règne, méditait un vaste plan, une grande guerre, paraît-il, qui devait exiger un effectif considérable d'hommes. Déjà il avait enrôlé de nouvelles troupes mercenaires ; six cents Héthéens avec leur chef *Ittaï*, admirateur passionné de David et invariablement dévoué à sa cause, étaient venus de Gath se mettre à sa disposition. D'autre part, le roi voulait connaître le nombre total des Israélites valides, âgés de vingt ans et au-dessus, afin de juger des ressources dont il pourrait disposer pour une campagne probablement longue et difficile. Le roi chargea de ce dénombrement son général en chef Joab et d'autres capitaines. Les opérations durèrent neuf mois et vingt jours. Si les chiffres que nous possédons sont exacts, il en résulterait que, sur une population de quatre millions d'âmes, le pays pouvait fournir treize cent mille guerriers, hommes et jeunes gens.

Mais l'événement prouva que cette opération était une faute, et David devait la payer cher. Elle excita au dernier point le mécontentement du peuple. Elle était déjà impopulaire, en tant qu'elle faisait prévoir une levée d'hommes pour une guerre de longue durée. Mais il s'y ajoutait encore un sentiment d'inquiétude, par suite de la croyance où l'on était que tout recensement devait porter malheur. Or comme, aussitôt après, survint une effroyable épidémie qui fit beaucoup de victimes, chacun resta convaincu que c'était le recensement du peuple qui l'avait provoquée. — C'était la capitale, naturellement, qui, en raison de sa population plus dense, avait le plus souffert. En voyant les cadavres amoncelés, ou, selon la langue imagée de l'époque, « l'ange de la destruction » qui moissonnait tant d'existences, David implora le Seigneur : « J'ai péché, je suis coupable ; mais qu'ont fait ces pauvres brebis ? Que ta main ne frappe que moi et ma famille ! » Or, la peste avait précisément épargné la colline de Moria, où l'on avait permis aux Jébuséens de s'établir. Le prophète *Gad* invita aussitôt le roi à bâtir un autel sur cette colline et à y offrir des sacrifices, seul moyen de conjurer le fléau. Sans retard, David s'y rendit avec tous ses serviteurs. Le chef des Jébuséens, *Arna*, le voyant venir de loin, courut à sa rencontre, le salua respectueusement et lui demanda ce qu'il désirait. David expliqua qu'il voulait faire l'acquisition de la colline, afin d'y ériger un autel, et il refusa l'offre gracieuse d'Arna, qui voulait lui faire don de la place et de ses dépendances. Un autel fut érigé en toute hâte, un sacrifice offert, et immédiatement le fléau cessa de sévir dans Jérusalem. La colline de Moria passa depuis lors pour un lieu privilégié, inaccessible au malheur, étant d'ailleurs le même où jadis Abraham avait voulu offrir son fils Isaac en holocauste.

Mais cette mortalité attira à David la désaffection du peuple, qui lui imputa le trépas de ces milliers d'infortunés frappés par « l'ange de la destruction ». Achitophel tira parti de cette désaffection pour se venger de David, et c'est Absalon qui fut l'instrument de cette vengeance. Il concerta avec lui un plan de conjuration, qui ne pouvait manquer d'aboutir.

Absalon envoya sous main des messagers dans toutes les directions, pour indiquer un signal aux partisans déjà gagnés à sa cause. C'est à Hébron, le chef-lieu de la tribu de Juda, que devait s'organiser et éclater d'abord la révolte contre David. Les Anciens de cette ville étaient déjà acquis à Absalon. Pour donner le change à son père sur le but de son voyage à Hébron, il imagina une fable quelconque, et David le laissa partir sans défiance.

Accompagné de ses amis, de ses gardes et de deux cents notables de Jérusalem qu'il avait invités sous quelque prétexte et qui ignoraient ses desseins, Absalon entra dans Hébron. Ces honnêtes notables contribuèrent, sans s'en douter, à la réussite de son plan. En effet, lorsqu'on vit à Hébron que des personnes considérables de la capitale s'étaient rangées au parti d'Absalon, on jugea que la cause de David était perdue. Achitophel, qui avait trouvé moyen de s'éloigner de la cour, se rendit également à Hébron, se déclara ouvertement pour Absalon, et apporta ainsi un appoint énorme à sa cause, car chacun savait qu'Achitophel était le bras droit de David. La perfide combinaison eut un plein succès. Pendant qu'on offrait des sacrifices, les Hébronites et les autres assistants proclamèrent Absalon roi et se déclarèrent contre David. Des parents même de ce dernier, mus par l'ambition, se mirent du côté d'Absalon; tel fut *Amasa*, son cousin, qui se croyait un grand homme de guerre et s'imaginait avoir été sacrifié à Joab. Des courriers, envoyés aussitôt dans les différentes villes, y donnèrent au moyen du cor le signal convenu, sur quoi les conjurés se réunirent et crièrent : « Vive le roi Absalon ! » Ils entraînèrent dans leur parti tous ceux qui avaient encore sur le cœur le dénombrement ordonné par David, et ceux aussi qui espéraient trouver quelque avantage dans une révolution et un changement de règne. Les Benjamites, que l'avènement de David avait privés du rang qu'ils devaient à Saül ; les Éphraïmites, ces éternels mécontents, durent applaudir particulièrement à la chute de David et accueillir d'autant mieux l'usurpateur qu'ils pouvaient espérer, par le renversement du vieux roi, recouvrer leur ancien crédit ou leur indépendance première. Ils auraient sans doute meilleur marché du vaniteux Absalon, dont la popularité devait être éphémère, qu'ils ne l'avaient eu de David. Un grand nombre de villes des diverses tribus envoyaient des députés à Hébron pour acclamer le nouveau roi, et son parti grossissait de jour en jour.

Le complot, on le comprend, fut d'abord dissimulé par ses organisateurs ; on ne permit à personne de voyager d'Hébron à Jérusalem, de peur que la chose ne transpirât. Ce n'est donc qu'en apprenant la défection des tribus de la maison de Juda et de celle d'Israël que David connut l'usurpation de son fils. Ce fut pour son cœur un coup douloureux ! Mais son parti fut bientôt pris. Il ne voulait pas exposer le pays à une guerre civile, comme l'y excitaient sans doute les fils de Tserouya et d'autres partisans fidèles. Abandonné de toutes les tribus, il lui faudrait s'enfermer dans sa capitale. Celle-ci ne pourrait résister à l'assaut d'une telle multitude, et — il ne pouvait se faire illusion là-dessus — l'impie Absalon n'aurait aucun scrupule à noyer Jérusalem dans le sang. Ce qui surtout affligeait, accablait David, c'était de voir Achitophel associé à la criminelle entreprise de son fils. Il reconnaissait, mais trop tard, que la conspiration avait été préparée de longue main, que c'était un plan savamment mûri, et que toute résistance de sa part n'aboutirait qu'à un désastre. Il annonça donc à ses gens qu'il allait quitter en hâte Jérusalem, avant qu'Absalon y arrivât avec ses nombreux adhérents.

David put voir, en cette occurrence, qu'il avait aussi des amis fidèles, dévoués jusqu'à la mort. Lorsqu'il fut arrivé de son palais à la place des Parfumeurs, à l'extrémité sud-est de la ville, il remarqua, à sa grande joie, qu'un nombreux cortège l'avait suivi ; non seulement son général Joab et Abisaï, avec leurs hommes, non seulement une grande partie de sa légion héroïque (*ghibborim*), et les Krêthi et Plèthi avec leur commandant Benaïahou, mais encore Ittaï le Héthéen avec ses six cents hommes, enrôlés naguère par David. Toute la population de la ville fondait en larmes, pendant que David s'avançait à travers la vallée du Cédron et que tous ses capitaines marchaient en tête, se dirigeant par le mont des Oliviers vers l'âpre région du Jourdain. Chercher un refuge dans une ville, il ne l'osait, craignant une trahison. Plus tard, les deux premiers pontifes Sadoc et Abiathar, avec le corps des Lévites, accoururent de Jérusalem auprès de lui, amenant l'arche d'alliance. Mais il invita les deux prêtres à ramener l'arche à Sion, en ajoutant d'une voix émue : « Si Dieu, me rendant sa faveur, me réintègre à Jérusalem, je reverrai l'arche et le saint tabernacle ; sinon, si Dieu me rejette, je me résigne à sa volonté. » Il lui semblait d'ailleurs que les deux pontifes pourraient lui être plus utiles à Jérusalem qu'en partageant son exil. — Tandis que prêtres et Lévites ramenaient en toute hâte l'arche sainte à Jérusalem, David gravit la montagne nu-pieds, la face voilée, baigné de pleurs, et toute sa suite éclata en sanglots. Mais, au moment où sa douleur et son désespoir avaient atteint leur paroxysme, il vit soudain venir à lui, du sommet opposé de la montagne, un ami et un auxiliaire.

*Chusaï*, de la ville d'*Érekh*, était un des intimes de David et un conseiller non moins habile qu'Achitophel. Vêtu de deuil, il venait partager l'exil de son roi ; celui-ci s'y opposa. Un vieillard ne pouvait être qu'une gêne pour le fugitif ; restant, au contraire, près d'Absalon, il pourrait être plus utile à son ami, lui transmettre secrètement des avis, déjouer les conseils d'Achitophel. Conformément à ces observations, Chusaï se rendit à Jérusalem.

La première ville que David rencontra dans sa fuite fut *Bachourim*, une ville benjamite. Au lieu d'un accueil amical, il n'y trouva qu'insultes et outrages. Un Benjamite, *Séméi*, l'accabla d'injures et de malédictions : « Homme de sang ! misérable ! Dieu te rend le mal que tu as fait à la maison de Saül, dont tu as ravi la couronne ! » Longtemps encore il s'attacha aux pas de David, lui lançant des pierres et de la terre du haut de la colline, de sorte que les guerriers durent protéger la personne du roi, qui, du reste, comptait aussi des amis à Bachourim. Abattu, épuisé, David arriva avec sa suite, par la route du désert, dans la contrée de Jéricho. Ils s'arrêtèrent là sous des tentes, et l'infortuné monarque se remit de ses fatigues d'esprit et de corps, dans l'attente des avis que ses fidèles devaient lui envoyer de Jérusalem.

Cependant Absalon entrait dans la capitale avec les conjurés et les défectionnaires, ayant à ses côtés Achitophel, le pervers conseiller. Celui-ci excitait l'usurpateur à redoubler de forfaits, afin de rendre la rupture irrémédiable et toute réconciliation impossible. Il lui conseilla de mettre la main sur le harem de son père et d'abuser des dix concubines qu'il y avait laissées. Qu'importait à Achitophel qu'Absalon, par cette nouvelle infamie, risquât de se rendre odieux au peuple ? Il voulait avant tout se venger de David et le précipiter du trône; Absalon n'était pour lui qu'un instrument. Le scélérat imbécile qui se faisait appeler roi, mais qui, réduit à lui-même, eût été inhabile à rien entreprendre, se laissa entraîner à cette ignominie.

Mais, pendant qu'il se livrait à cette orgie de crimes, l'homme qui devait anéantir ses desseins odieux était là près de lui. Chusaï avait, en apparence, rendu hommage au nouveau roi, avait protesté qu'il le servirait aussi fidèlement qu'il avait servi son père. Usant de traîtrise avec le traître, il avait gagné la confiance d'Absalon. Celui-ci tint conseil sur les moyens à employer pour vaincre et abattre son père. Les Anciens des tribus, présents à Jérusalem, furent appelés à délibérer. Achitophel donna le conseil diabolique de se mettre sans délai, cette même nuit, avec une armée considérable, à la poursuite de David, de surprendre sa suite et de la disperser par la supériorité du nombre, de le faire prisonnier lui-même, — faible et abattu comme il le supposait, — et de le mettre à mort. Une fois David éliminé, le peuple entier se rallierait au nouveau roi, sans remords et sans réserve.

Chusaï, consulté à son tour par Absalon sur le plan de campagne à suivre, déclara le projet d'Achitophel absolument inacceptable, et fit valoir des arguments si spécieux qu'Absalon s'y laissa prendre. Quant à lui, Chusaï, ce qu'il conseillait, c'était de faire marcher contre David, non une petite et insuffisante légion, mais l'armée tout entière, levée depuis Dan jusqu'à Bersabée, et dont la force numérique écraserait infailliblement David. — Cet avis prévalut et fut mis à exécution. On renonça à la poursuite immédiate et l'on ajourna l'expédition jusqu'au moment où l'on aurait mis sur pied des forces imposantes. Sans perdre un instant, Chusaï fit connaître à David, par l'entremise de *Jonathan* et d'*Achimaas*, fils des deux grands prêtres, le résultat de la délibération.

Un premier bonheur pour David fut qu'Achitophel s'éloigna de Jérusalem et alla se pendre à Ghilo, sa ville natale, soit par dépit de voir son conseil rejeté par Absalon, soit parce qu'il pressentait que, si David gagnait du temps, la cause d'Absalon était perdue et que lui-même ne pourrait échapper à la juste punition de son crime. Le suicide d'Achitophel fut un rude coup pour l'usurpateur, qui ne trouvait pas, dans son parti, un seul homme capable, et qui lui-même n'avait ni clairvoyance ni qualités guerrières. Amasa lui-même, son général, était médiocrement doué. On convoqua bien l'armée ; mais, avant qu'elle fût réunie, David avait déjà une avance considérable. Il se rendit à Mahanaïm, où il fut accueilli avec autant d'empressement que l'avait été autrefois le fils fugitif de Saül.

Les Israélites de la Transjordanie se mirent tous à sa disposition pour l'aider à combattre son fils rebelle. Deux hommes de Galaad rivalisèrent de prévenances et pourvurent à tous les besoins du malheureux roi et de sa suite ; c'étaient le vénérable *Barzillaï*, de Roglim, et *Makhir*, de Lo-Debar. Le roi d'Ammon, *Schobi*, fils de Nachasch, lui témoigna également de l'intérêt.

Absalon ou Amasa, ayant enfin réuni des forces considérables, leur fit passer le Jourdain à gué, et l'on marcha sur Mahanaïm. L'armée d'Absalon campa dans les bois avoisinant cette ville, et, à ce qu'il semble, sans ordre ni plan bien arrêté. David, au contraire, avait disposé sa troupe en trois sections, sous le commandement respectif de Joab, d'Abisaï et d'Ittaï, tous trois ayant fait leurs preuves comme guerriers et comme capitaines. Ils s'avancèrent ainsi contre Absalon ; mais les généraux de David, connaissant sa faiblesse pour ses fils, même indignes, ne lui permirent pas d'y aller de sa personne. La lutte fut sanglante. Les absalonites, bien que fort supérieurs en nombre, eurent le dessous, parce qu'ils combattaient sans ordre et s'orientaient difficilement à travers les bois, tandis que les troupes de David manœuvraient comme un seul homme. « Le bois fut, pour cette multitude, plus meurtrier que l'épée. » Vingt mille soldats, dit-on, y périrent. Pour Absalon aussi, la forêt de Rephaïm devait être funeste. Sa longue chevelure, dont il était si fier, s'embarrassa dans le branchage d'un grand chêne; il y resta suspendu, tandis que sa monture s'échappait. Joab lui perça le cœur : singulière fatalité, qui faisait son meurtrier de son ancien auxiliaire, de celui-là même qui avait involontairement encouragé sa révolte! — Joab fit aussitôt avertir, par un signal, l'armée de David de cesser le combat; et les absalonites, informés de la mort de leur roi, s'enfuirent à la débandade et repassèrent le Jourdain.

Ainsi se termina la seconde guerre civile qui affligea le règne de David; guerre d'autant plus monstrueuse que les deux adversaires en présence étaient un père et son fils.

Douloureuse en fut aussi la suite. Il s'agissait, tout d'abord, d'annoncer cette victoire à David, et c'était une pénible tâche, car chacun savait combien son cœur serait navré de la perte de ce fils, quelque dénaturé qu'il fût. Consterné à cette nouvelle, David éclata en pleurs et en sanglots : « Mon fils, mon Absalon, s'écria-t-il à plusieurs reprises, ah! que ne suis-je mort à ta place! » — Un cœur de père est un abîme insondable. Qui sait s'il ne voyait pas en Absalon un malheureux égaré, dupe des ruses d'Achitophel et poussé par lui à la révolte?

Les guerriers n'osèrent rentrer à Mahanaïm en triomphateurs; ils s'y glissèrent furtivement, timides et honteux comme après une défaite. David ne voulait voir personne, parler à personne; il ne cessait de gémir sur la mort de son fils. Enfin Joab, s'armant de courage, lui représenta énergiquement que cette douleur persistante était une ingratitude vis-à-vis de son armée. Pour arracher le roi à sa tristesse, il ajouta même à cette parole une menace : S'il ne se montrait pas tout à l'heure à ses soldats, s'il ne leur adressait pas des paroles bienveillantes, ses fidèles l'abandonneraient tous ensemble, cette nuit même, et il resterait seul et sans appui... Ce langage sévère d'un ami rude, mais dévoué, décida le roi à surmonter sa douleur et à se montrer au peuple.

D'Absalon il ne resta qu'un faible vestige. Son corps fut jeté dans une fosse de la forêt de Rephaïm et recouvert d'un grand monceau de pierres. Il ne laissa qu'une fille, qui était d'une rare beauté, mais point de fils : les trois fils qui lui étaient nés avaient péri avant sa rébellion, comme s'il eût été indigne d'en conserver un, lui qui menaçait les jours de son père. Mais il s'était lui-même, pendant son règne éphémère, érigé près de Jérusalem, dans « la Vallée du roi », un sépulcre fastueux, le *Tombeau d'Absalon*, qui devait éterniser son nom, et qui n'a éternisé que sa honte. Ses méfaits ont laissé, dans l'histoire, plus de traces que lui-même.

La guerre terminée, David songea à rentrer dans Jérusalem. Mais il ne voulait point s'imposer aux tribus, et il préférait attendre que, pénétrées de repentir, elles revinssent spontanément à lui. Or, chose surprenante, un revirement s'était opéré dans les esprits en sa faveur, et c'est précisément par les tribus du nord que le mouvement avait commencé. Le peuple fit en quelque sorte appel à ses Anciens : « Le roi qui nous a sauvés de nos ennemis, qui nous a surtout délivrés des Philistins, s'est vu chasser par son fils Absalon. Absalon est mort, pourquoi ne vous hâtez-vous pas de réintégrer le roi ? Venez, ramenons-le au plus tôt ! » Sur quoi les Anciens invitèrent David à revenir dans sa capitale et dans sa demeure, et consacrèrent ainsi une seconde fois sa royauté. Par contre, la tribu de Juda et, à sa suite, celle de Benjamin gardèrent une réserve assez étrange et ne firent pas la moindre avance au roi. Les Judaïtes, premiers fauteurs de la révolte à Hébron, avaient-ils honte de leur conduite, au point de ne pas oser en demander pardon à David ? Ou, au contraire, le mécontentement qui les avait portés à cette révolte persistait-il encore ?... On peut croire que Amasa, qui, après sa défaite dans la forêt de Galaad, s'était réfugié à Jérusalem, exerçait une grande influence sur les Judaïtes. Quoi qu'il en soit, voyant cette attitude de la tribu de Juda, David chargea *Sadoc* et *Abiathar*, — les deux prêtres qui étaient restés dans Jérusalem, — de faire sentir aux Anciens de Juda qu'il était de leur devoir de solliciter le retour du roi. Il leur donna également mission d'assurer Amasa de sa clémence et de lui offrir de sa part le titre de général. Cette dernière perspective décida Amasa à se rallier à David, et il persuada aux Anciens de Juda d'aller au-devant du roi. Ainsi firent les Judaïtes, et une députation se rendit à Ghilgal pour le recevoir.

De là, grande perplexité pour la tribu de Benjamin. Quel parti prendre? Lorsque David, fugitif, avait traversé leur territoire, des Benjamites lui avaient témoigné à grand bruit leurs sentiments hostiles. Ils ne croyaient pas possible alors qu'il dût jamais revenir et reprendre possession de son trône. Maintenant la situation avait changé, et non seulement les tribus du nord étaient ralliées, mais celle de Juda elle-même était sur le point de rendre hommage à David. Certes, les Benjamites ne l'aimaient point; mais devaient-ils rester isolés dans leur haine, exposés aux terribles conséquences de la colère du roi? *Séméi*, — ce même Benjamite qui avait accablé d'injures le roi fugitif et qui avait tout à craindre de son cœur ulcéré, — opina qu'il fallait faire montre d'un zèle extraordinaire pour David, renchérir encore sur les autres tribus, afin que cet empressement le disposât à la bienveillance et que sa propre générosité plaidât en leur faveur. Suivant ce conseil, un millier de Benjamites se déclarèrent prêts à courir au-devant de David, se joignirent à la députation judaïte et, arrivés au Jourdain, jetèrent un pont sur le fleuve pour faciliter le passage au roi.

Entre temps, celui-ci avait quitté Mahanaïm et s'était rapproché du Jourdain, accompagné de sa maison, de ses serviteurs et des fidèles qu'il avait trouvés dans la Transjordanie. Il repassa le fleuve avec un plus nombreux cortège qu'il ne l'avait traversé dans sa fuite, accompagné cette fois par la députation de Juda, par les mille Benjamites et par les amis dévoués de l'autre rive, qui lui faisaient une escorte d'honneur. La ville la plus proche, après le passage du Jourdain, était Ghilgal. Là s'étaient rendus, pour renouveler leur hommage au roi, les délégués des tribus citérieures, qui furent à la fois surpris et blessés de l'avance que les Judaïtes avaient prise sur eux. Ils s'étaient attendus à les voir marcher avec eux-mêmes, et ils concluaient de cet empressement, — qui ne leur semblait pas absolument sincère, — que la maison de Juda voulait, au détriment de la maison d'Israël, capter la faveur du roi.

Les Anciens d'Israël ne firent pas mystère de leur mécontentement et lui donnèrent cours en présence de David ; ceux de Juda ne les laissèrent pas sans réponse. La question de rang dégénéra en une discussion violente, où les Judaïtes, par leurs répliques acerbes, achevèrent d'exaspérer les tribus du nord. Il semble que David ait incliné du côté des Judaïtes. Un Benjamite nommé *Schéba*, de la famille de *Bichri*, prenant occasion de ce désordre, sonna du cor et s'écria : « Nous n'avons point de part à David, rien de commun avec le fils de Jessé ; Israël, à tes tentes ! » Dociles à cet appel, les Anciens du nord se retirèrent à la suite de Schéba. Les Judaïtes seuls restèrent fidèles à David et le suivirent à Jérusalem. La joie de ce retour fut mêlée de tristesse : une nouvelle scission venait d'éclater, une nouvelle guerre civile était imminente. Dans cette situation difficile, David prit un parti qu'on peut considérer, selon le cas, comme un acte de sagesse ou un coup de folie. Joab, meurtrier d'Absalon, s'était aliéné l'esprit de son père, et il répugnait à David de le maintenir dans ses fonctions de général. D'ailleurs il avait promis ce titre à Amasa, et il voulait lui tenir parole. Maintenant qu'il se voyait réduit à la seule tribu de Juda, il sentait mieux encore la nécessité de conserver l'affection d'Amasa, qui avait sur les Judaïtes une influence prépondérante.

A l'insu de Joab, il invita donc Amasa à rassembler, dans les trois jours, toute la milice de la tribu de Juda et de la faire marcher contre le rebelle. Or, ce délai s'écoula sans qu'Amasa donnât signe de vie. David s'en inquiéta. Est-ce qu'Amasa, par aventure, se serait joué de lui et aurait fait cause commune avec les factieux ? Une action prompte était nécessaire, pour ne pas laisser grossir le parti de Schéba ni lui laisser à lui-même le temps de se jeter dans une place forte. David n'avait donc d'autre ressource que de recourir aux fils de Serouya, dont la fidélité était restée inébranlable en dépit de ses dédains, et dont il connaissait par expérience les talents militaires. Toutefois, ce ne fut pas à Joab, mais à son frère *Abisaï*, que David confia le commandement en chef. Celui-ci emmena aussitôt les Krèthi et Plèthi, ainsi que la légion des Vaillants, comme noyau de l'armée qu'il comptait recruter chemin faisant. Joab, fermant les yeux sur son humiliation, se joignit à la troupe ou plutôt se mit à sa tête, et, selon toute apparence, adressa un appel au peuple pour qu'il se rangeât sous ses drapeaux.

Arrivé à Gabaon, il rencontra le suspect Amasa, à qui un coup de son épée donna la mort. Sans plus attendre, les fidèles enfants de Serouya coururent à la poursuite du séditieux Schéba. Les Judaïtes, qu'avait rassemblés Amasa, se joignirent à eux, et pareillement, dans toutes les villes qu'ils rencontrèrent sur leur passage, ils trouvèrent des partisans et des hommes d'action pour David. Schéba avait recruté peu d'adhérents ; il répugnait probablement aux tribus du nord de se lancer dans une guerre civile pour l'amour d'un personnage obscur. Avec la faible troupe qui l'avait suivi, il s'était jeté dans la forteresse d'*Abel*, et une autre partie de ses adhérents occupait la ville de *Dan*, à une lieue de là, à l'est, au pied de l'Hermon et non loin de la source du Jourdain. Joab, sans inviter les habitants d'Abel à se rendre, fit entourer rapidement la ville d'un mur de circonvallation et creuser des mines pour en faire tomber les remparts. Une grande inquiétude s'empara des habitants. Une femme avisée cria aux mineurs, du haut du rempart, d'appeler Joab. Joab s'approcha, et elle, d'une voix pleine de reproches : « Pourquoi n'a-t-on pas parlementé d'abord, ne s'est-on pas informé, dans Abel et Dan, si tous les citoyens pacifiques et fidèles ont disparu d'Israël ? Pourquoi veux-tu anéantir mères et enfants en Israël ? Pourquoi veux-tu que l'héritage d'Israël périsse ? »

Joab répondit que telle n'était pas sa pensée, que son seul but était de s'emparer de l'homme qui avait osé s'attaquer au roi ; qu'on n'avait qu'à lui livrer le Benjamite et qu'il se retirerait aussitôt. La femme lui déclara qu'avant peu on lui jetterait, du haut de la muraille, la tête du rebelle. Elle tint parole. Elle sut, par ses discours persuasifs, amener ses concitoyens à le séparer de sa poignée de partisans et à le mettre à mort. La tête sanglante de Schéba fut lancée par-dessus la muraille ; sur quoi Joab leva le siège, congédia l'armée et revint à Jérusalem annoncer sa victoire. David dut, à son corps défendant, le maintenir dans ses fonctions.

David était rentré dans sa capitale purifié de son passé. Il avait expié ses fautes par une double souffrance. Il avait déshonoré la femme d'un de ses plus dévoués serviteurs, son propre fils déshonora les siennes. Il avait fait répandre le sang d'Urie, des flots de sang coulèrent dans sa propre maison et faillirent l'engloutir lui-même. Il venait d'éprouver cruellement combien peu un roi, même débonnaire, peut compter sur l'attachement de son peuple. Les vastes plans de guerre qu'il avait conçus avaient échoué. Maintenant qu'il commençait à vieillir, il consacra toute l'activité de ses dernières années aux affaires intérieures de son royaume. Il voulut réaliser, avant de mourir, une pensée qui, depuis longtemps peut-être, hantait son esprit, celle d'élever un temple magnifique à Dieu, à ce Dieu qui l'avait délivré de tant de périls.

Avant de procéder à l'exécution de son dessein, il en fit part au prophète Nathan : le prophète, à cette époque, primait le pontife. « J'habite un palais de cèdre, et l'arche du Seigneur est toujours confinée dans une simple tente ! Je veux la loger dans un temple de bois de cèdre. » Nathan approuva ce projet : « Mets à exécution ce que ton cœur a conçu, car Dieu est avec toi. » Cependant, le lendemain il alla le voir pour lui déclarer de la part de Dieu que, ayant répandu beaucoup de sang, il n'avait pas qualité pour bâtir un temple, mais que cette mission était réservée à son fils. En même temps, le prophète annonça à David que la stabilité était assurée à son trône, et qu'une longue suite de rois, ses descendants, régneraient sur le peuple de Dieu, pourvu qu'ils restassent fidèles à la volonté divine. Malgré le désir ardent qu'avait conçu David de construire un beau temple à Jérusalem, il se soumit humblement à l'oracle divin transmis par Nathan, et renonça à son dessein. Dans une fervente prière, prononcée devant l'arche sainte, il exprima à Dieu sa reconnaissance pour la grâce qu'il lui avait faite de l'élever de la poussière jusqu'à la dignité royale ; ce qui lui inspirait surtout une gratitude profonde, c'était la promesse d'une longue, bien longue durée pour son trône et sa dynastie. David traduisit ces sentiments dans un psaume (II Sam., XXIII) qui n'atteint pas toutefois la sublimité de ses psaumes antérieurs, et qui était peut-être le chant du cygne.

Si David ne mit pas la main à la construction du temple, il ne laissa pas de la préparer. Du butin qu'il avait fait sur les peuples vaincus, il destina une partie au sanctuaire. Il a également, sans aucun doute, réglé l'ordonnance du culte, et cela dans l'esprit de Samuel, en attribuant dans le temple futur, à côté des sacrifices, un rôle important aux chœurs de Lévites, à la musique et au chant des psaumes. Nombre d'instruments de musique, introduits plus tard dans l'office divin, passèrent pour avoir été inventés par lui.

Cependant David, qui n'avait pas encore atteint sa soixante-dixième année, sentait décliner ses forces. Les fatigues de sa jeunesse et de la guerre, les cuisantes douleurs de son foyer, la turpitude d'Amnon, la révolte d'Absalon, l'avaient fait vieillir de bonne heure. Malgré la chaude température de Jérusalem, le froid envahissait son corps, et les couvertures dont on l'enveloppait ne pouvaient suppléer à l'absence de la chaleur naturelle. Cet affaiblissement physique de David fut mis à profit par son quatrième fils, *Adonias*, désireux de s'assurer la succession paternelle. Par la mort d'Amnon et d'Absalon, il était devenu le plus proche héritier du trône; mais il craignait de voir cet héritage lui échapper s'il attendait jusqu'à la mort de son père; peut-être d'ailleurs avait-il connaissance de la convention secrète qui désignait comme successeur un de ses plus jeunes frères, le fils de Bethsabée. Adonias ne voulait pas, comme Absalon, se soulever contre son père, mais poser sa succession comme un fait accompli et se faire reconnaître par les dignitaires du royaume. Il tint donc conseil avec ceux des serviteurs de David qui n'admettaient pas les droits de Salomon, et en premier lieu avec *Joab*, qui le soutint comme il avait soutenu Absalon. Le second confident d'Adonias fut *Abiathar*, l'un des deux grands prêtres, et que David paraît avoir traité avec défaveur. *Sadoc*, dont la famille avait été jadis, à Gabaon, investie du pontificat par Saül, s'était tourné du côté de David, et celui-ci, pour se l'attacher, paraît lui avoir octroyé le premier rang dans le sanctuaire. Abiathar, irrité sans doute de sa subordination, et ne voulant pas la voir maintenue par le successeur de David, embrassa le parti d'Adonias. Les autres fils du roi préféraient également que la succession lui fût assurée.

Les intrigues de cour recommencèrent de plus belle. Adonias, presque aussi beau qu'Absalon, exerçait une égale séduction sur les cœurs; mais, comme lui aussi, à ce qu'il semble, il était léger de caractère et peu digne du trône. Lui aussi, il attira d'abord l'attention de la multitude par un luxe royal, par un appareil de chars et de cavaliers, par une garde de cinquante hommes qui le précédaient à chacune de ses sorties. Aussi faible pour lui qu'il l'avait été pour Absalon, David le laissa faire et le reconnut ainsi tacitement son successeur. Un jour, Adonias invita ses affidés, Joab, Abiathar, tous les princes à l'exception de Salomon, à un festin, près de la source de Roghel. On immola des victimes, et, pendant le repas, les initiés crièrent : « Vive le roi Adonias ! » Le bruit de cette proclamation se répandit dans la ville et jusqu'au palais; mais David n'en sut rien : inerte et glacé, il se tenait confiné dans son appartement.

Le premier qui prit ombrage des prétentions d'Adonias fut le prophète Nathan. Il connaissait le serment confidentiel fait par David à son épouse Bethsabée, que son fils Salomon hériterait du trône. Lui-même, d'ailleurs, avait annoncé à David que Salomon était appelé à lui succéder. Il avait, paraît-il, plus de confiance dans le caractère de Salomon, et attendait mieux de lui que d'Adonias. En conséquence, il se rendit auprès de Bethsabée, lui fit part de l'aventure et s'entendit avec elle pour déjouer les espérances d'Adonias. Sur ce, Bethsabée se présenta chez le roi, lui rappela son serment, et lui fit comprendre que, si jamais Adonias montait sur le trône, elle et son fils seraient ses premières victimes et que son mariage avec elle serait flétri comme un opprobre. Tandis qu'elle exposait ainsi, d'une voix sanglotante, le sombre avenir qui l'attendait, survint le prophète Nathan, qui confirma toutes ses paroles.

Le parti de David fut bientôt pris, et exécuté le jour même. Il tenait essentiellement à transmettre la couronne à Salomon, ainsi qu'il l'avait juré. Il manda les dignitaires restés en dehors du complot : Sadoc, Benaïahou et les Vaillants, et leur notifia sa volonté de faire sacrer Salomon de son vivant. Tous s'engagèrent solennellement à le reconnaître pour roi. David fit alors réunir les Krèthi et Plèthi pour escorter Salomon, qui, monté sur une mule du roi, se dirigea de Sion vers la vallée de Ghihon, à l'ouest de la ville. Une foule nombreuse se joignit au cortège, et, aussitôt que Salomon eut reçu l'onction du grand prêtre Sadoc et de Nathan, les guerriers sonnèrent du cor et le peuple entier cria : « Vive le roi Salomon ! » Une grande agitation régna ce jour-là dans Jérusalem. Les montagnes orientales retentissaient du cri : « Vive le roi Adonias ! » tandis que celles du couchant renvoyaient celui de : « Vive le roi Salomon ! » Si les deux princes et leurs partis respectifs eussent tenu bon, c'est une nouvelle guerre civile qui éclatait. Mais Adonias n'était pas de la trempe d'Absalon ; il n'entendait pas aller jusqu'à la révolte ouverte, et, au surplus, ses partisans les plus considérables, Joab et Abiathar, ne l'auraient pas soutenu jusque-là. Dès qu'Adonias eut appris que Salomon avait été sacré roi par la volonté de son père, le cœur lui manqua. Il courut se mettre sous la protection du sanctuaire, auprès de l'autel de Sion. Salomon, qui dès ce moment avait pris en main les rênes de l'empire, lui fit dire qu'il pouvait se retirer de l'autel, que pas un cheveu ne tomberait de sa tête tant qu'il ne commettrait point de faute. Alors Adonias se rendit auprès du jeune roi, lui offrit ses hommages, et Salomon le congédia amicalement. Ainsi prit fin cette compétition. Pour David, il s'affaiblit de plus en plus, et il s'éteignit enfin (en 1015) après un règne agité, qui avait duré quarante ans et six mois. C'est lui qui inaugura la série des sépultures royales dans un caveau par lui préparé sur le versant méridional du mont Sion.

On ne peut douter que David n'ait été sincèrement pleuré, car il avait rendu son peuple indépendant, grand et prospère. La mort le transfigura. Quand l'âme de David eut quitté sa terrestre enveloppe, alors seulement le peuple comprit ce qu'avait été son roi, ce qu'il avait fait pour lui. A l'intérieur, il avait unifié les tribus, jusqu'alors désagrégées par l'intérêt privé, en avait fait un peuple compact et étroitement uni. L'insurrection même d'Absalon et de Schéba démontra la solidité du ciment qui unissait les membres de ce grand corps. La maison d'Israël ne saisit pas l'occasion de sa mort pour se séparer de celle de Jacob ; malgré la vivacité de leurs jalousies mutuelles, elles restèrent associées. Sur d'autres points encore, David avait écarté, dans un esprit de conciliation et de douceur, toute cause de division. Sous son règne, prophétie et sacerdoce se donnèrent constamment la main. Il fit oindre Salomon, et par le grand prêtre Sadoc et par le prophète Nathan. Il sut maintenir en bonne intelligence les deux maisons sacerdotales d'Éléazar et d'Ithamar, représentées par Sadoc et par Abiathar. Aucun citoyen n'eut jamais à se plaindre d'une oppression : dans la mesure de sa conscience et de son pouvoir, il rendait justice à chacun. Toute injustice le révoltait. En brisant la puissance des Philistins, qui avaient si longtemps tyrannisé les tribus voisines, et en soumettant à son obéissance les peuples d'alentour jusqu'à l'Euphrate, il n'avait pas seulement procuré le bien-être à son pays, il avait aussi fondé un vaste empire, qui pouvait rivaliser de puissance avec l'Égypte et qui éclipsait les empires des bords de l'Euphrate et du Tigre. Son peuple acquit ainsi la conscience et l'orgueil de sa propre valeur : il se sentit peuple de Dieu, possesseur d'une doctrine divine, essentiellement supérieur aux peuples voisins. Quant aux égarements de David, on les oublia peu à peu : ne les avait-il pas largement et durement expiés? La postérité lui fut plus clémente que les contemporains. Le souvenir de ses hauts faits, de sa douceur, de son humilité devant Dieu, a fait de David la personnification du roi idéal, constamment fidèle aux voies de Dieu et modèle accompli de tous ses successeurs. Il est devenu comme le type sur lequel on mesura les rois ses descendants, appréciant leur mérite d'après leur ressemblance avec lui. Ce règne a brillé, dans le lointain des âges, comme le plus parfait de tous, celui où triomphèrent le droit et la justice, la crainte de Dieu et la concorde, où la puissance s'unit à la simplicité. Chaque siècle ajouta un nouvel éclat à l'auréole de David, et cette figure idéale est restée celle d'un saint roi et d'un chantre inspiré.

## CHAPITRE VI

### LE ROI SALOMON

(1017-977)

David avait laissé la chose publique en si bonne situation, que son successeur, à moins d'être un sot ou un méchant, ou d'écouter des conseils pernicieux, devait avoir peu de peine à continuer son gouvernement. Mais Salomon fit mieux : il éleva le pays d'Israël à un si haut et si surprenant degré de splendeur, que les rayons de ce règne projetèrent leur éclat jusque sur les générations les plus éloignées. Certes, lorsqu'un roi a le mérite, sinon de fonder la puissance de son pays, du moins de la conserver, de la consolider, de l'agrandir ; lorsqu'il fait jouir son peuple de toutes les bénédictions de la paix et répand sur lui une telle abondance de biens que le plus humble toit ignore la misère ; lorsqu'il lui ouvre de nouvelles voies pour l'expansion de ses facultés ; que, doué en outre d'une haute raison, il facilite l'essor des intelligences, éveille et stimule le sentiment du beau, et, par toutes ces créations matérielles et morales, transforme son pays en Etat modèle, sans exemple dans le passé, presque sans rival dans l'avenir, — certes, un tel roi justifie les louanges que lui a prodiguées la postérité. Séduite par la grandeur de ses œuvres, elle a fermé les yeux sur ses faiblesses et les a mises sur le compte de l'imperfection humaine. Or, tous ces grands traits, on ne peut les méconnaître en Salomon. Avant tout, il a conservé la paix à son pays, bien qu'il lui eût été facile, avec les ressources que lui avait laissées son père, de tenter de nouvelles conquêtes. Cela même lui a valu son nom : Schelômô, *le Pacifique*. Il a donné à son peuple le bien-être et l'aisance, l'affranchissant ainsi de la gêne et du malaise. Il l'a gouverné avec sagesse et justice, et a aplani, par

## JUSTICE ET SAGESSE DE SALOMON.

des jugements impartiaux, les différends entre particuliers comme entre tribus. Il a assuré la sécurité des routes et des caravanes, multiplié les villes, embelli Jérusalem, élevé un temple magnifique à la gloire du Dieu d'Israël. Il a cultivé les arts, surtout la poésie, qui a entouré son peuple d'un véritable prestige. Enfin, il a montré à ce peuple de nobles buts à atteindre, il a ouvert ses yeux sur des horizons plus larges. C'est donc à bon droit que l'épithète de roi sage lui a été décernée.

Toutefois, la sévérité de l'histoire ne doit pas se laisser éblouir par les vertus et les mérites, au point d'oublier les taches qui déparent ce règne. Elle ne saurait dissimuler les infirmités dont, pas plus qu'aucun mortel, Salomon ne fut exempt. Autrement, d'ailleurs, comment pourrait-elle expliquer la désastreuse scission qui éclata sur sa tombe à peine fermée? Il ne manqua ni taches de sang à son début, ni nuages sombres à sa fin, qui ternirent l'éclat de son règne. Son amour du faste corrompit les mœurs, engendra le despotisme et fit peser sur le peuple un joug qu'à la vérité il endura longtemps, mais qu'il secoua à la première occasion favorable. Le roi, dans Salomon, se transforma en un maître absolu, sous la volonté duquel durent plier toutes les volontés. Et cependant toutes ces taches sont effacées, à leur tour, par les grandes créations de son règne. Jusqu'à quel point les fautes sont imputables à Salomon personnellement, jusqu'à quel point à ses trop zélés serviteurs et à cette impérieuse nécessité qui domine parfois les plus hauts placés comme les plus humbles, c'est ce qu'on ne saurait établir aujourd'hui. C'est là précisément le malheur de la royauté, que même ses meilleurs dépositaires sont entraînés, par le soin de leur dignité, à des actes que leur conscience réprouve, et qu'on les rend aussi responsables des méfaits de leurs serviteurs.

A son avènement au trône, Salomon était jeune, à peine âgé de vingt ans peut-être. Il avait une grande âme, ambitieuse de grandeur pour le peuple israélite. Au début de son règne, en se rendant au grand autel à Gabaon, il eut, dit l'Écriture, un songe où Dieu l'invita à exprimer son vœu le plus cher, lui promettant de l'accomplir. Salomon ne demanda ni de longs jours, ni la richesse, ni la mort de ses ennemis, mais uniquement la sagesse, afin de pouvoir juger son peuple avec équité. Cette sagesse, cette faculté de lire dans l'âme et de pénétrer la pensée des parties en litige, d'apprécier nettement les questions, de dégager la vérité des nuages amoncelés autour d'elle par la parole des plaideurs, de ne jamais juger sur de simples apparences, cette sagesse, disons-nous, le jeune roi la posséda au plus haut degré. Le « jugement de Salomon » est assez connu. Dans un débat entre deux femmes sur la possession d'un enfant, il sut, au moyen d'une sentence qui n'était qu'une ingénieuse épreuve, reconnaître quelle était la véritable mère : « Coupez l'enfant en deux ! » prononça-t-il. Une mère ne pouvait consentir à un tel partage ; aussi préféra-t-elle renoncer à ses droits. — En toute chose, du reste, Salomon avait la justice à cœur, et il ne souffrait pas que personne, dans son royaume, fût victime d'une iniquité. « La justice consolide les trônes, » dit le livre des Proverbes. Lors même que cette parole n'eût pas été prononcée par lui, toujours exprime-t-elle sa pensée.

On exalte aussi la sagesse de Salomon sous un autre aspect, celui de la poésie. Sa poésie revêt, en premier lieu, la forme de l'*apologue* (MASCHAL). Il y introduisit comme acteurs le cèdre élevé et l'humble hysope, symboles respectifs des grands et des petits ; les quadrupèdes, les oiseaux de haut vol et les reptiles infimes, voire les poissons muets. Chaque fable avait probablement pour conclusion une maxime instructive. On raconte, non sans exagération, qu'il composa trois mille fables, plus cinq mille chants ou préceptes moraux. Ce n'est pas Salomon, du reste, qui est le créateur de la fable ; longtemps avant lui, ce genre de poésie était cultivé chez les Israélites. Jotham, fils du juge Gédéon, avait, du haut du mont Garizim, raconté au peuple de Sichem un ingénieux apologue pour lui faire sentir son aveuglement. Le prophète Nathan, lorsqu'il gourmanda David après son commerce criminel avec Bethsabée, donna à sa censure le vêtement de la parabole. Mais si Salomon n'a pas inventé ce genre, il n'a pas moins le mérite d'avoir employé à le perfectionner les loisirs que lui laissaient les affaires de l'État. — Son génie se manifesta encore sous une autre forme, consistant à parler à mots couverts de certains sujets plus ou moins graves, qu'on désignait vaguement par certains traits et qu'il s'agissait ensuite de deviner. Ces *énigmes*, jetées dans un moule poétique, étaient des jeux d'esprit qui frappaient agréablement les auditeurs. C'était l'usage, en ce temps-là, d'égayer les banquets, les repas de fête, par cet exercice d'énigmes qu'on s'ingéniait à proposer et à résoudre. Des rois même ne dédaignaient pas cette récréation de l'esprit. On voit que Salomon était heureusement doué.

Il n'a pas laissé cependant de commettre plus d'une faute. La plupart sont dues à l'idée exagérée qu'il se faisait de la dignité royale. A l'exemple de ses voisins, le roi de Tyr et celui d'Égypte, avec lesquels il entretenait d'actives relations, il s'imaginait, — prétention outrée pour un mortel, — que le roi est l'âme, le centre, la personnification de l'État, que le roi est tout et le peuple rien. Ce fut là la pierre d'achoppement de la sagesse de Salomon. Et ce sage roi justifia, plus encore que ne l'avaient fait ses prédécesseurs, les menaçantes prévisions que Samuel avait fait entendre lorsqu'il s'agit d'instituer la royauté.

Par malheur, Salomon était un fils puîné, à qui la succession royale était échue contrairement au droit coutumier, tandis que son frère *Adonias*, déjà proclamé roi par un parti, passait aux yeux de la foule pour l'héritier légitime. Tant que vivait Adonias, le trône de Salomon était vacillant, ou peut-être lui-même ne se sentait pas en sûreté. Il fallait à tout prix écarter ce rival : Benaïahou, le capitaine des gardes, pénétra dans sa maison et le mit à mort. Pour excuser ce crime, on raconta qu'Adonias avait sollicité la main de la jeune veuve de David, la belle Sunamite Abisag, et trahi par là son intention de disputer le trône à son frère. La chute d'Adonias fit pressentir à Joab, son ancien fauteur, qu'un sort pareil le menaçait. Ce grand général, qui avait tant contribué à la puissance du peuple israélite et au prestige de la maison de David, courut désespéré à la montagne de Sion, se réfugia au pied de l'autel, l'embrassa d'une main convulsive pour échapper à la mort... En vain ; il y fut, lui aussi, immolé par Benaïahou. On pallia ce nouveau crime en faisant courir le bruit que David lui-même, sur son lit de mort, avait recommandé à son successeur de ne pas laisser descendre en paix dans la tombe les cheveux blancs de Joab. Benaïahou, — était-il l'aveugle instrument de Salomon ou son perfide conseiller? on l'ignore, — succéda à Joab dans le commandement de l'armée. Cette mort réjouit les ennemis du peuple israélite et les enhardit dans la pensée de se soustraire à sa domination. — Quant au pontife Abiathar, qui avait soutenu Adonias, Salomon n'osa attenter à sa vie; il se borna à le dépouiller de sa dignité de grand prêtre. Sadoc en fut, depuis lors, le seul titulaire, et cette dignité se perpétua pendant plus de mille ans dans sa famille, tandis que la postérité d'Abiathar resta à l'arrière-plan. — Enfin, le Benjamite *Séméi*, qui avait accablé d'outrages David fugitif, mais qui plus tard avait obtenu son pardon et l'oubli du passé, fut exécuté à son tour. C'est seulement alors que la stabilité du trône de Salomon parut assurée. Mais cette sécurité, c'est par un triple meurtre qu'on l'avait achetée.

En même temps, Salomon songeait à entourer sa cour d'un éclat exceptionnel, digne d'un roi dont la parole était respectée depuis la frontière d'Égypte jusqu'à l'Euphrate. Un des éléments de la grandeur royale, à cette époque, c'était un nombreux essaim de femmes. David en avait seize. Qu'était-ce que seize femmes auprès du harem des rois d'Égypte et de Phénicie, sur la cour desquels Salomon prétendait modeler la sienne? Il s'octroya donc, lui aussi, un harem richement peuplé, non pour satisfaire des passions intempérantes, mais parce qu'ainsi le voulait l'usage. Sa première femme fut *Naama*, « la belle », fille d'un roi ammonite. Il prit femme aussi dans les cours de Moab et d'Aram, épousa même des Cananéennes, et, chose qui flatta particulièrement son orgueil, un roi d'Égypte, *Psusennès*, lui donna sa fille en mariage. Salomon croyait, d'ailleurs, faire acte d'habile politique par cette alliance, qui ne pouvait que rehausser la puissance de son pays et le lustre de sa maison. Mais ce fut le contraire qui arriva. La fille de Psusennès fut reçue, naturellement, avec les plus grands honneurs dans la capitale israélite; elle devint la première reine du harem de Salomon. Or, il lui semblait malséant de ne pas offrir à cette reine un palais fastueux. Ce palais de cèdre, bâti par David sur la montagne de Sion, qu'était-ce en comparaison des gigantesques bâtisses des rois d'Égypte? Salomon s'occupa donc de construire pour la fille de Pharaon un palais digne d'une telle princesse. — De plus, à la suite de cette alliance avec une dynastie égyptienne, des nouveautés graves s'introduisirent en Israël, entre autres un luxe de chevaux et de chars. Salomon entretint aussi des relations étroites avec Hiram, roi de Tyr, qui avait déjà été avec David sur un pied d'excellent voisinage. Il paraîtrait que Salomon épousa aussi une princesse de sa maison. Cette étroite alliance entre Salomon et Hiram eut pour conséquence de vastes entreprises.

L'existence d'un nombreux harem impliquait une domesticité considérable. Salomon dut s'entourer d'une cour brillante. Les ambassadeurs des rois tributaires et amis, envoyés fréquemment à Jérusalem pour apporter leurs hommages ou leurs tributs au roi, avaient droit à une réception pompeuse. Salomon attachait d'ailleurs un grand prix à déployer en tout temps de la magnificence, et il fallait de grosses sommes pour l'entretien de sa cour. Comment faire face à ces énormes dépenses? La maison royale ne possédait point de grands domaines. C'est donc le peuple qui dut supporter les frais de tout ce luxe. Le pays tout entier fut divisé en douze parties ou cantons, administrés chacun par un préposé (*netsib*) qui avait mission de percevoir, chaque mois, des fournitures de bétail et de blé pour la table, et même d'orge et de paille pour les chevaux. Ces douze cantons n'étaient pas distribués d'après l'ancienne et étroite délimitation des douze tribus, dont les domaines, au contraire, furent morcelés. Cette nouvelle division du sol semble avoir eu un but, celui de faire cesser l'ancienne organisation des tribus, qui les isolait les unes des autres. Les douze préposés étaient sous la direction d'un inspecteur général, qui devait s'assurer de la régularité des perceptions.

Salomon se montra surtout magnifique dans les constructions qu'il entreprit. Sa première préoccupation à cet égard fut d'élever un beau temple au Dieu d'Israël dans la capitale du pays. Il ne pouvait lui être indifférent que dans les pays voisins, dans l'Égypte et la Phénicie, dont les rois étaient ses amis, les dieux eussent des temples à proportions colossales, tandis que, dans son pays à lui, le sanctuaire n'était toujours qu'une simple tente. En conséquence, dès son avènement au trône, Salomon commença les préparatifs de cette édification. L'emplacement était désigné d'avance : c'était la colline de *Moria*, au nord-est de la ville, où David, après la disparition de la peste, avait dressé un autel. L'argent et l'or étaient prêts également ; mais les matériaux, les pierres et le bois de cèdre, il fallait se les procurer. Les pierres, sans doute, abondaient aux environs de Jérusalem ; mais non les blocs réguliers, les pierres de taille propres à la construction, et qu'il fallait extraire des carrières. Les pierres destinées aux murs furent taillées, sur les bords, de manière à pouvoir s'encastrer et s'adapter exactement entre elles. Mais d'où venaient les nombreux travailleurs dont on avait besoin pour les pénibles opérations de la taille, de l'ajustage et du transport de ces matériaux ? Salomon avait appris de son beau-père, Pharaon Psusennès, comment on peut se procurer à peu de frais des ouvriers. Dans le pays d'Israël vivaient encore des débris de l'ancienne population cananéenne. Saül avait bien commencé à en réduire le nombre, mais ses démêlés avec David l'avaient empêché de poursuivre énergiquement son œuvre. David les avait laissés tranquilles, parce qu'ils vivaient en paix avec les Israélites et lui étaient utiles à lui-même dans ses guerres contre les Philistins et d'autres ennemis. Plus les Israélites devinrent puissants, moins le voisinage de cette population indigène pouvait leur nuire. Or, à tout ce qui restait d'Amorréens, de Héthéens, de Hivéens, même aux Jébuséens, autorisés par David à demeurer près de Jérusalem, Salomon imposa d'un coup un quasi-esclavage et les contraignit à des corvées. Ensemble, ils comptaient encore cent cinquante mille jeunes gens et hommes valides, qui formèrent la population ouvrière. Plus de trois mille surveillants israélites maintenaient dans l'obéissance ces indigènes condamnés à la servitude ; un préposé supérieur, *Adoniram,* inspectait et les ouvriers et les surveillants eux-mêmes. Quatre-vingt mille de ces malheureux étaient occupés jour et nuit à extraire des carrières des blocs énormes, à les équarrir, à les polir, à les ajuster, à la lueur des lampes et sous la direction de maîtres habiles venus de Biblos (*Ghiblim*). Soixante-dix mille esclaves tiraient les lourdes pierres de l'orifice et les transportaient sur le chantier.

Les bois de cèdre et de cyprès pour la charpente furent fournis par *Hiram,* roi de Tyr, ami de Salomon, et qui mit à sa disposition ses meilleurs ouvriers. Les pièces étaient abattues sur le Liban, transportées vers Tyr ou quelque autre port, où on les assemblait en radeaux, qu'on dirigeait à la rame jusqu'au port de *Japho* (Joppé) ; de là on les amenait à grand'peine, par monts et par vaux, jusqu'à Jérusalem, distante de dix lieues au moins. Quels ouvriers employa-t-on à l'achetage des bois et à leur transport au lieu de destination? Les corvéables cananéens ne suffisaient pas à ces besognes; Salomon eut donc recours aux Israélites. On en recruta trente mille à cet effet. On en envoyait dix mille par mois dans les forêts, pour y travailler à la coupe du bois et à son expédition. Le mois écoulé, les dix mille hommes étaient relayés par une équipe de même nombre. Ces Israélites ne furent pas transformés en esclaves; ils restèrent des hommes libres, peut-être salariés, sans toutefois avoir la faculté de refuser leurs services.

On ne pouvait demander à Hiram de livrer ses bois de cèdre et de cyprès, d'envoyer ses architectes et ses maîtres charpentiers, sans lui offrir une rémunération. Salomon lui fournit donc annuellement en échange, tant que durèrent les travaux, du froment, du vin et de l'huile. Pour subvenir à ces fournitures, on dut, sans aucun doute, mettre à contribution les champs et les sueurs du peuple. Mais Hiram devait aussi avancer de l'or pour l'ornementation intérieure de l'édifice, car la flotte de Salomon n'avait pas encore importé le précieux métal. En retour de cette fourniture, Salomon dut lui céder vingt villes de la tribu d'Aser, limitrophes de la Phénicie et du territoire israélite. Elles n'étaient pas importantes et ne plaisaient guère à Hiram; toujours était-ce une portion du domaine d'Israël qui était ainsi livrée aux Phéniciens. Hiram y transplanta diverses peuplades; d'où ce pays fut appelé le « canton des Peuplades » (*Ghelil ha-Goyim*), ultérieurement la *Galilée*.

Dès que les pierres et les bois furent arrivés sur la place où devait s'élever le temple, — opération qui demanda trois ans de travail, — la construction commença, exécutée sous la direction d'architectes phéniciens, et dans le style de leur pays. Le temple était bâti en pierres de taille, revêtues intérieurement de planches de cèdre, sur lesquelles on sculpta des palmes, des calices épanouis et des chérubins (êtres ailés à face humaine), et ces figures étaient plaquées d'or. Le temple avait soixante coudées de long, vingt coudées de large et trente de hauteur. Il comprenait le *Saint des saints*, enceinte carrée de vingt coudées de côté, et le *sanctuaire*, long de quarante coudées. À l'entrée était un portique découvert (*oulam*), de la largeur du sanctuaire et d'une longueur de dix coudées. En avant de ce portique étaient deux colonnes d'airain, appelées l'une *Boaz*, l'autre *Yakhin*, dont les chapiteaux étaient garnis chacun de cent grenades d'airain. Le Saint des saints était situé à l'ouest, à l'opposite du soleil levant. On n'y voyait que les chérubins, destinés à l'arche d'alliance qu'on devait y introduire et qui contenait les tables de la Loi. Le sanctuaire ne renfermait qu'un autel de bois de cèdre entièrement revêtu d'or, cinq candélabres d'or à droite et autant à gauche, enfin une table garnie d'or pour les douze pains de proposition.

Le temple était entouré d'une vaste cour ou *parvis*, où se trouvaient un grand autel d'airain et une immense cuve, dite « la mer d'airain », dont le rebord était orné extérieurement de calices de fleurs et de lis, et par-dessous de coloquintes. Cette cuve était supportée par douze bœufs d'airain, tournés, trois par trois, vers les quatre points cardinaux. L'eau de ce vase, destinée aux ablutions des prêtres, — qui devaient se laver les mains et les pieds avant d'entrer dans le sanctuaire, — s'écoulait probablement au moyen de robinets. Il y avait dans le parvis dix autres cuves plus petites, artistement travaillées et montées sur des roues qui permettaient de les faire circuler. Salomon fit confectionner en or une quantité de vases sacrés, destinés aux sacrifices, à l'encensement ou autres usages religieux. Partout, au dedans comme au dehors du temple, c'était une profusion de richesse et de splendeur.

Salomon voulut aussi, à côté des sacrifices, faire une place à la musique vocale et instrumentale, comme moyen d'élever les âmes. A cet effet, il fit fabriquer des harpes et des luths en bois de sandal.

Lorsque le temple fut achevé après sept ans de travail (1007), on en fit solennellement la dédicace. On fixa, par cette cérémonie, le mois où se terminaient les travaux des champs et les vendanges. Tous les chefs des tribus et les anciens des familles y furent conviés, et une multitude nombreuse se joignit à eux, avide d'assister à ce rare spectacle et d'admirer la magnificence de la maison de Dieu. La solennité commença par la translation de l'arche sainte, de la montagne de Sion ou « ville de David » à la colline de Moria. A cette cérémonie et durant toute la dédicace, on immola des milliers de victimes; mais on doit aussi avoir chanté des psaumes. Aussitôt que l'arche eut pénétré dans le Saint des saints, un nuage épais enveloppa toute l'enceinte du temple, au point que les prêtres furent empêchés d'accomplir leurs fonctions. On vit dans ce fait un témoignage de la faveur céleste, une preuve que la consécration du temple était agréable à Dieu. Aussi les Hébreux assistèrent-ils à cette scène avec un joyeux enthousiasme, et le roi traduisit leurs impressions dans un langage bref et bien apprécié : « Dieu a promis de résider dans un nuage; moi, Seigneur, je t'ai bâti une demeure durable, une residence où tu te fixeras à jamais! » Le Moria sembla ainsi une image du Sinaï, où la voix divine s'était fait entendre du sein d'un épais nuage. Le peuple contempla depuis lors avec une crainte religieuse ce temple, siège visible du Dieu qui remplit le ciel et la terre; et c'est de là qu'il attendit des enseignements, une direction sûre, pour la voie qu'il avait à suivre. — Un prophète présent à cette solennité (peut-être *Achia* de Silo) déclara de la part de Dieu au roi Salomon : « Si tu marches dans mes voies, si tu obéis à mes lois et à mes préceptes, j'accomplirai la promesse que j'ai faite à David ton père. Je résiderai au milieu des enfants d'Israël et je n'abandonnerai point mon peuple. »

C'était alors l'époque de la fête d'automne, dont la joyeuse célébration coïncida avec la fête de la dédicace. Ce fut une profonde et durable impression que celle de ce temple, tout resplendissant d'or et d'airain, simple et sublime en son architecture, sans aucune image de Dieu, mais enveloppé de son invisible majesté. La « maison de Dieu » donnait un point d'appui à l'imagination vagabonde, qui ne peut se représenter le spirituel sans une forme tangible. On se plut à appeler le temple « l'orgueil et la force d'Israël, le délice de ses yeux. »

Avec l'inauguration du nouveau temple commença une organisation religieuse qui n'avait pu jusqu'alors s'établir régulièrement, ni dans les conditions trop modestes du tabernacle de Silo, ni dans la période transitoire où il était installé sur le Sion. Le sacerdoce existait, sans doute, et appartenait exclusivement aux descendants d'Aaron. Mais il n'était pas encore hiérarchisé; nulle distinction de supérieurs et d'inférieurs. C'est seulement sous Salomon qu'un grand prêtre fut placé à la tête des autres et une hiérarchie instituée. Le pontificat était alors exercé par *Azarias*, fils de Sadoc, et qui lui avait succédé après sa mort. Il avait pour auxiliaires les prêtres inférieurs. Quant aux Lévites, subordonnés aux Aaronides, ils furent l'objet d'un classement nouveau. Une partie de la tribu assistait les sacrificateurs, une autre était de garde aux quatre côtés du temple, enfin quelques familles étaient chargées du chant et de la musique instrumentale.

C'est grâce à l'existence du temple et de cette organisation que Jérusalem devint véritablement la capitale du pays. Aux fêtes d'automne affluaient des pèlerins de toutes les tribus, pour assister au culte grandiose que les autels locaux ne pouvaient leur offrir. De plus, comme Jérusalem devint peu à peu une importante ville de commerce, qui attirait un concours d'étrangers et recevait la primeur des marchandises et curiosités du dehors, il y avait là un nouvel élément d'attraction pour toutes les tribus. Jérusalem, la plus jeune de toutes les villes du pays, en devint la première et les éclipsa toutes.

Ayant fait de Jérusalem une ville de premier ordre, Salomon voulut la fortifier dans tous les sens, et il comprit aussi la montagne du temple dans l'ensemble des travaux. — Salomon se construisit ensuite un palais, dont l'édification demanda un espace de treize années. Aussi était-ce tout un ensemble de bâtiments, occupant un terrain considérable sur la colline septentrionale, dans le quartier du *Millô*. Attenant à l'entrée, était la « maison de la forêt du Liban », ainsi nommée de la quantité de ses colonnes en bois de cèdre. Cette maison était une place d'armes destinée à la protection du roi; trois cents gardes y veillaient, armés de lances d'or et de boucliers d'or, escortant le roi quand il se rendait au temple. — Salomon déploya un soin particulier dans l'aménagement de la « salle de justice » ou « du trône », entièrement planchéiée de cèdre et ornée de moulures dorées. Dans ce portique s'élevait le trône de Salomon, qu'on vantait comme une merveille. Il était tout en ivoire et recouvert d'or. On y accédait par six marches, sur chacune desquelles étaient accroupis deux lions, emblèmes de la puissance et de la majesté royales. Aux deux côtés du siège étaient deux bras, flanqués également de lions. C'est dans cette salle que Salomon donnait audience aux plaideurs et rendait ses arrêts. Il considérait les fonctions de juge comme un des attributs les plus essentiels et un des plus saints devoirs de la royauté. C'est encore là qu'il recevait les envoyés de nombreux pays, venus pour lui rendre hommage ou pour nouer des alliances avec lui. — Un palais spécial était affecté au roi, à sa domesticité et à ses femmes. Mais la princesse égyptienne, son épouse privilégiée, eut sa maison à part, exclusivement aux autres femmes et aux concubines de Salomon. Lorsqu'elle quitta la cité de David — où elle avait demeuré jusqu'à l'achèvement des travaux — pour entrer dans ses appartements personnels, cette installation paraît s'être faite en grande pompe. — Selon toute apparence, Salomon bâtit aussi un aqueduc pour les besoins de Jérusalem et du temple; l'eau provenait des abondantes sources d'En-Etam, à trois lieues au sud de la ville.

Aussi bien que Salomon, du reste, les grands du royaume qui résidaient habituellement à Jérusalem, les princes, les hauts fonctionnaires, les favoris, élevèrent de fastueux édifices en bois de cèdre. Les richesses qui, par trois artères principales, affluaient dans le pays, permettaient de satisfaire ce goût du luxe, qui, du roi, s'était communiqué aux classes supérieures. — De gros marchands phéniciens, qui faisaient le commerce sur une grande échelle, des changeurs et gens de finance, qui prêtaient de l'argent à intérêt, s'établirent à Jérusalem, où ils formèrent une corporation distincte, sous l'égide de l'alliance qui régnait entre Hiram et Salomon. Ils avaient la faculté d'y vivre d'après leurs lois et leurs coutumes, d'y conserver même les rites de l'idolâtrie.

Ces trois sources de richesse, qui versaient des flots d'or dans la capitale, étaient : la puissance politique, l'alliance avec l'Égypte et le commerce de l'Inde. Les princes qui avaient conclu des traités de paix avec David les maintenaient avec son successeur, et d'autres encore recherchaient son amitié. Tous ces princes et leurs peuples, conformément à l'usage, envoyaient à sa cour soit des tributs, soit des hommages riches et nombreux : vases d'or et d'argent, tissus précieux, aromates, chevaux et mulets. Plus fructueuses encore étaient ses relations avec l'Égypte. Ce pays de plaine pouvait approvisionner de cavalerie les pays de montagne, pauvres en chevaux. L'Égypte fabriquait aussi des chariots de guerre, fort prisés des autres pays. Les princes d'Aram et des contrées de l'Euphrate, qui, auparavant, tiraient directement de l'Égypte les chariots et les chevaux dont ils avaient besoin, durent s'adresser désormais, pour ces achats, à une société de commerce privilégiée par Salomon, et qui, grâce à cet arrangement, fit, pour elle-même et pour le pays, d'excellentes affaires.

Il va de soi que Salomon introduisit aussi dans son propre pays de la cavalerie et des chariots empruntés à l'Égypte. Il fonda des villes comme dépôts spéciaux de chevaux et de chars, dans la plaine voisine de la mer. Il avait, dit-on, douze mille chevaux de selle et quatorze cents chars attelés chacun de deux chevaux, pour l'entretien desquels on éleva de vastes bâtiments contenant quatre mille écuries.

Toutefois, c'est du commerce maritime avec l'Inde que Salomon tira ses plus riches revenus. Les Phéniciens étaient alléchés depuis longtemps par les trésors de ce merveilleux pays; mais il était loin, et la route en était difficile, tant que les côtes de la mer Rouge, infestées de peuplades sauvages et pillardes, n'offraient aucune sécurité. L'alliance du roi de Tyr avec Salomon permit de trouver une route plus directe et plus sûre. La zone qui s'étendait de la frontière méridionale de Juda au golfe oriental de la mer Rouge, à la pointe d'*Ailat*, était devenue libre. Les caravanes pouvaient désormais, avec leurs chameaux chargés, voyager tranquillement de Jérusalem et de la mer jusqu'à l'extrémité nord de la mer Rouge. Sur le conseil d'Hiram, Salomon fit construire et gréer une flotte de grands et solides vaisseaux, les « vaisseaux de Tharsis ». Pour en former l'équipage, Hiram envoya ses meilleurs marins, rompus aux voyages de mer, et auxquels on adjoignit des Israélites de la tribu d'Aser, de celle de Zabulon, habitants de la côte et familiarisés avec les caprices de l'océan. Ces vaisseaux devaient faire la longue traversée qui se termine à l'embouchure de l'Indus.

Quand la flotte israélite fut appareillée, elle quitta le port d'Ailat, entra dans la mer Rouge et navigua le long des côtes jusqu'à l'embouchure de l'Indus, au pays d'*Ophir* (Abhira, aujourd'hui le *Sind*). Après un espace de trois ans, la flotte revint de ce premier voyage avec une riche cargaison. De longues files de chameaux portaient tous ces trésors, toutes ces raretés dans Jérusalem, sous les yeux d'une population émerveillée; plus de quatre cents talents d'or, de l'argent en quantité, ivoire, ébène, singes hideux et paons au brillant plumage, bois de sandal et plantes aromatiques. Salomon se servit de l'ivoire pour la construction de son trône de justice, et du bois de sandal pour la garniture des harpes et des luths destinés à la musique du temple. On fit également, de ce bois précieux, une balustrade pour le pont qui conduisait du palais à la maison de Dieu.

Salomon fit renouveler à plusieurs reprises ces voyages d'Ophir à chacun desquels on rapportait dans le pays de nouvelles richesses, de nouvelles curiosités. La ville maritime d'Ailat, sur le golfe, acquit par là une grande importance; des Judéens s'y établirent, et il en résulta pour le pays d'Israël un surcroît d'étendue, depuis la pointe de la mer Rouge jusqu'aux bords de l'Euphrate.

Pour transporter chevaux et chariots dans les provinces d'Aram et de l'Euphrate, pour amener jusqu'au port les marchandises de Phénicie, il était nécessaire d'avoir des routes praticables et de procurer toute sécurité aux caravanes. Salomon n'y manqua pas. Dans un pays de montagnes, il n'est pas facile aux bêtes de somme, moins encore aux chevaux et aux voitures, de fournir de longues traites, à cause des obstacles que présentent à chaque pas, ici une hauteur escarpée, là une descente trop rapide, ailleurs un éboulis de pierres. Salomon fit donc niveler des routes qui conduisaient de Jérusalem au nord et au sud, et qu'on appela « les routes royales ». Ce furent vraisemblablement les indigènes cananéens, réduits à la condition de serfs, qu'il employa à ce travail. Les buttes furent aplanies, les fondrières comblées, les terrains pierreux déblayés, les terres veules raffermies. Sur les routes ainsi frayées, les voitures pouvaient rouler sans difficulté, les caravanes circuler sans obstacle, du sud au nord et du Jourdain à la mer. — Tout un système de forts garantissait la sûreté des routes et offrait des haltes aux voyageurs. Outre ces stations et les dépôts de cavalerie et de chariots, Salomon créa aussi des villes d'approvisionnement ou greniers d'abondance, comme réserves pour les années de disette.

Par ces moyens, Salomon avait sagement ordonné l'État israélite, et dans le présent et dans l'avenir. Il n'avait pourtant pas, pour le seconder, un conseiller habile, comme David en avait eu un dans la personne d'Achitophel. Sa propre sagesse était son seul guide. Mais il avait su choisir des employés de confiance, qui appliquaient énergiquement ses idées et se conformaient avec intelligence à ses instructions. De fait, l'extension considérable de ses États et de sa maison exigeait la création de nouveaux emplois. Vu le train que lui imposait l'incessante affluence d'étrangers à sa cour, il fallut instituer un inspecteur du palais, qui acquit peu à peu un haut degré de puissance.

Par son excellente organisation, par son accroissement extérieur, par les richesses prodigieuses qu'y avait accumulées Salomon, le pays d'Israël était devenu une véritable puissance, digne de rivaliser avec les plus grands États du monde antique. Des princes et des peuples, divisés entre eux, avaient recours au maître de ce pays et sollicitaient l'arbitrage de ce monarque, dont la sagesse était vantée partout. Mais la principale gloire du règne de Salomon, ce fut la paix, la sécurité complète dont jouit son royaume. De Dan à Bersabée, tout Israélite pouvait goûter paisiblement les joies du foyer, « chacun sous sa vigne et sous son figuier ».

Les relations commerciales, la prospérité du pays, le calme de l'existence, fruit de la longue paix de ce règne, attirèrent là de nombreuses familles des pays circonvoisins, Moabites, Ammonites, Iduméens, Égyptiens. Il est à croire aussi que le culte épuré des Israélites, culte si supérieur à celui des idoles et qui avait trouvé dans le temple de Jérusalem un si auguste siège, exerça une puissante attraction sur maint étranger intelligent, jaloux d'y prendre part et de s'abriter « sous les ailes du Dieu d'Israël ». Le pays, le peuple et le Dieu d'Israël étaient, sous Salomon, connus au loin. Les navigateurs israélites, qui abordaient à tant de ports de mer, de côtes et de marchés ; les marchands israélites, qui entretenaient des relations avec les pays étrangers, furent, sans le savoir, les premiers messagers qui révélèrent le Dieu d'Israël aux peuplades païennes. Un jour, Jérusalem reçut une surprenante visite. La sage reine du pays de *Saba*, pays fertile en aromates, situé sur la côte arabique de la mer Rouge, et visité par les navigateurs israélites, vint à Jérusalem avec une suite nombreuse : elle avait entendu dire merveille de la gloire de Salomon et de la puissance du Dieu d'Israël, et elle voulait s'assurer par elle-même de la vérité de ces récits. Accueillie avec déférence par Salomon, la reine de Saba — que la légende nomme *Belkis* — eut avec lui de nombreux entretiens ; elle admira sa sagesse, le temple qu'il avait élevé à Dieu, l'éclat et la belle ordonnance de sa cour. Elle mit, dit-on, sa sagesse à l'épreuve, en lui proposant des énigmes, qu'il résolut de façon à l'émerveiller.

Toutefois, cette royauté même de Salomon, si glorieuse au dedans et au dehors, renfermait le germe destructeur de l'édifice politique si merveilleusement construit. Malgré ce temple, qui donnait un centre au pays ; malgré les efforts de Salomon pour remplacer les groupes isolés des tribus par une rigoureuse unité, il n'était pas encore parvenu à réaliser la fusion intime de ces tribus en un corps national. Seule, la tribu de Benjamin restait étroitement attachée à celle de Juda, parce que Jérusalem et le temple se trouvaient sur son propre canton, et que des familles notables benjamites s'étaient fixées dans la nouvelle capitale ; Salomon lui-même, d'ailleurs, peut avoir donné aux Benjamites, sa tribu natale, une préférence sur les autres tribus. Mais, d'un autre côté, la mutuelle antipathie de la maison d'Israël et de la maison de Juda, c'est-à-dire des tribus du nord et de celles du midi, n'avait pas discontinué. Les tribus du nord nourrissaient un profond mécontentement à l'égard de Salomon, en dépit du bien-être dont elles lui étaient redevables, elles aussi ; elles ne sentaient que la pesanteur du joug que leur imposaient les prestations continuelles exigées pour l'approvisionnement de la cour et pour la construction des édifices. Le mécontentement, il est vrai, était contenu et silencieux, mais il n'attendait qu'une occasion pour éclater en révolte. Quelque sage que fût Salomon, sa sagesse n'était pas assez clairvoyante pour pénétrer l'avenir, pour comprendre que lui-même, par ses fautes, ébranlait les solides assises de l'État.

Parmi les fonctionnaires de Salomon, préposés à l'inspection des bâtiments, se trouvait un Éphraïmite d'une rare intelligence, d'un grand courage, d'une ambition plus grande encore. C'était *Jéroboam*, fils de Nebat, originaire de la petite ville de Saréda, près du Jourdain. Sa mère était veuve. Affranchi de bonne heure de la sévérité paternelle, son caractère put se développer sans gêne ni contrainte. Jéroboam avait dirigé le travail des murs de Jérusalem avec beaucoup d'habileté et de vigueur, et Salomon fut si satisfait de ses services, qu'il lui confia une tâche plus importante encore sur les territoires d'Éphraïm et de Manassé. Là, Jéroboam eut occasion d'entendre les plaintes du peuple sur les charges imposées par Salomon, plaintes qui, chez les Éphraïmites, toujours mécontents, étaient sans doute plus accentuées que partout ailleurs. Cette désaffection, qui servait si bien ses projets ambitieux, il songeait à en tirer parti et n'attendait pour cela qu'une occasion opportune. L'occasion s'offrit à lui. Salomon commit la faute de tolérer des lieux de sacrifice pour les divinités païennes. Soit que ses femmes étrangères eussent arraché cette concession à sa vieillesse, soit que les Phéniciens et autres peuplades séjournant à Jérusalem eussent obtenu de lui la permission d'avoir leurs divinités à leur manière dans le pays d'Israël, on vit s'élever sur le mont des Oliviers, à sa haute cime qui regarde le nord, des sanctuaires idolâtres en l'honneur de l'*Astarté* des Sidoniens et de mainte autre divinité. L'âme du peuple n'était pas encore assez ferme dans sa foi, pour que l'exemple de la corruption religieuse ne pût le faire retomber dans ses vieilles erreurs. Un prophète — peut-être *Achia* de Silo — eut le courage de reprocher au roi cette indifférence, et de lui déclarer qu'une telle conduite pourrait bien lui coûter son trône. Mais Salomon semble avoir été médiocrement impressionné par cette menace. Indigné de cette apathie, le prophète Achia s'en alla trouver Jéroboam, dont il avait pénétré sans doute les desseins ambitieux. Comme Jéroboam, un jour, sortait de Jérusalem, le prophète s'avança vers lui, saisit son manteau qu'il déchira en douze parts, et lui en donna dix en lui disant : « Prends ces dix morceaux, ils représentent les dix tribus qui se détacheront du sceptre de la maison de David, et c'est toi qui régneras sur elles. » Il n'en fallait pas davantage à Jéroboam pour donner suite à ses projets hardis : un prophète ne les avait-il pas sanctionnés de son approbation? Sans tarder, il court au territoire d'Éphraïm et excite les habitants à secouer le joug de la maison de David. Mais Salomon, entre temps, avait été instruit de ses menées, et, avant que la révolte eût pu faire des progrès, il envoya ses gardes mettre à mort le factieux. Celui-ci put s'échapper par des détours et se réfugia en Égypte.

Une dynastie nouvelle occupait alors le trône de ce dernier pays, dans la personne de *Scheschenk* (le *Schischak* de l'Écriture). Sous ce dernier roi cessa l'alliance étroite qui avait existé jusqu'alors entre Israël et l'Égypte, grâce au mariage de Salomon avec une princesse de ce pays. Scheschenk nourrissait bien plutôt des pensées hostiles contre l'État israélite, devenu trop puissant à son gré. Aussi accueillit-il amicalement le rebelle Jéroboam, qui avait cherché asile auprès de lui, et dont il comptait se faire un instrument contre Salomon. Il accorda pareillement bon accueil et protection à un autre ennemi d'Israël, à un prince iduméen, particulièrement animé de sentiments de vengeance contre le peuple israélite. *Hadad*, un descendant du roi iduméen, vaincu par David, avait, tout jeune encore, échappé au massacre que Joab avait ordonné dans ce pays pour châtier une insurrection. Dès que Scheschenk fut monté sur le trône, le prince iduméen accourut en Égypte, où il reçut l'accueil le plus bienveillant. Néanmoins, Hadad tenait à rentrer dans l'Idumée et à reconquérir le pays dont on l'avait dépouillé. Appuyé sans doute par Scheschenk, il mit son plan à exécution, sachant bien que l'esprit belliqueux de l'époque de David et de Joab s'était affaibli sous le règne pacifique de Salomon, et qu'une guerre de détail, dans ce pays de montagnes, lui apporterait beaucoup de profits avec peu de risques. Hadad et la troupe recrutée par lui, arrivés sur le sol iduméen, firent beaucoup de mal aux caravanes de Salomon, qui transportaient les marchandises du golfe d'Ailat aux frontières israélites et réciproquement, et les guerriers de Salomon étaient incapables de leur tenir tête.

Un autre point noir se forma dans le nord, point dont Salomon s'inquiéta peu, mais qui était gros de malheurs pour Israël. *Rezon*, un des officiers du roi de Soba, Hadadézer, vaincu par David, s'était échappé à la suite de cette défaite, avait rassemblé une troupe de brigands et fait, à leur tête, la petite guerre, depuis les bords de l'Euphrate jusqu'aux contreforts septentrionaux du Liban. Le succès des entreprises de Rezon grossit le nombre de ses soldats, et cette nouvelle force doubla son audace et sa puissance. Finalement, il put tenter un coup de main sur Damas, la vieille cité ; il réussit à s'en emparer et s'y adjugea la couronne. Lui aussi exerça, du côté du nord, des hostilités contre les Israélites et leurs alliés, sans rencontrer d'obstacles de la part de Salomon, — soit que ce dernier eût horreur de la guerre, ou qu'il n'eût pas assez de braves guerriers pour lutter à la fois dans le nord et dans le midi.

Ainsi se développaient çà et là, contre la prospérité d'Israël, des puissances menaçantes, infimes d'abord, et qu'on eût pu aisément écraser dans l'œuf. A cela devait encore s'ajouter une scission intérieure. Israël n'était pas destiné à rester un puissant empire. — Toutefois, Salomon ne devait pas assister à l'accomplissement de cette destinée et à la décadence de son pays ; il mourut en paix, à l'âge de soixante ans environ (977). Sa dépouille fut déposée, probablement en grande pompe, dans le caveau des sépultures royales, construit par David au sud du mont Sion. On raconta plus tard que Salomon et son père avaient caché dans des cellules, au fond de ce caveau, des sommes immenses et de précieux trésors, qui en furent retirés, bien des siècles après, par des rois judéens.

Malgré le grand nombre de ses femmes, Salomon ne laissa pas, semble-t-il, une nombreuse postérité. Le trône passa à son fils Roboam, à qui il était réservé de consommer la scission de ses propres mains. — La postérité, qui a exalté le génie et la sagesse de Salomon au delà des limites humaines, lui a prêté aussi une mystérieuse autorité sur les démons et les esprits invisibles, qui, dociles à sa volonté, se réunissaient ou se dispersaient à son commandement. Un simple anneau même, où était gravé son nom, conservait, selon la croyance populaire, une puissance magique et domptait les démons.

De fait, l'empire israélite, agrandi par Salomon, ressemblait à quelque édifice enchanté, construit par une légion de génies. Sa mort a rompu le charme, et l'anneau magique de Salomon n'a point passé aux mains de son fils.

# TROISIEME ÉPOQUE

# LA MARCHE EN ARRIÈRE

## CHAPITRE VII

### LE SCHISME ET LES NOUVEAUX PROPHÈTES

(975-758)

Après la mort de Salomon, pour la première fois depuis l'établissement de la royauté en Israël, la transmission de la couronne put s'effectuer sans secousse, sans agitation ni dissidence. Plus heureux que son père et son aïeul, *Roboam* put tranquillement prendre en main le gouvernement d'un pays devenu un vaste empire, auquel de nombreuses populations payaient tribut ; il pouvait se bercer des plus doux rêves de puissance et de félicité. Soit que Roboam n'eût point de frère qui eût pu lui disputer la couronne, soit que le droit d'aînesse, ce droit primordial des successions privées, ait été étendu par Salomon à la succession royale, il est certain que Roboam monta sans encombre sur le trône de son père. Dans le fait, on ne vit plus désormais dans Jérusalem des compétitions entre frères pour la possession du trône, comme il s'en était produit à l'avènement de Salomon. Roboam, du reste, eût été peu propre à une pareille lutte. On peut affirmer qu'il ne ressemblait point à son père, et que son intelligence était au-dessous de la médiocrité. Comme tous les fils de roi nés dans la pourpre et dénués de qualités éminentes, c'était un esprit à la fois borné et présomptueux ; avec cela si inconsistant qu'il n'était pas capable de se conseiller lui-même. Nulle qualité guerrière, nulle grandeur dans les idées. Il ne voyait dans le trône qu'une perspective de puissance, de douce oisiveté, de jouissances matérielles. Ce rêve qu'il semble avoir caressé fut de courte durée ; il devait être suivi d'un terrible réveil ! Un ennemi se rencontre inopinément, qui lui ravit puissance, repos, charmes de la vie, et qui déchira l'État israélite d'une plaie à jamais incurable.

*Jéroboam*, cet Éphraïmite qui, dans les dernières années de Salomon, avait levé l'étendard de la révolte, mais sans succès d'abord, et qui s'était enfui en Égypte, rentra en Palestine à la première nouvelle de la mort de Salomon, pour recommencer l'ambitieuse entreprise qu'avait approuvée un prophète. Son protecteur *Scheschenk* (Schischak), roi d'Égypte, avait probablement facilité son retour, peut-être en le faisant conduire par mer à un port israélite. L'audacieux enfant d'Éphraïm ne fut pas plus tôt arrivé à Sichem, la seconde ville du royaume, que l'esprit de résistance éclata dans cette tribu, toujours prête à se mutiner. Jéroboam fut appelé à l'assemblée du peuple, ou plutôt il en provoqua la réunion, et lui suggéra la marche à suivre pour atteindre le but désiré, sans toutefois rompre brusquement avec la tradition. Les Anciens des autres tribus furent invités à faire cause commune avec les Sichémites, afin de donner à la résistance un caractère plus imposant et comme le sceau de la volonté populaire. Il fut résolu, avant tout, que les Anciens des tribus n'iraient point à Jérusalem, comme on l'avait fait jusqu'alors, pour rendre hommage au nouveau roi, mais que c'est lui au contraire qui serait invité à venir à Sichem pour y recevoir l'hommage. C'était le commencement de la révolte. Roboam céda, probablement à regret, mais dans l'espoir d'imposer par sa présence aux rebelles, si rebelles il y avait. Ce fut un moment néfaste et d'une portée grave dans les destinées d'Israël.

Roboam se rendit à Sichem accompagné de ses conseillers, les uns âgés et qui avaient assisté son père, les autres plus jeunes et dont il s'était entouré lui-même. Il emmena aussi, à tout hasard, l'inspecteur principal des corvées, *Adoniram*, accoutumé à terrifier les travailleurs par son regard sévère, au besoin par le fouet. A l'arrivée de Roboam, les Anciens se rendirent auprès de lui pour lui exposer les doléances du peuple. *Jéroboam*, qu'ils avaient choisi pour orateur, les formula de la façon la plus acerbe : « Ton père nous a imposé un joug accablant et nous a soumis à un dur servage. Si tu veux alléger notre joug, nous te promettons obéissance. » Déconcerté par ce langage net et hardi, Roboam répondit, en dissimulant son dépit, qu'on eût à reparaître dans trois jours pour chercher sa réponse. Quelle réponse comptait-il donner aux Anciens? Il l'ignorait encore lui-même, et il voulut d'abord consulter ses serviteurs. Les vieillards opinèrent pour la douceur, les jeunes gens pour la rigueur, et le malavisé monarque adopta ce dernier parti. En recevant, le troisième jour, les Anciens et Jéroboam, il les gourmanda d'une parole hautaine et dont il attendait un effet foudroyant : « Mon petit doigt est plus fort que n'étaient les reins de mon père! S'il vous a châtiés avec des verges, moi je vous flagellerai avec des scorpions. » C'est ce qu'attendait Jéroboam, et il comptait sur cette réponse. L'Éphraïmite, qui, dès le principe, n'avait pas d'autre pensée que la révolte, se tourna aussitôt vers les Anciens et s'écria : « Qu'avons-nous de commun avec David? Qu'avons-nous à démêler avec le fils de Jessé? A vos tentes, Israélites! Et toi, David, gouverne ta propre maison. » Après quoi Jéroboam déploya le drapeau de la révolte et rassembla les Sichémites, qui se groupèrent avec empressement autour de lui pour marquer leur hostilité à l'égard de Roboam. Toute la jalousie, toute la haine qui, sous les règnes de David et de Salomon, couvait dans le cœur des Éphraïmites, irrités de leur subordination et de leur prétendu abaissement, fit brusquement explosion. Ils saisirent cette occasion de s'affranchir du sceptre de la famille de David et de redevenir, comme autrefois à l'époque des juges, la tribu dominante. Les Sichémites, toujours guidés par Jéroboam, assaillirent à main armée la maison où se tenait Roboam. Celui-ci envoya son commissaire Adoniram pour mettre les séditieux à la raison, comme un troupeau d'esclaves mutinés. Mais Adoniram fut accueilli par une grêle de pierres, et il tomba mort sur la place. Le roi, voyant sa propre vie menacée, s'éloigna en toute hâte de Sichem sur son char, et gagna Jérusalem. La rupture était consommée, elle était irréparable.

Quelque outré qu'il fût de cet échec, Roboam avait besoin, avant d'agir, de savoir s'il pouvait compter sur des partisans fidèles. Que faire si les tribus voisines de sa capitale, entraînées par l'exemple des Sichémites, allaient à leur tour lui refuser l'obéis-

sance ? Où s'arrêterait la défection ? — Toutefois, il fut délivré de
ce souci. La tribu de Juda, qui s'était intimement unie à la maison
de David et qui la considérait comme sa gloire la plus haute, resta
fidèle à ses affections. La tribu de Siméon, véritable annexe de
celle de Juda, ne pouvait compter comme tribu distincte. Mais la
tribu de Benjamin aussi resta fidèle à Roboam : elle était déjà
entièrement fusionnée avec Juda, et leurs destinées étaient désormais inséparables. Il y avait plus de Benjamites dans Jérusalem
que de Judaïtes. — Ces tribus étaient donc acquises à Roboam.
Une fois tranquille de ce côté, et certain de l'attachement de ces
deux ou trois tribus, il songea à ramener à l'obéissance, par la
force des armes, les Sichémites et les autres Éphraïmites ; et peut-
être y fût-il parvenu, si Jéroboam n'avait pris des mesures pour
exploiter cette défection à son profit. Il sut persuader aux Éphraïmites que, seul, un roi serait en état d'opposer une résistance
efficace aux attaques de Roboam, et qu'ils n'avaient pas d'autre
moyen d'échapper au sévère châtiment que leur réservait la défaite. Peut-être eux-mêmes, d'ailleurs, étaient convaincus qu'un
roi appartenant à leur tribu pourrait seul lui assurer la prépon-
dérance sur les autres. Ils résolurent donc d'élever trône contre
trône. Qui était plus propre à l'occuper que Jéroboam ? Lui seul
s'était montré courageux et adroit, et il était Éphraïmite: En conséquence, les Anciens d'Éphraïm le proclamèrent roi, et cette initiative entraîna les autres tribus. Matériellement et moralement
séparées de Juda, il était naturel qu'elles se rangeassent du côté
d'Éphraïm. Les tribus transjordaniques reconnurent pareillement
Jéroboam, sans doute parce qu'elles aussi avaient des griefs contre
la maison de David et n'espéraient pas que Roboam y fit droit.
C'est ainsi qu'un homme de rien, sorti du bourg obscur de
Saréda, devint le chef de dix tribus (977-955). La maison de David
ne garda, comme on l'a vu, que les tribus de Juda, de Benjamin
et de Siméon ; deux tribus, en somme, la dernière étant insigni-
fiante et absorbée par celle de Juda. La « maison d'Israël », qui
avait été unie un siècle à peine avec la « maison de Jacob » ou de
Juda, s'en trouvait de nouveau séparée. Un rapprochement entre
les deux moitiés répugnait à l'une comme à l'autre, était incompa-
tible avec leur passé respectif. La maison d'Israël, spécialement la

tribu d'Éphraïm, aimait encore mieux renoncer aux avantages que lui aurait valus, à elle aussi, la protection de la maison de David, que de rester, à son égard, dans une position dépendante et subordonnée. Dans l'un et l'autre royaume, les bons citoyens peuvent avoir été contristés du schisme survenu, mais ils étaient impuissants à le paralyser. La guerre civile, qui était sur le point d'éclater, fut conjurée par un prophète, *Schemaïa* (Séméias), qui, voyant Juda et Benjamin prêts à prendre les armes, leur cria au nom de l'Éternel : « N'allez pas en guerre contre vos frères de la maison d'Israël, car c'est moi qui ai décrété ce schisme ! » Il n'y eut, pendant une assez longue période, que de petits démêlés entre les deux royaumes, chose naturelle chez des voisins exaspérés l'un contre l'autre ; mais ces luttes passagères n'amenèrent aucun résultat décisif.

D'ailleurs, pour ne pas rester perpétuellement sur le pied de guerre et sans cesse armés l'un contre l'autre, les deux rois cherchèrent à se fortifier par des alliances et à réprimer ainsi des agressions éventuelles. Roboam fit alliance avec le royaume alors nouveau de Damas. L'État fondé, du temps de Salomon, par l'aventurier *Rezon*, ne trouvant autour de lui aucun obstacle, avait acquis une grande importance ; Rezon, ou son successeur *Tabrimmon*, avait annexé à Damas plusieurs pays araméens, et régnait sur un vaste territoire. Par suite de la formation du « royaume des dix tribus », ce dernier devint la frontière du nouveau pays d'Aram. L'alliance de Roboam avec le roi de Damas empêchait Jéroboam d'inquiéter le royaume de Juda par des guerres de longue durée. De son côté, celui-ci s'allia avec une autre puissance, afin de tenir en respect le roi de Juda.

Jéroboam avait été efficacement secondé dans ses projets ambitieux par le roi d'Égypte, Scheschenk, auprès duquel il s'était réfugié. Ce roi lui aurait même, dit-on, donné en mariage la sœur aînée de sa femme, nommée *Ano*, comme il avait donné une autre de ses sœurs au prince iduméen, qui avait également sollicité sa protection. Selon toute apparence, Jéroboam fit alliance avec lui contre Juda. Il empêchait ainsi Roboam d'entreprendre des guerres sérieuses contre Israël. Pour se défendre à la fois du côté d'Israël et du côté de l'Égypte, Roboam établit une ceinture de forts autour de Jérusalem, dans un périmètre de plusieurs lieues. Mais, à l'heure du danger, ces défenses se trouvèrent absolument insuffisantes. Scheschenk entreprit contre Roboam, alors dans la cinquième année de son règne (972), une vaste expédition, composée de forces écrasantes en infanterie, cavalerie et chariots de guerre. Accablées par le nombre, les places fortes cédèrent l'une après l'autre, et Scheschenk s'avança jusqu'à Jérusalem. A ce qu'il semble, la capitale se soumit sans résistance. Aussi le vainqueur se borna-t-il à s'emparer des trésors cachés par Salomon dans le palais et le temple, à prendre tout l'or qui se trouvait dans Jérusalem, les boucliers et les lances d'or que portaient les gardes accompagnant le roi lorsqu'il se dirigeait vers le temple; mais il laissa debout le royaume de Juda, ne rasa même pas les murs de Jérusalem et permit à Roboam de conserver son trône. De retour dans son pays, il fit immortaliser, par l'écriture et par l'image, ses faits de guerre et ses victoires sur Juda et d'autres peuples. Parmi les ruines d'un temple de Thèbes, on voit encore sur un mur un grand nombre de bas-reliefs où se reconnaissent aisément des figures de prisonniers. — Elle avait été de courte durée, l'alliance conclue par Salomon avec l'Égypte, et dont la fille du roi de ce pays devait être le gage. Le propre fils de Salomon devait déjà éprouver la fragilité de pareilles alliances et apprendre le peu que valent les plans ingénieux de la politique. A son alliance avec l'Égypte, à son mariage avec la fille de Pharaon, le sage Salomon avait follement sacrifié ; il avait bâti un palais à cette princesse, — et peu d'années après sa mort, un roi d'Égypte pillait les trésors de ce palais, comme ceux des autres monuments qu'il avait élevés à sa gloire.

C'en était fait de la grandeur et de la magnificence de l'héritage de Salomon. Un seul jour, en quelque sorte, l'avait vu crouler tout entier. La plus grande partie s'en était détachée, et le peu qui en restait n'était plus qu'un fief de l'Égypte, qui serait peut-être astreint à lui payer un tribut annuel. Les peuplades naguère tributaires, les Philistins, les Iduméens, mirent sans doute à profit la faiblesse de Juda pour recouvrer leur indépendance. De fait, l'Iduméen Hadad était favorisé par Scheschenk, autant que l'était Jéroboam. Roboam, n'étant plus maître de l'Idumée, ne pouvait plus envoyer de vaisseaux au riche pays d'Ophir, et dès lors sa principale ressource était anéantie. Les autres ressources d'ailleurs lui faisaient également défaut. Le commerce des chevaux et des chars de guerre, qu'une société royale de négociants tirait de l'Égypte et exportait au loin jusqu'aux bords de l'Euphrate, se trouvait supprimé par l'établissement du royaume d'Israël, qui empêchait toute communication avec les pays du nord. La luxueuse splendeur du règne de Salomon était éteinte, le monde magique qu'il avait créé s'était évanoui. Pour conserver encore une apparence d'éclat, ce cortège qui l'accompagnait dans ses visites au temple, Roboam donna à ses gardes des boucliers et des lances d'airain, en remplacement de ceux d'or. La Judée était devenue un pays pauvre, n'ayant d'autre moyen d'existence que l'agriculture, comme avant l'établissement de la monarchie.

Dans le royaume d'Israël non plus, les choses n'allaient à souhait pour Jéroboam. Il avait, naturellement, fait de Sichem sa résidence et le centre du royaume : cette ville, dans sa pensée, devait être la rivale de Jérusalem, devait même l'éclipser. La tribu d'Éphraïm formant l'élément principal du nouvel État, celui-ci s'appela *Éphraïm*, ou la *maison de Joseph*, ou la *maison d'Israël*. Cependant les Sichémites, ces têtes de colonne de la tribu d'Éphraïm, ces promoteurs de l'avènement de Jéroboam, ne furent en aucun temps des alliés sûrs, encore moins des sujets commodes. Pleins de fougue pour soutenir une révolution, ils n'étaient ni assez patients ni assez calmes pour la supporter si elle leur devenait une gêne. Comme ils avaient procédé, du temps des juges, à l'égard d'Abimélech, en commençant par le reconnaître roi et par applaudir à ses crimes, puis en se tournant aussitôt après contre lui, ainsi semblent-ils s'être rebiffés contre l'autorité de Jéroboam, dès que celui-ci prit au sérieux son titre de roi, voulut agir en maître et réclama l'obéissance. Certaines collisions paraissent avoir surgi entre Jéroboam et les Sichémites, par suite desquelles il quitta Sichem et établit sa résidence dans une autre ville, celle de *Thirza* (aujourd'hui Talusa), située au nord de Sichem, sur une haute colline, dans une contrée fertile et bien arrosée. Jéroboam fortifia cette ville et y bâtit un palais et un château fort (*armôn*), destiné à sa défense. Il fortifia également plusieurs villes de l'autre côté du Jourdain. Car les Moabites et les Ammonites avaient probablement profité du schisme pour secouer la domination d'Israël, comme les Iduméens celle de Juda. — A l'intérieur aussi, les circonstances amenèrent Jéroboam à introduire des nouveautés. Par habitude ou par conviction, bien des familles, parmi les tribus du nord, continuaient, même après le schisme, à se rendre en pèlerinage au temple de Jérusalem, lors des fêtes de la moisson, et à y participer au culte spiritualiste de la Divinité. Cet attrait, fût-ce d'une petite fraction du peuple, pour la capitale judaïte, ne laissait pas d'inquiéter Jéroboam. Eh quoi! si le peuple allait se rendre, en masses de plus en plus nombreuses, au temple de Jérusalem, et se réconcilier un jour avec la maison de David? N'était-il pas, lui, menacé alors d'une chute aussi rapide que l'avait été son élévation? Pour parer à cette éventualité, Jéroboam imagina une abomination qui allait faire reculer Israël jusqu'à la barbarie et au paganisme.

Pendant son séjour de plusieurs années en Égypte, il avait fait connaissance avec la religion du pays, et avait pu constater que l'adoration des animaux, particulièrement celle du taureau, était fort avantageuse aux rois. Ce culte grossier avait abêti le peuple, et pourrait lui être, à lui aussi, le parvenu, d'une haute utilité politique. Il se concerta donc avec ses conseillers pour l'introduire dans son royaume. Il voyait d'ailleurs, dans cette innovation, un autre intérêt encore, celui de conserver la faveur de la cour d'Égypte. Israël semblerait n'être qu'une succursale de l'Égypte, et les deux pays seraient unis par la communauté des intérêts, comme par celle des croyances et des mœurs. Les choses de l'Égypte, en général, lui étaient d'autant plus sympathiques, que sa femme était, selon toute apparence, une Égyptienne, de la propre famille du roi. Toutefois, ne voulant point paraître innover en matière religieuse, il imagina de faire passer le nouveau culte comme la religion même des anciens Israélites. Est-ce qu'autrefois en Égypte, et plus tard encore dans leur propre pays, ils n'avaient pas adoré Apis (*Abir*)? Dans le culte nu et sans images, pratiqué au temple de Jérusalem, on ne devait voir qu'une innovation introduite par Salomon, tandis que Jéroboam n'aurait fait, au contraire, que restaurer l'antique religion d'Israël. Tel était le plan, fort habile, qu'exécuta Jéroboam. Avant tout, il interdit les pèlerinages de Jérusalem et fit représenter le Dieu d'Israël sous la forme d'un jeune taureau. Il fit faire deux de ces images ou « veaux d'or », qu'on érigea dans deux villes déjà antérieurement considérées comme lieux saints : *Béthel* et *Dan*, l'une pour les tribus du sud, l'autre pour celles du nord. Jéroboam s'accommodait ainsi aux convenances des tribus, et épargnait aux plus éloignés, à l'époque de la fête annuelle, l'ennui d'un long voyage. Lorsque les deux simulacres furent installés, Jéroboam fit proclamer : « Ceci est ton Dieu, Israël, qui t'a fait sortir de l'Égypte ! » A Béthel, où il se proposait d'assister en personne aux cérémonies, il éleva un plus grand temple. Pour mieux déshabituer le peuple de prendre part aux fêtes d'automne dans Jérusalem, il décida que ces dernières seraient célébrées un mois plus tard (le *huitième* au lieu du septième). Il est probable que le calendrier fut également réformé d'après celui des Égyptiens, et l'année lunaire remplacée par l'année solaire, plus longue. La généralité du peuple, loin d'être choquée du nouveau régime, le considéra effectivement comme un retour au culte primitif. Il ne détruisait pas d'ailleurs la doctrine fondamentale, la croyance, déjà fortement enracinée, à l'unité de Dieu. Jéroboam n'avait pas introduit le polythéisme, il s'était borné à prêter au Dieu *unique* d'Israël une forme matérielle, symbole de la puissance et de la fécondité. Le peuple, encore esclave des sens, se représentait plus volontiers la Divinité sous une forme visible. La spiritualité de Dieu, exclusive de tout signe extérieur, était alors, bien plus que son unité, éloignée de la portée du vulgaire. Le culte du taureau n'impliquait pas, comme celui du Baal cananéen, la débauche grossière et l'impudicité, et ne blessait pas, conséquemment, le sens moral. Le peuple s'habitua donc peu à peu à prendre Béthel ou Dan pour but de son pèlerinage à la grande fête, sauf à sacrifier, en toute autre circonstance, chez soi ou à l'autel le plus voisin. Jéroboam avait pleinement atteint son but : le peuple était abruti, et lui obéissait en esclave.

Mais la tribu de Lévi l'embarrassait fort. Aucun de ses membres ne pouvait se résigner à être le desservant d'un pareil culte, tant était forte et durable l'influence des doctrines de Samuel sur cette tribu. Afin de n'y pas être contraints, les Lévites domiciliés dans les villes israélites émigrèrent dans le royaume de Juda

Quel parti devait prendre Jéroboam ? Les Lévites, notamment les descendants d'Aaron, étaient le clergé attitré, les intermédiaires-nés entre Dieu et les hommes, au moyen des sacrifices et des cérémonies religieuses. Or, ces mêmes Lévites l'abandonnaient, et, par cela même, répudiaient et condamnaient son système. Pourtant il ne pouvait se passer de prêtres. Il les prit donc où il put, acceptant le premier venu qui s'offrait à lui ; et lui-même, à une fête, remplit les fonctions de prêtre, pour les relever aux yeux du peuple, ou peut-être à l'imitation des mœurs égyptiennes. C'est ainsi que Jéroboam arriva par degrés à détruire l'essence même du judaïsme.

Les avertissements ne manquèrent pas au nouveau roi pour l'arrêter dans cette voie impie où il égarait le peuple. Le vénérable prophète *Achia*, de Silo, qui avait encouragé l'ambitieux fils de Nebat dans sa révolte contre la maison de David, ne pouvait pas, affaibli par l'âge, l'interpeller et flétrir sa conduite. Mais la femme de Jéroboam étant venue un jour le visiter à Silo, à l'occasion de la maladie de son fils aîné, le vieillard lui prédit la fin malheureuse de la maison de Jéroboam. — Toutefois, au point où étaient les choses, celui-ci ne pouvait plus reculer. Changer de conduite, c'était provoquer la réconciliation des dix tribus avec la maison de David. L'instinct de la conservation lui faisait une loi de persister dans ses errements. Le nouveau culte resta donc en vigueur pendant toute la durée du royaume d'Israël, et pas un des successeurs de Jéroboam ne tenta même de l'abolir.

Dans le royaume de Juda ou *maison de Jacob*, la situation était moins altérée. Sans doute, au point de vue politique, cet État s'était affaibli, le schisme et l'invasion égyptienne lui avaient fait des blessures qui ne se fermèrent que longtemps après, mais les croyances religieuses et les mœurs ne s'étaient pas encore dégradées. Roboam ne paraît s'être occupé beaucoup ni des unes ni des autres, et la faiblesse de son caractère peut faire supposer qu'après l'humiliation infligée à son orgueil, il acheva ses jours dans l'inaction ; mais, à défaut de la sollicitude royale, le temple et l'affluence des Lévites d'Israël arrêtèrent la décadence ; rien ne changea, du moins extérieurement, et l'on eût pu se croire encore au temps de Salomon. Les hauts-lieux, il est vrai, subsistaient et les familles continuaient à y sacrifier pendant le cours de l'année; mais, aux fêtes d'automne, elles venaient visiter le temple, les infractions au culte antique restaient individuelles et ne franchissaient pas le cercle des femmes de la cour. Salomon avait toléré les autels de ses femmes païennes, Roboam ne se croyait pas obligé d'être plus sévère. Sa femme *Maacha*, fille ou petite-fille d'Absalon, s'était attachée aux rites licencieux du culte cananéen; il lui laissa ériger dans son palais une statue d'Astarté, entretenir des prêtresses pour la servir, faire fabriquer même un objet encore plus honteux, que les textes qualifient d'abominable (*Miphlézet*) et dont la signification précise s'est heureusement perdue. En dépit de cette complaisance, ces nouveautés impures ne firent que peu de progrès. Cependant, pour ne pas gagner beaucoup de cerrain, l'idolâtrie n'en avait pas moins arrêté l'essor vers une civilisation plus haute. Depuis Roboam, le royaume fut en proie à une sorte de langueur, comme s'il eût déjà ressenti les atteintes de la caducité, et près de deux siècles devaient s'écouler avant que la pensée nationale reprit son vol. Les dix-sept années du règne de Roboam se passèrent sans gloire (977-961), comme son époque. Son fils *Abiam* ne s'illustra pas davantage pendant un règne de trois ans (960-958), que remplirent également de stériles expéditions contre Jéroboam. Comme son père, il ferma les yeux sur les désordres de Maacha. Mort jeune et sans laisser d'enfants, il eut pour successeur son frère *Asa* (957-918), jeune aussi, de sorte que le pouvoir tomba d'abord aux mains de la reine mère. Celle-ci en profita, ce semble, ou tenta d'en profiter pour donner plus d'extension à son culte lascif. Elle eût ainsi provoqué un schisme dans le royaume de Juda lui-même, si une révolution survenue chez les dix tribus n'eût déjoué son audace et imprimé une autre direction aux événements.

*Nadab*, successeur de Jéroboam (955-954), avait déclaré la guerre aux Philistins. Il assiégeait la ville danite de *Ghibbton*, dont ceux-ci s'étaient emparés, lorsqu'un de ses généraux, *Baaza* (Baëscha), de la tribu d'Issachar, trama un complot contre lui et le tua, puis, marchant sur la capitale, extermina toute la famille de Jéroboam (954). Le fondateur de cette maison, n'ayant pas reçu l'onction sacrée, ne passait pas pour inviolable, comme Saül et

David; de là le peu de scrupule du meurtrier à égorger son fils. La mort de Nadab ouvre dans le royaume d'Israël cette suite de régicides qui fut une des causes de la désorganisation de cet État. Après avoir accompli son crime, Baaza prit possession du trône (954-953), en conservant Thirza pour capitale, à raison de sa position centrale et de ses fortifications. S'il avait aboli le culte du taureau, il eût peut-être attiré à lui les bons esprits de Juda, qu'irritaient les innovations, bien plus pernicieuses, de Maacha, car elles se doublaient de la prostitution des prêtresses. De fait, il paraît qu'à Jérusalem on eut conscience d'un danger de ce genre, mais Asa le prévint : de son initiative propre ou sur les instances d'un prophète, il arracha le pouvoir à sa mère, supprima son culte d'Astarté en chassant ses prêtresses, et brûla dans la vallée du Cédron l'obscène image qu'elle avait offerte à l'adoration publique. Cet acte d'énergie lui concilia le cœur des gens de bien.

Les règnes d'Asa et de Baaza virent recommencer les vieilles querelles des deux royaumes. Il semble que, pour se garantir de Juda, le nouveau roi d'Israël se soit aussi allié à l'Égypte. Toujours est-il qu'un général égyptien, du nom de *Sérach* (Osorcon?) s'avança à la tête de troupes éthiopiennes jusqu'à *Marescha*, à environ douze lieues au sud-ouest de Jérusalem. Mais Asa, se portant à sa rencontre avec les forces réunies de Juda et de Benjamin, le battit, lui donna la chasse jusque vers Ghérar et revint dans sa capitale chargé de butin. Enhardi par cette victoire, il dut reprendre avec plus de vigueur ses incursions chez les dix tribus. Baaza, effrayé, implora l'alliance du roi d'Aram, Ben-Hadad Ier, jusqu'alors allié d'Asa, et, ayant réussi à l'obtenir, forma le dessein de conquérir Juda. Il commença, en effet, par s'emparer de Rama, patrie du prophète Samuel, appartenant à Benjamin, et la fortifia pour en faire sa base d'opérations. Alarmé à son tour et soucieux de renouer ses liens avec Ben-Hadad, Asa dépêcha une ambassade au fils de Tab-Rimmon, avec force argent et or tiré du temple et du palais. L'Araméen, gagné, fit une nouvelle volte-face, abandonna son allié de la veille et revint à celui de l'avant-veille, flatté d'ailleurs de se voir si recherché d'un peuple dont Aram avait jadis été tributaire. Tenté ensuite par la faiblesse d'Israël, il fit irruption sur le territoire des dix tribus, prit Dan, Abel, la région

région qui entoure le lac de la Harpe, enfin toute la contrée montueuse de Nephtali. Juda était sauvé aux dépens du peuple frère ; Baaza dut renoncer à ses désirs de conquête et abandonner Rama, dont Asa fit aussitôt renverser les fortifications. Le roi d'Israël étant mort peu après (vers 933) et une nouvelle révolution ayant éclaté à Thirza, le repos de son rival fut assuré de ce côté.

Sur ces entrefaites, il survint dans le royaume d'Éphraïm une suite de faits sanglants qui eurent pour conséquence un revirement dans les relations des deux États. A Baaza avait succédé son fils Éla (933-932). Celui-ci se livrait à l'oisiveté et à l'ivresse et, pendant que ses troupes, aux prises avec les Philistins, bloquaient de nouveau Ghibbton, lui-même passait ses journées dans l'orgie. Un de ses généraux, *Zamri* (Zimri), chef de la moitié des chariots de guerre et resté à Thirza, mit cette circonstance à profit. Un jour qu'Éla s'enivrait chez le capitaine de son palais, cet officier le tua (932), extermina du même coup toute la descendance de Baaza, ses amis mêmes, et comme de juste, s'assit sur le trône. Mais son règne fut court, d'une semaine à peine. L'armée de Ghibbton n'eut pas plutôt appris l'assassinat du monarque, qu'elle proclama roi le général israélite *Omri*, lequel marcha sur Thirza et, en ayant trouvé les portes closes, fit une brèche dans les remparts. Zamri, se voyant perdu, ne voulut pas s'exposer à la honte de tomber sous les coups d'une main étrangère ; il mit le feu à son palais et se précipita dans la fournaise. Sur cinq rois d'Israël, c'était déjà le troisième qui mourait de mort violente, deux seulement avaient été inhumés dans la sépulture royale préparée par Jéroboam. Un quatrième allait bientôt périr sous le fer d'un assassin.

Omri, en homme de guerre, se proposait d'occuper immédiatement le trône vacant, mais il rencontra de la résistance. Une partie des habitants de la capitale lui avaient donné un compétiteur dans la personne de *Thibni*, probablement leur compatriote. L'armée, au contraire, tenant ferme pour lui, deux partis se formèrent, qui en vinrent aux mains et firent couler le sang dans les rues de Thirza. La guerre civile venait ainsi mettre le comble aux maux du royaume d'Éphraïm. Elle ne dura pas moins de quatre ans (932-928), au bout desquels le parti militaire l'emporta ; Thibni fut mis à mort et Omri resta seul maître du pouvoir (928). Mais il se sentait mal à l'aise dans Thirza. Le palais brûlé depuis Zamri n'avait pas été relevé : maintes ruines encore avaient dû s'amonceler pendant la lutte. Puis les vaincus lui restaient hostiles. Omri s'occupa donc de trouver une autre capitale. Il ne pouvait choisir Sichem, dont l'esprit remuant et séditieux ne lui offrait aucune sécurité ; d'autre ville importante au centre du pays, il n'en existait pas ; il en vint donc à la pensée de bâtir la résidence qu'il souhaitait. Une colline formant plateau, située à quelques lieues au nord-ouest de Sichem, lui parut propre à son dessein : il l'acheta, y fit construire des édifices, un palais et d'autres maisons, l'entoura de fortifications et l'appela *Samarie* (Schomrôn). Pour la population de la ville nouvelle, il est à supposer qu'elle se forma d'anciens soldats de son parti, auxquels il y assigna des demeures, comme autrefois David à ses guerriers dans Jérusalem récemment bâtie. Un an après sa victoire (927), Omri abandonna Thirza et s'établit à Samarie, désormais pour deux siècles la rivale de Jérusalem et qui, plus tard encore, après deux cents ans de léthargie, devait revivre en ennemie de Juda. Samarie hérita de la haine de Sichem pour Jérusalem, et alla dix fois plus loin dans l'animosité. Elle donna son nom au royaume des dix tribus, qui s'appela désormais le pays de Samarie.

Le premier roi de Samarie était moins un homme de main qu'un politique ; la couronne, qu'il devait plutôt à la faveur des temps qu'à son énergie, ne le contenta point ; il voulut rendre à son pays sa grandeur et son éclat, et joindre à ces avantages celui de la richesse. Était-il impossible de faire revivre l'ère de Salomon ? Sans doute le peuple était scindé en deux parties inégales et par là se trouvait affaibli. Mais était-il nécessaire que ces deux fractions ne cessassent de se faire la guerre et de s'entr'égorger ? Ne pouvaient-elles, rapprochées comme elles l'étaient par leur communauté d'origine et leurs intérêts, s'unir dans la concorde et marcher de concert ? Omri essaya avant tout de conclure la paix avec la maison de David et de lui faire sentir l'avantage qu'aurait pour tous deux une politique fraternelle, qui leur permettrait de recouvrer l'empire sur leurs anciens tributaires. L'harmonie régna, en effet, pendant un assez long espace de temps entre les deux royaumes et ils se soutinrent mutuellement, au lieu de se combattre. Omri n'avait pas moins à cœur, sinon plus encore, d'entretenir de bonnes relations de voisinage avec la Phénicie : l'abondance que procuraient à ce pays les lointains voyages et le commerce profiterait, pensait-il, dans une certaine mesure au royaume des dix tribus. A Tyr également des rois régicides s'étaient succédé pendant cette période, jusqu'à ce qu'enfin un prêtre d'Astarté, *Ithobal* (Ethbaal), montât sur le trône, après avoir assassiné son prédécesseur. Les sanglantes péripéties dont la capitale phénicienne avait été le théâtre avaient miné le pays; des familles considérables, forcées d'émigrer, s'étaient éloignées et allèrent fonder des colonies sur la côte septentrionale de l'Afrique. D'un autre côté, le royaume de Damas, devenu puissant, convoitait le littoral si productif de la Phénicie. Le nouveau roi dut ainsi songer à se fortifier par des alliances; son voisin le plus proche était le royaume des dix tribus; Omri et Ithobal avaient donc un égal intérêt à s'associer, pour la défense et pour l'attaque. Le pacte désiré de tous deux se conclut et fut scellé par un mariage : le fils d'Omri, *Achab*, épousa *Jézabel* (Izebel), fille d'Ithobal; union qui devait être la source de tragiques événements!

Fort du côté de Tyr, Omri put songer à des entreprises guerrières. Il arracha plusieurs villes aux Moabites, qui s'étaient rendus indépendants sous Jéroboam, et les ramena sous son obéissance; ils durent lui fournir chaque année, à titre de tribut, des troupeaux entiers de boucs et de béliers et de la laine en quantité. Mais comme il existait une sorte d'alliance entre les Moabites et les Araméens, et que ceux-ci, au surplus, voyaient avec jalousie tout accroissement de force des Israélites, leur roi, Ben-Hadad Ier, déclara la guerre aux dix tribus et leur reprit quelques villes; Omri dut faire la paix à de dures conditions et accorder aux caravanes de son vainqueur le libre passage sur le territoire d'Israël.

Il n'en resserra que plus étroitement ses liens avec le royaume de Tyr et poursuivit avec ardeur le projet d'identifier son peuple aux Cananéens. Pourquoi, en effet, cette séparation d'Israël et de ses voisins? Lui avait-elle apporté des avantages? Ne serait-il pas plus sage et plus salutaire pour le royaume des dix tribus de prendre entièrement le caractère phénicien ou tyrien? Parentes déjà par la langue et les mœurs, les deux nations ne se mêleraient-elles pas plus intimement encore, si la religion phénicienne devenait également celle d'Israël? Cette fusion, Omri la prépara : il fit du culte de Baal et d'Astarté la religion officielle, construisit un temple à Baal dans sa capitale Samarie, y appela des prêtres et ordonna de sacrifier partout aux dieux phéniciens. Le culte du taureau devait disparaître à Béthel et à Dan, comme trop israélite encore et comme constituant une barrière entre les Phéniciens et les Israélites : que Dieu fût honoré sous une image visible ou non, il ne cessait pas d'être en opposition avec le Baal ou l'Adonis tyrien, et Omri entendait abolir tout contraste.

L'innovation d'Omri avait une portée bien plus grande que celle de Jéroboam, ou, pour parler le langage des Écritures, il agissait d'une manière beaucoup plus criminelle que ses prédécesseurs. Il voulait ravir au peuple son Dieu et ses origines, lui faire oublier qu'il devait former un peuple spécial, opposé aux idolâtres. Les sources historiques n'indiquent pas l'accueil fait à cette nouveauté. Omri étant mort six années après la fondation de Samarie (vers 922), la révolution qu'il avait voulu introduire dans les habitudes et les opinions n'avait encore pu jeter de profondes racines. Ce fut son fils Achab (922-901) qui la poursuivit, comme pour obéir aux dernières volontés de son père.

Mais l'exécution d'un tel attentat sur ce que l'homme a de plus intime, quelle que soit l'énergie de la main qui l'entreprend, dépend de circonstances ou d'un ensemble de faits qui échappent au calcul le plus sagace. La fusion des dix tribus avec Canaan rencontra deux obstacles, l'un dans le tempérament d'Achab, l'autre dans une réaction inattendue qui affaiblit, sinon paralysa la violence de l'effort. Pour faire d'Israël une annexe de la Phénicie et le rendre étranger à lui-même et à ses traditions, il eût fallu au successeur d'Omri un esprit énergique, une volonté inflexible et la dureté la plus entière; à cette condition seule il pouvait briser toute résistance. Mais Achab était presque tout l'opposé : faible, doux, ami du repos et du bien-être, plus enclin à fuir ou à tourner les difficultés qu'à les chercher et à les résoudre.

S'il n'avait dépendu que de lui, il eût abandonné les desseins de son père et se fût contenté, sans souci de l'avenir, de goûter les jouissances que lui offrait la royauté. Achab n'était même pas belliqueux : il acquiesça, sous la pression des rois d'alentour, à des exigences qui eussent fait bouillonner un prince à demi soucieux seulement de son honneur et l'eussent poussé à une résistance désespérée. Mais de même qu'il dut, à son corps défendant, faire la guerre à un voisin plein de morgue, de même il se vit obligé d'accepter la lutte avec la nationalité israélite. Son père lui avait donné une épouse qui, elle, possédait une volonté forte et virile et s'efforçait de la faire prévaloir par la plus impitoyable rigueur. Fille d'un ancien prêtre d'Astarté, Jézabel était possédée d'un zèle fanatique pour la conversion d'Israël au culte cananéen. Soit notion erronée des choses, soit calcul politique, elle reprit avec vigueur l'œuvre d'Omri, la poussa sans ménagements et entraîna son faible époux à toutes les violences et à tous les crimes. Elle tint le sceptre et Achab ne fut dans sa main qu'un instrument. Sous l'action de ce sombre et orgueilleux esprit et d'une énergie que nul obstacle ne faisait reculer, il se produisit dans le royaume une effervescence et une agitation qui provoquèrent de sanglants conflits, mais qui eurent aussi pour effet, comme un orage, de purifier l'atmosphère. Jézabel commença par élever un vaste temple à Baal dans la ville de Samarie. Les édifices dédiés à cette divinité renfermaient d'ordinaire trois autels, des statues et des pyramides, consacrées à une sorte de trinité divine : *Baal*, sa femme *Astarté* et le dieu du feu ou de la destruction (*Moloch*, *Chammon*); elle pourvut aux besoins de ce culte en faisant venir une nuée de prêtres et de prophètes idolâtres : quatre cent cinquante pour Baal et quatre cents pour Astarté; elle les entretint aux frais de la maison royale et les fit manger à sa table. Les uns exerçaient leurs fonctions sacerdotales à Samarie, les autres parcouraient le pays en furieux, pour pratiquer leurs rites désordonnés dans les villes et les villages. Les prêtres et les prophètes phéniciens s'habillaient en femmes, se fardaient le visage et les yeux, avaient les bras nus jusqu'aux épaules; ils portaient des épées et des haches, ou bien un fouet, des crécelles, des pipeaux, ou encore des cymbales et des tambours qu'ils faisaient résonner.

Ils dansaient, hurlaient, pirouettaient et tour à tour inclinaient brusquement la tête vers le sol, en traînant leurs chevelures dans la boue, puis se mordaient les bras, s'entaillaient le corps avec des sabres et des couteaux et, lorsque le sang commençait à couler, l'offraient en sacrifice à leur sanguinaire déesse. Quelques-uns, dans l'emportement de leur délire, allaient jusqu'à se mutiler et donnaient ainsi un spectacle hideux. Les prêtresses, vouées à la prostitution en l'honneur d'Astarté et au profit des prêtres, ne laissaient pas sans doute de prendre part à ces scènes. C'est avec cette horde de prêtres et de possédées que Jézabel croyait pouvoir déshabituer le peuple du Dieu de ses pères et transformer son caractère national. A la tête de ce clergé phénicien se trouvait probablement un grand prêtre dont elle recevait les conseils ou les ordres. On commença par détruire les autels élevés au Dieu d'Israël et on en érigea d'autres de façon cananéenne, avec des pyramides de forme obscène (en phallus). Il est vraisemblable que les sanctuaires de Béthel et de Dan subirent une métamorphose analogue. On privait le peuple de ses autels pour le contraindre à sacrifier sur ceux de Baal et d'Astarté et l'accoutumer aux rites phéniciens.

Qu'il est aisé aux despotes, armés du double secours de la ruse et de la force, d'amener un peuple à l'abandon de ses usages et de son génie propres et à l'adoption de mœurs étrangères ! Séparés d'ailleurs depuis un demi-siècle du centre spirituel de Jérusalem et abêtis par le culte du taureau, les Israélites avaient perdu l'intelligence de leurs traditions. Les villes, où régnait le bien-être, s'étaient abâtardies déjà par des habitudes de raffinement et de mollesse, que les rites impudiques de Baal et d'Astarté ne favorisaient que trop ; leurs habitants, sans aucun doute, s'accommodèrent la plupart du nouveau culte ou n'y résistèrent que faiblement. Sept mille hommes seulement demeurèrent fermes, « ne ployèrent pas le genou devant Baal, ni ne lui rendirent hommage par les baisers de leur bouche. » Cependant une partie du peuple, ainsi que les campagnards, restait flottante dans ses idées et dans ses actes, et ne sachant pas lequel, de Jéhovah ou de Baal, était le plus puissant, adorait l'un publiquement, l'autre en secret. Ce fut une époque d'attente et de confusion comme celle qui précède d'ordinaire une nouvelle ère de l'histoire. Il fallait qu'on vît si l'antique croyance dans le Dieu d'Israël avait d'assez profondes racines, assez de vitalité, pour vaincre le principe contraire et expulser l'élément étranger. L'action décisive, à de telles époques, vient généralement d'une personnalité vigoureuse, en qui s'incarne la bonne cause et qui en est dominée tout entière ; c'est elle alors qui, par sa fermeté, son ardeur et son esprit de sacrifice, entraîne les indécis, fortifie les faibles, aiguillonne les indolents et sauve ainsi l'originalité du génie national. Et, s'il arrive que ce soit précisément la lutte avec le principe ennemi qui suscite cette volonté, elle agit avec une force supérieure et crée, en quelque sorte, un monde nouveau. C'est un caractère de cette nature qui apparut en la personne du prophète Élie (920-900.)

D'où sortait-il, cet homme énergique, à l'impulsion puissante ? Quelle tribu avait eu son berceau ? Qui fut son père ? Autant de détails qu'on ignore. Il est simplement connu sous le nom d'*Élie* (Éliahou) *le Thisbite*. C'est à Galaad, sur la rive gauche du Jourdain, qu'il se montra pour la première fois ; il n'y avait pas droit de cité, mais appartenait à cette classe de personnes appelées *Toschabim* et qui ne possédaient que des droits partiels. Nature impétueuse, étrangère à tout respect humain, et toujours prête à risquer sa vie pour sa conviction, il fut pour les générations suivantes la personnification du zèle religieux et moral. Il arrivait comme une tempête, grondait comme une tempête autour du faible Achab, gouverné par sa femme, lui jetait une parole foudroyante, puis, comme la tempête, s'éloignait en grondant, sans qu'on parvînt jamais à le saisir, et en grondant disparaissait. Élie respirait une pensée unique, absolue, celle de faire revivre le souvenir du Dieu d'Israël, qui menaçait de s'effacer dans l'âme du peuple : c'est à cette pensée qu'il se voua tout entier.

Il se reconnaissait à ses dehors. Contrairement aux prophètes idolâtres, qui se singularisaient par leurs manières efféminées, il portait, sous un manteau noir, une simple tunique, serrée par une ceinture de cuir, et laissait croître sa chevelure. A l'opposé des adorateurs de Baal, il s'abstenait de vin et inaugura la vie naziréenne, dont c'était précisément le signe extérieur de ne boire que de l'eau et de ne pas se raser les cheveux. Il commença par proclamer cette pensée pleine de choses : « Jéhovah seul est Dieu. » Dans cette région de Galaad, que le Jourdain fermait aux faux prophètes et où la crainte de Jézabel ne paralysait pas les esprits, se rencontraient encore des hommes attachés au culte du Dieu national, et c'est parmi eux qu'Élie trouva ses premiers auditeurs. Son impétuosité les entraîna sur ses pas : au moment où l'on s'y attendait le moins, l'on se vit en présence d'un essaim de prophètes ou de disciples, prêts à mourir pour le salut de leur héritage spirituel. Ceux-là aussi devinrent naziréens, c'est-à-dire prirent pour règle de vivre simplement, non dans les villes, où la volupté relâchait les mœurs, mais dans les villages ou sous la tente, de ne cultiver ni vignes ni champs, et de ne se nourrir que de l'élève du bétail, comme avaient fait les patriarches et les tribus primitives. *Jonadab*, fils de Rechab, sans nul doute partisan d'Élie, fut le premier qui adopta cette discipline pour lui et pour sa maison. Il enjoignit à ses fils, comme expression de ses dernières volontés, de ne jamais boire de vin, de ne pas construire de maisons, de ne pas semer et particulièrement de ne jamais planter de vigne. Élie non seulement suscita à la loi primitive une foule de défenseurs qu'il enflamma de son zèle, mais encore fraya une voie nouvelle aux générations futures. A la mollesse et à la soif des plaisirs il opposa la continence et la simplicité.

Bientôt, suivi de ses disciples, il s'attaqua aux prêtres et aux prophètes de Baal. Fouetté, en quelque sorte, par le zèle de Jéhovah, il vola probablement de ville en ville, enlevant, emportant les populations par une éloquence fougueuse, où revenait sans cesse, comme un cri de guerre : « Jéhovah seul est Dieu, Baal et Astarté ne sont que des idoles muettes et mortes! » Plus d'un prêtre, auquel apparemment il se heurta, ressentit la violence de son prosélytisme. Jézabel ne put longtemps rester spectatrice d'un mouvement qui traversait ses projets. Elle lança ses satellites contre les disciples d'Élie et tous ceux qui leur tombèrent entre les mains furent mis à mort. Des naziréens furent les premiers martyrs de l'antique religion d'Israël ; la fille d'un prêtre d'Astarté en fut la première persécutrice. Élie toutefois, à qui Jézabel en avait surtout, sut constamment se dérober aux poursuites. Déjà, du reste, sa ferveur lui avait créé des intelligences en bon lieu : l'intendant du palais, *Obadia*, tenait secrètement pour l'ancienne loi et, chargé peut-être de traquer les prophètes, en cacha cent dans deux grottes du mont Carmel, où il les approvisionna de pain et d'eau. Et il n'était certainement pas seul. Le Thisbite devint ainsi un pouvoir dont il ne fut pas aisé d'avoir raison ; comment d'ailleurs Jézabel eût-elle lutté avec un invisible ennemi, qui trouvait des auxiliaires jusque sous son propre toit ?

Un jour Élie, bien que séparé de ses disciples, s'avança seul jusqu'auprès d'Achab, dont il connaissait le caractère impressionnable, pour lui reprocher un crime qu'il venait de laisser commettre. Grand amateur de construction, le fils d'Omri, après avoir relevé les murs de Jéricho, renversés depuis Josué, avait fondé une ville dans la plaine de Jezréel et, dans cette nouvelle résidence, s'était élevé un palais splendide, qu'il voulut entourer de jardins. Ce devait être son séjour d'hiver, Samarie ne servant que l'été. Mais il lui fallait, pour achever l'entreprise, une vigne située à proximité et qui appartenait à l'un des plus notables habitants, appelé Naboth. Achab offrit de l'acheter ; Naboth refusa ; d'en donner une autre en échange, refus encore : Naboth ne voulait à aucun prix vendre l'héritage de ses pères. Le faible roi en fut si affligé qu'il cessa de manger. Jézabel, le trouvant dans cette douleur, commença par le railler, puis se chargea de lui procurer satisfaction. Plusieurs des Anciens lui étaient dévoués corps et âme : elle les fit appeler et les pria de convoquer une assemblée où, par la bouche de deux témoins, ils accuseraient Naboth de blasphème. Ce tribunal réuni, deux misérables s'avancèrent, dirent avoir appris que Naboth avait proféré des outrages contre Dieu et le roi ; l'infortuné fut aussitôt appréhendé et, sur l'heure, exécuté avec ses fils. Les biens des suppliciés revenant au roi, Jézabel triomphait : « Maintenant, dit-elle à son époux, tu peux la prendre, la vigne de Naboth, car il est mort ! » — Achab visitait justement la vigne, accompagné de deux hommes à cheval, dont l'un devait plus tard venger Naboth, lorsque Élie apparut : « Tu as assassiné et voilà que tu prends possession, lui cria d'une voix tonnante le prophète ; mais Dieu a vu couler le sang de Naboth et de ses fils, et sur ce champ même il t'en châtiera ! » Achab, terrifié, rentra en lui-même et se mortifia, car son cœur n'était pas endurci ; mais Jézabel, qui le dominait, ne le laissa pas aller jusqu'au repentir. Élie, qui avait disparu aussi subitement qu'il était venu, revint et annonça au roi qu'une famine désolerait le pays pendant plusieurs années. S'éloignant ensuite de nouveau, il s'en alla demeurer sur les bords du Jourdain, puis à Sarepta, en Phénicie, chez une veuve, enfin dans une caverne du mont Carmel. Pendant ce temps le fléau sévit « et le fourrage manqua, même pour les chevaux et les mulets du roi ».

Un matin, l'intendant du palais, Obadia, le vit reparaître : « Va dire à ton maître qu'Élie est là. » — « C'est donc toi, fit Achab, qui troubles tout Israël de tes menées ? — Ce n'est pas moi, répliqua le Thisbite, c'est toi, c'est la maison de ton père, qui vous êtes attachés à Baal. » Et comme si c'eût été à lui de commander, il somma le roi d'assembler ses prêtres sur le Carmel : là se montrerait qui, d'eux ou de lui, était vraiment prophète. Achab obéit. Tous les ministres de Baal, convoqués, se rendirent sur la montagne, et lui-même s'y transporta : une foule nombreuse les y attendait, anxieuse de savoir comment finirait le différend des naziréens et du roi, et si la sécheresse n'allait pas cesser. Très probablement les cent disciples sauvés par Obadia se tenaient là cachés, prêts à paraître au moment décisif. Élie, qui exerçait un empire absolu sur la multitude, s'adressa d'abord à elle : « Jusques à quand, dit-il, serez-vous comme les oiseaux, voletant de branche en branche ? Si Dieu est Dieu, attachez-vous à Dieu ; si c'est Baal, restez avec Baal. » Puis, se tournant vers les prêtres, il leur enjoignit de dresser leur autel et de sacrifier à leur divinité. Ce qu'ils firent avec leur cérémonial, en se frappant de leurs couteaux, jusqu'à ce qu'ils fussent couverts de sang. Du matin au soir, ils crièrent : « Baal, Baal, exauce-nous ! » Lorsqu'enfin, confus de leur insuccès, ils se turent, Élie prit douze pierres, selon le nombre des tribus, en construisit un autel, et à son tour offrit un sacrifice, en priant à voix basse. Aussitôt un signe apparut, si soudain que la foule se jeta la face contre terre, en s'écriant : « Jéhovah seul est Dieu ! » Le feu du ciel tomba, dévora tout ce qui était sur l'autel, victime, bois, pierres, poussière et jusqu'à l'eau. Usant alors de représailles, Élie commanda au peuple de saisir les prêtres et de les tuer, et de jeter leurs corps dans les flots du Kison. Achab, abasourdi, laissa faire.

Mais Jézabel fut moins prompte à se résigner. Dès qu'elle sut ce qui s'était passé, elle menaça le prophète de lui faire subir le même sort, et celui-ci, obligé de songer à sa sûreté, s'enfuit dans le désert, jusqu'au mont Horeb. Là, dans ce lieu où avait été révélée la simple et pure loi de Dieu, la règle de l'ordre moral, il allait apprendre que son ardeur l'avait emporté trop loin. Retiré dans une grotte du Sinaï, au fond d'un désert sauvage, où sa voix seule faisait résonner l'écho, il se répandait en plaintes : « J'ai eu du zèle, gémissait-il, pour la cause de Jéhovah, parce que les fils d'Israël ont abandonné son alliance, détruit ses autels et exterminé ses prophètes ; moi seul je suis resté et voilà qu'ils en veulent aussi à ma vie », lorsqu'un signe l'avertit que Dieu ne se manifeste ni dans la tempête, ni dans le tremblement de terre, ni dans la violence des flammes, mais dans un léger murmure. Il comprit qu'il devait rebrousser chemin, choisir son successeur et se retirer de la scène, parce que, poussé jusqu'à l'effusion du sang, son zèle n'avait point été agréable au Seigneur.

Pendant son absence, qui fut assez longue, une sorte de trêve semble avoir régné entre la maison royale et les partisans d'Élie. Achab, à qui l'événement du Carmel avait dû ôter de sa foi dans Baal, avait arrêté, autant qu'il était en lui, la persécution des prophètes ; ceux-ci, de leur côté, se montraient plus tempérés. Des cercles d'apôtres se formèrent à Ghilgal, à Jéricho, à Béthel même, sans être inquiétés. Un seul de ces disciples, *Michée*, fils de Yimla, persévéra dans son hostilité envers Achab et lui prédit malheur aussi souvent que celui-ci l'interrogea sur l'avenir d'une entreprise. Le roi cependant lui laissa la vie et se contenta de le faire jeter en prison.

Assez de présages, du reste, avertissaient le fils d'Omri de revenir à une politique plus israélite. Le roi d'Aram Ben-Hadad II, dont les conquêtes augmentaient chaque jour la puissance et les prétentions, lui déclara la guerre, et, profitant de l'état de faiblesse où les troubles intérieurs, avec la disette, avaient plongé le royaume, soumit des provinces entières du pays d'Éphraïm. Bientôt il mit le siège devant Samarie (vers 904). Dans cette extrémité Achab demanda la paix. Mais, devant les conditions déshonorantes que posait l'envahisseur (celui-ci exigeait jusqu'aux femmes et aux enfants du roi d'Israël), il reprit la lutte, battit son vainqueur dans deux rencontres, et à son tour le réduisit à merci. On négocia, Ben-Hadad promit tout ce qu'on voulut, et les ennemis de la veille devinrent amis ; ils scellèrent leur réconciliation par une alliance jurée solennellement et que l'Araméen comptait bien rompre à la première occasion. Cette imprudence, qui faisait perdre à Achab les fruits de sa victoire, lui valut les censures d'un prophète. Les conséquences ne s'en firent pas attendre.

Ben-Hadad, si heureusement tiré d'affaire, ne tint pas ses engagements. S'il rendit les villes des monts de Nephtali qu'il avait prises, il n'en fut pas de même pour celles du versant opposé, notamment pour Ramot-Galaad, la place d'armes du territoire. Achab eut la faiblesse de n'en pas exiger la restitution immédiate, et plus il tarda ensuite à le faire, plus il lui fut difficile d'insister, parce que dans l'intervalle son adversaire avait réuni de nouvelles forces. Sur ces entrefaites arriva fort à propos *Josaphat*, roi de Juda (918-995). Il était assez surprenant de voir les chefs de deux États, généralement aussi ennemis que voisins, se rapprocher au point de se visiter l'un l'autre dans sa capitale. Le phénomène était d'autant plus remarquable que Josaphat, très attentif à la pureté du culte dans son royaume, détestait nécessairement l'idolâtrie d'Achab et de Jézabel : sans être un zélateur de l'ancienne loi, il avait dû s'indigner de l'introduction brutale des rites étrangers et de la persécution dirigée contre les prophètes. Il n'en conserva pas moins d'intimes rapports avec la maison d'Omri et, mû apparemment par des considérations politiques, n'hésita pas à marier son fils *Joram* à la fille d'Achab, *Athalie*. Quel était son but en venant à Samarie ? Probablement encore de se fortifier, en resserrant ses liens avec le roi d'Israël. Celui-ci en profita pour lui demander son appui contre Ben-Hadad : « Veux-tu, dit-il, marcher avec moi sur Ramot ? » Josaphat y consentit, mit ses troupes et ses chevaux à la disposition de son allié : pour la première fois depuis longtemps, les guerriers d'Israël et de Juda refirent cause commune. Les deux confédérés franchirent le Jourdain et s'avancèrent sur Ramot ; mais le combat s'engageait à peine qu'une flèche atteignait Achab et le blessait mortellement. Conservant toutefois sa présence d'esprit, il se fit conduire hors de la mêlée, et les soldats, ignorant sa retraite, se battirent jusqu'au soir. Après seulement qu'il eût perdu tout son sang et expiré, le héraut cria : « Que chacun retourne dans son pays et chacun dans sa ville ! » Les armées d'Israël et de Juda repassèrent donc le Jourdain, laissant les Araméens maîtres du champ de bataille et de la forteresse. Le corps du roi des dix tribus fut ramené à Samarie et inhumé. Pendant qu'on lavait son char au bord d'une piscine, des chiens léchèrent son sang.

Achab eut pour successeur son fils *Ochosias* (Achazia) ; c'était la première fois que la couronne d'Israël se transmettait jusqu'à la troisième génération ; mais ce petit-fils d'Omri ne régna que peu de temps et laissa de si faibles traces qu'on ne sait rien de son caractère. Naturellement il imita l'impiété de ses parents et a surpassa même. Tombé par une fenêtre de son palais et soucieux de savoir s'il recouvrerait la santé, il envoya consulter l'oracle d'une divinité d'Écron, alors fameuse, appelée *Baal-Zebub* (Bel-Zebul). Élie, à cette époque, était de retour du mont Horeb, mais toujours sous l'impression de l'avertissement qu'il y avait reçu, vivait retiré, probablement sur le Carmel, après avoir institué pour son successeur *Élisée*, fils de Schaphat. La manière dont il le choisit est caractéristique. L'ayant rencontré conduisant la charrue, il était allé droit à lui, lui avait, sans mot dire, jeté sur le corps son manteau sombre de prophète et s'était éloigné. Qu'Élisée fût digne de lui succéder, et il comprendrait. Celui-ci, en effet, courut après Élie et le pria de l'attendre un instant, pour lui permettre de faire ses adieux à sa famille. « Retourne alors, fit brièvement le prophète. » Élisée comprit que, pour être un fervent apôtre de Dieu, il devait quitter père et mère, sacrifier affections et habitudes : sans rentrer sous le toit paternel, il suivit Élie et le servit ou, selon la formule du temps, lui versa de l'eau sur les mains. Le Thisbite ne se montra plus qu'une seule fois, ce fut en allant à la rencontre des messagers d'Ochosias : « Dites au roi qui vous a dépêchés, leur cria-t-il : N'y a-t-il donc pas de Dieu en Israël, pour que tu envoies à Écron consulter Baal-Zebub ? » Et il se rendit à Samarie pour annoncer au fils d'Achab qu'il ne se relèverait plus. Ochosias, en effet, mourut aussitôt après, et, comme il ne laissait pas d'héritier, son frère *Joram* lui succéda (897-887).

Qu'est devenu Élie ? A-t-il payé son tribut à la mort comme le reste des hommes ? Ses disciples et leurs successeurs, ne pouvant concevoir que cet esprit de flamme fût retourné dans le néant, racontèrent qu'il était monté au ciel dans une tempête : Élisée, qui ne le quittait point, avait remarqué, disaient-ils, que le maître, vers la fin, cherchait à se dérober, et lui, Élisée, s'était d'autant plus étroitement attaché à ses pas ; le Thisbite venait de visiter une dernière fois les apôtres à Ghilgal, à Béthel et à Jéricho, et Élisée, toujours avec lui, n'avait pas osé lui demander vers quel endroit il se dirigeait ; au moment enfin où tous deux venaient de passer le Jourdain à pied sec, un char de feu, attelé de chevaux de feu, l'avait séparé de son disciple et enlevé au ciel au milieu des éclairs, sans que celui-ci pût le suivre de l'œil. — Il y avait eu quelque chose de si extraordinaire dans cette longue et difficile action d'Élie, qui, dans les circonstances les plus défavorables, à travers les luttes et les persécutions, avait su maintenir l'antique loi du Dieu d'Israël contre une idolâtrie imposée par la violence, sauver la sainteté du culte en présence de rites libidineux, et protéger les mœurs contre l'envahissement de la débauche, une pareille tâche, ainsi remplie, apparaissait si surhumaine, que les générations suivantes ne purent se l'expliquer que par le miracle.

Mais son plus grand prodige, ce fut d'avoir fondé une association qui entretint le feu sacré de l'ancienne loi et qui, selon la nécessité, protesta hautement ou lutta en silence contre la corruption de la classe élevée. La nouvelle école prophétique issue de lui forma une communauté à part dans le royaume des dix tribus, communauté dont les membres vivaient, simples et pauvres, du travail de leurs mains. Élie disparu, elle eut besoin d'un chef ; Élisée, bien que jeune, en prit la direction : le Thisbite lui-même, disait-on, lui avait conféré le droit d'aînesse sur ses fils spirituels en lui léguant le manteau tombé de ses épaules. Élisée, au début, suivit en tout point les traces de son maître, vécut loin du monde, le plus souvent sur le Carmel. Mais, plus tard, il se mêla dans le peuple, une fois qu'il eut déterminé un homme d'action à renverser la maison d'Omri et le culte de Baal.

*Joram* (Yehoram) ne montra pas l'acharnement de sa mère Jézabel à propager l'idolâtrie, et fit même enlever, d'un endroit où elle causait par trop de scandale, à Jezréel ou à Béthel, une pyramide obscène consacrée au dieu tyrien. Élisée n'en eut pas moins une telle aversion pour lui, qu'il pouvait à peine souffrir sa vue. Ce deuxième petit-fils d'Omri entreprit, à la mort de son frère, une expédition contre les Moabites, dont le roi *Mésa* (Mescha), son vassal, venait de secouer le joug (899-894); toutefois, ne voulant pas entrer seul en campagne, il sut, lui aussi, s'assurer le concours de Josaphat, avec lequel il entretenait les mêmes relations d'amitié que ses prédécesseurs. Mésa, qui attendait les alliés à la frontière méridionale de son royaume, succomba sous le nombre, et dut se réfugier dans la forteresse de *Kir-Chareschet* (Kerek?), où il se maintint pendant que l'invasion dévastait en majeure partie son territoire. Peu après, Josaphat mourut, et Édom, à son tour, se détacha de Juda. On eût dit que l'alliance de la maison d'Omri avait porté malheur à celle de David. Cette intimité funeste alla d'ailleurs encore plus loin : *Joram*, fils de Josaphat (894-880), — il s'appelait comme son beau-frère d'Israël, — la poussa au point d'introduire, dans ses propres États, les erreurs de l'idolâtrie. Nul doute que sa femme Athalie ne fût pour une bonne part dans cette mesure, car, à l'instar de sa mère, elle nourrissait une véritable passion pour les rites de Baal.

Mais l'heure fatale avait enfin sonné, la destinée de la race d'Omri allait s'accomplir, et dans son malheur entraîner la maison de David. Ce fut la main d'Élisée qui noua la trame des événements. Une nouvelle dynastie s'était élevée à Damas; Ben-Hadad, l'ancien adversaire d'Achab, était mort étouffé par un de ses familiers, *Hazaël;* le meurtrier s'était emparé de la couronne et, à peine au pouvoir, s'était apprêté à la guerre : il voulait reconquérir les provinces autrefois prises aux Israélites, puis reperdues par son prédécesseur, et dirigea ses premières attaques contre les tribus de delà le Jourdain. Le roi d'Israël dut donc se porter au secours de Ramot-Galaad; une sanglante bataille se livra sous les murs de cette place forte et Joram y fut frappé d'une flèche. Forcé de se retirer à Jezréel pour s'y faire panser, il laissa le commandement à l'un de ses généraux, appelé Jéhu. Un jour, un disciple d'Élisée vint trouver Jéhu, l'emmena de la part de son maître dans un lieu retiré, où il l'oignit roi d'Israël, lui commanda d'exécuter l'arrêt porté contre la race d'Omri, et disparut. Quand Jéhu revint au milieu de ses collègues, ceux-ci remarquèrent un changement dans sa manière d'être et lui demandèrent, curieux, ce que lui avait annoncé le prophète. Lui, d'abord, voulut garder le silence ; mais à la fin il parla, dit qu'Élisée lui avait fait donner l'onction royale. Aussitôt les officiers lui rendirent hommage, ils étendirent leurs vêtements de pourpre sur la plus haute marche du palais en guise de trône, firent sonner la trompette et crièrent : « Vive le roi Jéhu ! »

Une fois reconnu par l'armée, Jéhu sut agir avec décision et promptitude : il passa le Jourdain avec une partie des troupes et vola à Jezréel, où s'attardait Joram, encore souffrant de ses blessures. Au furieux galop des chevaux, qui de loin frappait l'attention, le roi reconnut les allures de son général et conçut des soupçons, qui se fortifièrent de ce que les courriers envoyés à sa rencontre ne revenaient pas. Il résolut d'aller voir lui-même ce qui ramenait Jéhu en si grande hâte et monta dans son char. *Ochosias* (Achasia), roi de Juda, son neveu, l'accompagna dans le sien. (Ce prince avait, peu auparavant, succédé à son père Joram (888) et était venu visiter son oncle malade.) Ils rencontrèrent Jéhu dans le champ de Naboth : « Quoi de bon, Jéhu, lui cria Joram ? — Que peut-il y avoir de bon avec les maléfices de ta mère Jézabel, répondit le soldat. » Joram prit aussitôt la fuite, en criant à Ochosias d'en faire autant. Au même moment, une flèche, décochée par Jéhu, l'atteignit et il s'affaissa inanimé. Jéhu fit jeter son cadavre sur le champ de Naboth et rappela à son compagnon, *Bidkar*, qu'ils avaient été témoins, sur ce même champ, de la menace d'Élie à Achab : cette menace, c'était lui, Jéhu, qui était appelé à en être l'exécuteur. Ochosias périt le même jour. Une révolution s'était accomplie, toute la maison d'Achab tomba, sans que personne se levât pour la défendre ; ses plus proches serviteurs mêmes délaissèrent les membres qui en restaient.

Jéhu entra sans obstacle à Jezréel. La reine mère Jézabel ne perdit rien de sa fermeté. Richement vêtue, elle se mit à la fenêtre de ses appartements et cria : « Que viens-tu faire, meurtrier de ton roi, autre Zamri ? » Jéhu commanda aux eunuques du palais de la précipiter sur le sol, et ils obéirent. Les chevaux passèrent sur le corps de cette reine qui avait causé tant de calamités, et son sang, rejaillissant sous leurs sabots, éclaboussa les murs de la demeure royale. Les contemporains, qui n'avaient pas oublié l'exécution de Naboth et de ses fils, durent frissonner à la vue de ce châtiment.

Mais ce n'était pas tout : si le fils et l'aïeule étaient morts, d'autres fils, neveux et parents de Joram, vivaient encore au nombre d'environ soixante-dix, à Samarie, élevés par les Anciens les plus considérés du royaume. Jéhu pria ces derniers d'en placer un sur le trône. Eux, s'apercevant que la requête n'était pas sérieuse, eurent peur d'agir par eux-mêmes et s'en remirent à l'homme qui venait de tuer deux rois. Jéhu leur fit dire alors de venir à Jezréel avec les chefs ; ils comprirent à demi-mot et arrivèrent avec les têtes des descendants d'Achab. Voilà la fidélité que cette maison trouva dans son malheur ! Pendant la nuit, Jéhu fit placer les têtes sur deux rangs à l'entrée de la ville et, le jour venu, convoqua la population à cet endroit. Devant ces visages convulsés, il affirma n'avoir conspiré que contre Joram ; ceux-ci, dit-il, étaient tombés par d'autres mains, et la prophétie d'Élie contre la maison d'Achab s'était accomplie. Jéhu, qui alliait l'habileté à la détermination, fit ensuite exécuter comme assassins tous ces grands qui lui avaient livré les têtes ; puis, aucun descendant d'Achab ne restant, il monta sur le trône et les habitants de Jezréel lui jurèrent obéissance.

Pour se concilier le peuple, il se mit en devoir d'attaquer l'idolâtrie dans son centre même, et, suivi de ses affidés, se dirigea sur Samarie. En route, il rencontra Jonadab — c'était ce disciple d'Élie qui avait institué la règle naziréenne dans sa famille — : « Es-tu toujours le même pour moi, lui demanda Jéhu. — Certes, répondit l'autre. — Eh bien ! donne-moi la main. » Et l'informant de ses intentions, il l'emmena dans son char pour le rendre témoin de son zèle. Arrivé à Samarie, Jéhu convoqua au temple tous les sectateurs de Baal, agit comme s'il eût voulu lui-même prendre part aux cérémonies, pendant qu'en secret il disposait des gardes à l'intérieur de l'édifice et au dehors. L'heure venue, il fit son entrée avec Jonadab, s'avança vers l'autel et feignit de sacrifier. A ce signal, les satellites apparurent et se jetèrent sur leurs victimes, prêtres et profanes tombèrent, et tout ce qui tenta de se sauver trouva la mort en franchissant les portes. Les exécuteurs pénétrèrent ensuite dans le sanctuaire, brûlèrent la statue de l'idole et, après en avoir détruit l'autel avec ses pyramides, démolirent le temple même, dont ils convertirent l'emplacement en un monceau de fumier. Jéhu fit anéantir pareillement, dans tout le reste du pays, les objets de ce culte odieux : il se comporta en disciple d'Élie, en zélé serviteur de Jéhovah. L'idolâtrie ne subsista qu'à Jérusalem ou plutôt elle y était introduite alors par le fanatisme d'une femme, la digne fille de Jézabel.

C'est un singulier phénomène que les femmes, nées plutôt, ce semble, pour être les prêtresses de la pudeur et de la chasteté, aient montré dans l'antiquité un goût spécial pour le culte dissolu de Baal et d'Astarté. Maacha lui dressa des autels à Jérusalem, Jézabel à Samarie ; Athalie, à son tour, lui en éleva dans la capitale de Juda. Mais ce ne fut ni son seul crime ni le plus grand. La fille de Jézabel dépassait de beaucoup sa mère en cruauté. L'épouse d'Achab n'avait fait mettre à mort que des prophètes, les partisans les plus inflexibles de l'antique loi ; elle n'avait, en tout cas, frappé que ceux qu'elle considérait comme ses ennemis. Athalie n'épargna pas sa propre famille, fit couler le sang des proches de son mari et de son fils. A la première nouvelle de la mort d'Ochosias, elle donna l'ordre d'égorger tous les membres de la maison de David demeurés à Jérusalem ; tous périrent, à l'exception du plus jeune, âgé d'à peine un an, et qui ne dut son salut qu'à une sorte de miracle. Quel put être le mobile d'Athalie en commandant ce massacre ? Était-ce l'ambition, pour régner sans partage, ou le fanatisme, pour assurer la suprématie au culte de Baal ? Quoi qu'il en soit, elle remplit de terreur la population de Juda, et il ne se trouva personne pour s'opposer à ses forfaits ; peuple et prêtres courbèrent le front devant elle, le grand prêtre Joïada lui-même se renferma dans le silence. Jérusalem vit ainsi s'élever les autels et les pyramides consacrés à Baal au moment même où Jéhu faisait détruire ces signes d'idolâtrie à Samarie ; un grand pontife, *Mathân*, et nombre de prêtres subalternes, appelés du dehors, vinrent célébrer les rites de l'idole. Le temple de Moria demeura-t-il exempt de profanation ? Il semble que, moins conséquente dans l'audace que certains rois postérieurs, Athalie n'osa pas aller jusqu'à placer l'image de Baal dans le sanctuaire bâti par Salomon. Mais elle y interrompit le culte, et ses mercenaires cariens, avec les satellites qui, de temps immémorial, formaient la garde des rois, veillèrent aux portes du temple pour en interdire l'entrée. Six années durant (de 887 à 881), la reine opprima le peuple, probablement avec l'appui des familles nobles de Juda. Seul le plus proche parent de la famille royale, le grand prêtre *Joïada*, demeura fidèle à l'ancienne loi et à la maison de David. Sa femme *Josabeth* (Yehoschabat) était fille de Joram, roi de Juda, sœur par conséquent de cet Ochosias que tua Jéhu. C'est elle qui, pendant qu'Athalie faisait massacrer les princes royaux, sauva le plus jeune enfant de son frère, le petit *Joas* (Yehoasch). Elle le cacha avec sa nourrice dans une partie retirée du temple, servant de dortoir aux Lévites, et l'y éleva, à l'insu de la reine, qui du reste ne s'inquiétait point de ce qui se passait dans l'édifice désert. Les Aaronides et les Lévites, dévoués au grand prêtre, gardèrent le secret ; d'ailleurs, leur attachement pour le dernier descendant de David s'augmentait de la tendresse que leur inspirait l'enfant. Joïada, de son côté, ne resta pas inactif : pendant les six années du règne despotique d'Athalie, il sut nouer des relations avec les chefs des mercenaires et des satellites et leur découvrit peu à peu l'existence d'un rejeton royal, héritier de la couronne de Juda. Il les trouva tous attachés à la dynastie légitime, tous ennemis de l'usurpatrice Athalie. Une fois sûr de leurs sympathies, il les conduisit dans le temple, les mit en présence de Joas, alors âgé de sept ans et qu'ils reconnurent sans doute à ses traits pour être du sang de David, puis leur fit prêter serment de fidélité à l'enfant. Leur concours lui permettait d'opérer à la fois une révolution et une restauration. Comme les chefs pouvaient compter sur une obéissance aveugle de la part de leurs soldats, les détails de l'action furent arrêtés et le jour choisi pour l'exécution. Un sabbat, une partie seulement des gardes et des Cariens se rendirent à leurs postes, les autres prirent position à l'entrée du temple : ils avaient l'ordre formel de tuer quiconque tenterait de forcer les barrières du parvis. L'enfant royal ainsi couvert de toute attaque, Joïada fit entrer la foule dans le vestibule. Après un moment d'anxieuse attente, Cariens et gardes tirèrent leurs épées, les officiers prirent en main les armes de David, et le grand prêtre, amenant de son asile le jeune Joas, lui mit la couronne sur le front, lui conféra l'onction royale, et le fit asseoir sur le siège réservé aux rois dans l'avant-cour du temple. Les trompettes sonnèrent, les gardes entre-choquèrent leurs armes, le peuple battit des mains et tous crièrent : « Vive le roi Joas ! » Athalie, qui n'avait aucun soupçon, confiante d'ailleurs dans ses mercenaires, ne se réveilla de sa sécurité que lorsque les rumeurs du temple parvinrent jusqu'à son palais. Elle accourut en toute hâte, suivie de quelques fidèles. Saisie de frayeur en apercevant ce jeune enfant ceint de la couronne, ses propres troupes rangées autour de lui, et la multitude transportée d'allégresse, elle se sentit livrée, déchira ses vêtements et s'écria : « Tahison, trahison ! » Quelques officiers s'emparèrent d'elle, la firent sortir du parvis et, passant par un détour sous la grande porte orientale, la ramenèrent au palais, où ils la tuèrent. Ainsi finit misérablement, comme sa mère, la dernière descendante de la maison d'Omri. L'intimité de Tyr n'avait porté bonheur ni à l'un ni à l'autre royaume ; la mère et la fille, Jézabel et Athalie, furent, comme leur déesse Astarté, une source de dépérissement, de ruine et de mort. La fille d'Achab n'avait guère de partisans à Jérusalem ; elle n'eut pas un défenseur à l'heure de son agonie. Les prêtres de Baal ne lui furent d'aucun secours ; impuissants à sauver leur propre vie, ils tombèrent eux-mêmes sous les coups de la fureur populaire.

Joïada, promoteur et exécuteur de cette grande révolution, eut soin de prendre des mesures pour éviter le retour d'événements si tragiques. Il profita de la joie et de l'enthousiasme universels pour rallumer dans les âmes un attachement sincère au Dieu des ancêtres. Il adjura le roi et le peuple, réunis dans le temple, d'affirmer solennellement qu'ils seraient à l'avenir un peuple de Dieu, qu'ils serviraient l'Éternel fidèlement et n'adoreraient plus d'autre Dieu. Peuple et roi le jurèrent à haute voix et scellèrent cette déclaration par une alliance. La foule se précipita ensuite vers le temple de Baal, y détruisit autels, statues avec tout ce qui avait servi au culte idolâtre, pendant que, Joas porté en triomphe au palais par les troupes, les gardes et la multitude, prenait possession du trône de ses pères. Une joyeuse animation régna dans tout Jérusalem. Les partisans de la reine déchue se tinrent à l'écart et n'osèrent pas troubler la joie populaire.

On est surpris de ne pas trouver l'action directe d'Élisée dans la double révolution politique et religieuse accomplie à si peu d'intervalle à Samarie et à Jérusalem. C'est par les mains d'un de ses disciples qu'il avait fait donner l'onction à Jéhu, choisi pour instrument de la vengeance divine ; quant à lui-même, il se tint à l'arrière-plan et n'assista pas même au renversement des autels de Baal. Il ne semble pas qu'il ait eu jamais des relations avec le roi Jéhu. Encore moins prit-il part à la chute d'Athalie et à l'extirpation de l'idolâtrie à Jérusalem. Sa principale occupation fut apparemment de former des disciples pour continuer la tradition d'Élie. Mais tous ne le reconnurent pas pour chef à l'égal de celui-ci : beaucoup lui reprochaient de ne pas porter comme eux les cheveux longs et incultes et de paraître ainsi moins estimer la vie naziréenne ; les enfants de quelques-uns, à Béthel, lui criaient : « Tête chauve ! tête chauve ! » Élisée différait encore de son maître en ce qu'il ne vivait pas exclusivement dans la solitude et conservait des rapports avec les hommes. Dans les commencements de sa mission, sous les Omrides, il séjourna sans doute aussi sur le Carmel, d'où il faisait de fréquentes visites aux apôtres sur les rives du Jourdain, toujours accompagné de son disciple Ghechasi ; plus tard, sous les rois de la race de Jéhu, il s'établit à demeure dans la capitale du royaume d'Éphraïm, ce qui lui valut le nom de « prophète de Samarie. » L'affabilité de son commerce lui donnait de l'ascendant sur les hommes et transportait ses convictions dans leurs esprits ; des personnages considérables venaient s'instruire en l'écoutant ; le sabbat et les jours de néoménie, c'était le peuple qui l'allait voir. Mais il évita constamment de se montrer dans Juda et à Jérusalem. Pourquoi? Ou s'il y eut des relations, comment ne s'en est-il conservé aucun souvenir? C'est probablement qu'en dépit de sa ressemblance morale avec Joïada, et nonobstant l'identité de leur but, la fougue naziréenne de son prosélytisme n'était pas très goûtée à Jérusalem.

Dans cette ville, les regards s'attachaient de préférence au sanctuaire et à la loi, depuis que Joïada s'en était fait le vengeur. Le temple, sous Athalie, avait souffert. Non seulement le revêtement de bois de cèdre et d'or avait été enlevé par place, mais encore des pierres de taille avaient été arrachées des murs. Le premier soin de Joas dut être de remédier à ces dégâts; mais comment faire? Les ressources manquaient : le trésor autrefois constitué à l'édifice sacré par la munificence des rois et la piété des fidèles avait disparu, ravi sans doute par Athalie et attribué aux autels de Baal. Un édit royal prescrivit donc aux prêtres de recueillir les sommes nécessaires aux travaux : ordre était donné à tout Aaronide de solliciter les dons de ses amis et d'apporter à cette collecte le même zèle qu'à une affaire d'intérêt privé. Cependant, soit que les offrandes eussent été pauvres, soit que les prêtres les eussent appliquées à leurs propres besoins, le temple restait en l'état, lorsque Joïada fut chargé par le roi de faire appel à la piété du peuple même (vers 864) : un tronc fut placé dans le parvis et tout fidèle invité à y verser une somme proportionnée à sa fortune. Alors les dons affluèrent, les matériaux purent être achetés et les ouvriers payés; le temple, en un mot, fut restauré.

Joïada fit de la dignité de grand prêtre, qui jusqu'alors, même sous les meilleurs rois, n'avait occupé dans l'État qu'un rang secondaire, l'égale de la royauté (1). N'était-ce pas, en effet, à l'intelligence et au zèle du grand pontife que la royauté devait son

---

(1) Racine a eu l'intuition poétique de ce rapport du grand prêtre et du roi et l'a rendu avec beaucoup de justesse dans ces paroles, qu'il met dans la bouche de Joad :

> Il faut que sur le trône un roi soit élevé
> Qui se souvienne un jour qu'au rang de ses ancêtres
> Dieu l'a fait remonter par la main de ses prêtres,
> L'a tiré par leurs mains de l'oubli du tombeau
> Et de David éteint rallumé le flambeau.

(ATHALIE, 1ᵉʳ acte, 2ᵉ scène.)

salut ? Le dernier rejeton de la race de David n'eût-il pas pas péri, si Joïada n'avait renversé la sanguinaire Athalie? Celui-ci pouvait donc à bon droit revendiquer une haute situation dans le gouvernement. Il employa sans doute son autorité à faire respecter la loi et à prévenir le retour de l'apostasie. Mais le conflit entre la royauté et le sacerdoce était fatal, l'essence de l'une étant le bon plaisir, tandis que l'autre a pour fondement une loi fixe. Certes, tant que Joïada vécut, aucune mésintelligence ne se produisit : Joas lui devait tout, et la reconnaissance, autant que la vénération, le lui rendait docile. Mais lui mort, la rupture éclata et coûta la vie au nouveau grand prêtre. Les détails manquent à ce sujet; on sait seulement que, sur l'ordre de Joas, le successeur de Joïada fut lapidé dans le vestibule du temple et que le jeune pontife s'écria en mourant : « Dieu le voie et le punisse ! »

Au reste, l'extirpation de la race d'Omri, cause de tant de convulsions et de conflits à Samarie et à Jérusalem, fut suivie d'une ère de calme dans les deux royaumes. La situation était assez bonne, sauf que les autels privés subsistaient dans Juda et que les dix tribus continuaient à adorer Dieu sous la forme d'un taureau. Pour le culte de Baal, il était banni de part et d'autre. Mais, à l'extérieur, il n'en était pas de même. Jéhu, qui avait si hardiment exterminé les Omrides, fut loin de montrer la même vigueur vis-à-vis des ennemis du dehors. Il ne sut pas empêcher Hazaël, le meurtrier du roi d'Aram, d'inonder de troupes le pays d'Israël et d'y porter l'incendie et le massacre (les enfants, les femmes enceintes même ne furent pas épargnées); les villes situées au delà du Jourdain, tout le territoire des tribus de Manassé, de Gad et de Ruben, depuis les monts Basan jusqu'à l'Arnòn, fut enlevé au royaume d'Ephraïm, les habitants réduits au servage et plusieurs d'entre eux déchirés sous des crochets de fer. Peut-être la faiblesse de Jéhu venait-elle de ce qu'il avait un autre ennemi dans le roi de Tyr, dont il avait égorgé les parents et les alliés (1).

---

(1) Hazaël paraît avoir eu pour allié ce roi Mésa qui fut battu par Joram et Josaphat. Mésa profita de la défaite des Israélites pour les chasser des villes de Moab et, pour célébrer sa délivrance, il érigea un monument de pierre noire, avec une inscription destinée à en perpétuer le souvenir. Cette stèle s'est conservée plus de vingt-sept siècles et a été retrouvée de notre temps.

Sous le règne de *Joachas* (Yehoachas), son fils (859-845), les choses allèrent en empirant : le pays fut ravagé plus cruellement encore et la force militaire d'Israël à tel point réduite, qu'elle ne compta plus que dix mille homme de pied, cinquante cavaliers et dix chariots de guerre. Les Araméens multiplièrent leurs incursions sur le sol israélite et, dans ces razzias, enlevaient non seulement les objets, mais encore les personnes, qu'ils vendaient comme esclaves. Joachas paraît avoir fait une paix honteuse en accordant à Hazaël le libre passage à travers son royaume : il lui permit ainsi de porter la guerre chez les Philistins et de leur prendre leur capitale Gaza. Joas allait être attaqué à son tour, lorsqu'il acheta la paix à prix d'argent. Fut-ce mécontentement de cette lâcheté ou l'effet d'autres griefs? Toujours est-il que quelques grands de Juda se conjurèrent contre lui et que deux d'entre eux l'assassinèrent dans une maison où le hasard l'avait fait s'arrêter (vers 843). Ce ne fut que sous Joas, roi d'Israël (845-830), qu'on parvint peu à peu à briser la suprématie du royaume d'Aram, grâce sans doute au concours des rois chitites et d'Égypte qui, jaloux de la puissance croissante de cet État, s'étaient déclarés ses ennemis.

Ben-Hadad III, en effet, voulant à cette époque achever le royaume des dix tribus, avait mis le siège devant Samarie. Il la bloqua si étroitement que les vivres ne tardèrent pas à y manquer : une tête d'âne se vendit quatre-vingts sicles, une mesure de fiente sèche (combustible) vingt sicles. A peine restait-il quelques chevaux de guerre, et si épuisés qu'ils refusaient le service. On vit deux femmes convenir, dans l'excès de leur faim, de tuer et de manger ensemble, un jour l'enfant de l'une, et le lendemain l'enfant de l'autre. Mais soudain les Araméens levèrent le siège et s'enfuirent en toute hâte, abandonnant tentes, chevaux, ânes, objets de prix et tous leurs approvisionnements. Cette bonne nouvelle, apportée au roi par des lépreux affamés, lui rendit courage : il reprit l'offensive, livra trois batailles à Ben-Hadad et les gagna toutes trois. Le roi de Damas, forcé de conclure la paix, restitua aux dix tribus les villes que son père et lui leur avaient enlevées.

Le royaume de Juda, gouverné alors par Amazias, profita de l'affaiblissement des Araméens pour reconquérir les anciennes possessions de la maison de David, à commencer par Édom. Ce petit pays s'était affranchi de sa vassalité et un de ses rois s'était bâti sur la cime des monts Séir, hauts de plus de quatre mille pieds, une nouvelle capitale, où l'on ne parvenait que par une sorte d'escalier montant du fond de la vallée. Dans cette ville de pierre (*Salâ, Petra*), les Iduméens se croyaient en sûreté contre les attaques : « Qui pourra me précipiter de la cime jusque dans l'abîme, disait Édom avec orgueil? » Amazias eut la hardiesse de les poursuivre sur leurs hauteurs fortifiées ; il leur livra bataille dans la Vallée de Sel, non loin de la mer Morte, et les défit si complètement que leurs débris s'enfuirent, laissant ouvert devant lui le chemin de leur citadelle. Cette heureuse campagne lui valut sans doute un riche butin ; car Édom était opulent, en bétail et en métaux. Aussi le roi de Juda ne fut-il pas peu fier de son triomphe ; mais l'excès de son orgueil le perdit et causa la ruine de son peuple.

Des relations d'amitié unissaient, depuis Jéhu, le royaume d'Éphraïm à celui de Juda et suppléaient à cette alliance intime qui avait lié les maisons d'Omri et de Josaphat. Les deux États avaient un intérêt commun, celui de maintenir dans leur abaissement les adhérents du culte de Baal et de surveiller leurs rapports avec les peuples idolâtres du voisinage. Joas, roi d'Israël, et Amazias, roi de Juda, étaient dévoués tous deux à la foi traditionnelle. L'un prenait pour guides les prophètes de Jéhovah, l'autre obéissait à la loi. C'est ainsi que, par une modération dont on ne saurait trop le louer, Amazias ne vengea la mort de son père que sur ses meurtriers et, contrairement à l'usage barbare du temps, épargna leurs fils. Il est vraisemblable que le grand prêtre ou quelque autre représentant de la loi lui rappela en cette occasion que la loi d'Israël défend de punir de mort les enfants pour la faute de leurs pères, ou les pères pour celle de leurs enfants. De son côté, Joas montrait la plus grande vénération pour Élisée, recourait à ses conseils dans toutes les circonstances importantes ; et lorsque celui-ci, après cinquante années d'activité (900-840), fut au lit de mort, il le visita, pleura sur sa fin prochaine, l'appela à diverses reprises le père et le protecteur d'Israël, et après sa mort se fit raconter par Ghechasi, le fidèle compagnon du prophète, les principaux actes de sa vie. Quelle ne dut pas être la grandeur morale d'Élisée pour que le roi eût obéi à ses conseils ! Ce qui ajoutait au prestige du successeur d'Élie, c'est que, même au delà des frontières d'Israël, il avait procuré un triomphe à la loi du Dieu de son peuple ; spontanément et sans intervention aucune du prophète, un haut personnage du royaume de Damas, *Naaman*, qui occupait le premier rang après le roi, abjura le culte de Baal et d'Astarté pour embrasser la foi israélite, uniquement parce qu'il avait reconnu à l'œuvre d'Élisée qu'Israël seul adorait un Dieu véritable. Il voulut ériger un autel à ce Dieu dans Damas, et, pour l'élever autant qu'il se pouvait sur terre sainte, il fit venir de la terre du pays d'Israël.

Mais quelque commune tendance qu'eussent les deux royaumes à secouer le joug de l'influence étrangère et à rester fidèles au caractère national, leur opposition intérieure était si enracinée déjà, qu'elle ne leur permettait plus de s'unir dans la politique. Les divergences de mœurs et d'idées qui les séparaient se réfléchissaient naturellement dans les pensées de leurs souverains et les prédisposaient non seulement à la désunion, mais encore aux dangereuses inspirations de l'esprit d'aventure. C'est ainsi qu'Amazias, après ses succès sur Édom, put concevoir la folle pensée de conduire son armée victorieuse à la conquête des dix tribus. Pour se créer un prétexte, il fit demander à Joas la main de sa fille pour son fils : que Joas refusât, et c'était la guerre. Le roi d'Israël, en effet, n'accueillit la proposition que par des sarcasmes : « L'épine, répondit-il, fit dire un jour au cèdre du Liban : Donne, je te prie, ta fille en mariage à mon fils. Le cèdre, pour toute réponse, lâcha les bêtes fauves de la montagne, et celles-ci foulèrent aux pieds l'outrecuidante. Ta victoire sur Édom te rend présomptueux ; garde ta gloire et demeure chez toi ; pourquoi te jeter dans le malheur ? Tu ne pourrais que te perdre et avec toi perdre Juda. » Mais Amazias obstiné se mit en marche, et Joas, non moins confiant dans ses forces depuis ses avantages sur les Araméens, se porta à sa rencontre : une bataille eut lieu à *Beth-Schemesch*, sur la frontière des dix tribus, et l'armée de Juda essuya une sanglante défaite. Le vainqueur eut la modération rare de ne pas abuser de sa victoire et même de n'en pas épuiser le profit : maître de détrôner son adversaire captif et d'annexer Juda à Israël, en déclarant éteinte la race de David, il se contenta de faire démolir les remparts du côté nord de Jérusalem, sur une longueur de quatre cents coudées (depuis la porte d'Éphraïm jusqu'à celle des Créneaux) et de frapper une contribution de guerre sur la ville, le palais et le temple. Il rendit son prisonnier à la liberté ; mais, par mesure de précaution, se fit donner des otages, qui répondirent de la non-reconstruction des murs. La clémence dont il fit preuve en cette occasion fut certainement due à l'influence d'Élisée et de ses disciples. Après sa mort (830-816), Amazias régna encore quinze ans, mais sans bonheur.

Le royaume d'Éphraïm, pendant ce temps, parvenait à un degré de puissance et de prospérité tel, qu'on eût pu croire à un retour de l'ère de David. *Jéroboam II*, arrière-petit-fils de Jéhu, montra plus d'habileté militaire qu'aucun de ses prédécesseurs depuis le schisme ; il eut le bonheur de vivre très longtemps et l'extraordinaire durée de son règne (830-769) lui permit d'entreprendre de nombreuses guerres, que signalèrent un grand nombre de victoires. C'est, ce semble, contre les Araméens qu'il dirigea sa première campagne, encouragé par un prophète du temps, *Jonas*, fils d'Amitaï : ces ennemis invétérés d'Israël furent battus et les frontières d'Éphraïm, reculées de nouveau, s'étendirent de la route de Hamath au fleuve du nord-est, qui se jette dans la mer Morte. Le territoire de Moab fut également conquis.

Amazias, lui, restait paralysé par son désastre. Le démantellement partiel de sa capitale lui interdisait toute guerre, et il dut s'estimer heureux d'être épargné par ses ennemis. D'un autre côté, une profonde irritation régnait contre lui : son peuple, et surtout les grands, lui reprochaient amèrement son orgueil, sa soif immodérée de conquêtes, qui avaient perdu le pays, mis Jérusalem à la merci de toute agression et condamné les fils des premières familles à vivre en otages à l'étranger. De ce mécontentement naquit un complot ; un combat sanglant eut lieu dans les rues de Jérusalem, le peuple prit parti pour les conspirateurs ou demeura neutre ; bref, Amazias, abandonné de tous, chercha son salut dans la fuite. Mais, poursuivi jusqu'à Lachis, à quinze lieues au nord-est de Jérusalem, il fut pris et tué. C'était le troisième roi de la race de

David qui tombait sous le fer, le second qu'une conjuration renversait.

Des jours encore plus malheureux suivirent sa mort ; les princes, qui s'étaient emparés du pouvoir, ne voulurent plus s'en dessaisir ; l'unique héritier du trône, Azarias (par abréviation Osias), n'avait que quatre à cinq ans, et, de tous côtés, le royaume était entouré d'ennemis. Les Iduméens furent les premiers à profiter de l'état de prostration où ils voyaient la Judée : soutenus par l'Égypte, comme au temps de Roboam, ils lui firent une guerre de revanche, pénétrèrent jusqu'à Jérusalem, toujours ouverte, répandirent des flots de sang et emmenèrent de nombreux captifs de l'un et l'autre sexe, qu'ils échangèrent ensuite pour du vin et des courtisanes. Les détails manquent sur cette invasion ; il semble toutefois qu'une partie du territoire judéen fut annexée à Édom et à l'Égypte. Les peuples voisins, même les Israélites, virent avec joie l'affaiblissement de Juda, si même ils n'y contribuèrent point. Ceux-ci, avec leur roi Jéroboam II, ne se souvinrent que de l'inimitié passée et faillirent aux devoirs de la parenté en laissant le peuple-frère sans secours. Les Philistins furent deux fois cruels : ils livrèrent aux Iduméens les fugitifs qui s'étaient sauvés dans leurs villes et revendirent aux Ioniens, alors rivaux des Phéniciens dans le commerce des esclaves, les jeunes prisonniers troqués par les soldats. Les Tyriens montrèrent la même inhumanité, le même oubli de l'ancienne amitié. De cette époque date la première dispersion des Judéens dans les contrées lointaines où les Ioniens les vendirent comme esclaves. Peut-être ces bannis ont-ils importé en Occident les principes d'une philosophie plus pure et d'un état social plus parfait ; car parmi eux se trouvaient aussi des jeunes gens et des jeunes filles de grande maison, que leur entourage, leur connaissance des traditions nationales avaient familiarisés avec une morale plus haute, dont ils apprécièrent le bienfait à l'étranger mieux qu'ils ne l'avaient pu dans leur patrie.

Dix à douze ans se passèrent ainsi, pendant lesquels le royaume, en proie aux déchirements intérieurs et aux attaques du dehors, en arriva à ce point de faiblesse qu'il était devenu l'objet du mépris des peuples. De là ce nom de « maison croulante de David » que lui donne un prophète de l'époque, en s'écriant :

« Qui relèvera Jacob de l'excès de son avilissement ? » — Jacob se releva cependant, et si bien, qu'il se fit craindre de ses voisins. Pour le moment, ce qu'avant tout il fallait, c'était de mettre un terme aux dissensions intestines : le peuple le comprit, et, se soulevant tout entier contre les familles nobles, pour la seconde fois régicides, acclama le jeune Osias, alors âgé de seize ans. De même que son contemporain Jéroboam II, le nouveau roi de Juda jouit d'un long règne (805-755). Son premier soin fut de ramener à Jérusalem le corps de son père, inhumé à Lachis, et de le faire ensevelir dans le tombeau de la race royale. L'histoire ne dit pas s'il punit les meurtriers. Doué d'un caractère énergique et alliant la résolution à la prudence, il s'attacha ensuite à guérir les blessures de son pays, tâche pénible, car il avait à lutter non seulement contre les ennemis du dedans et du dehors, mais encore contre la défaveur des circonstances. Comme si le ciel même eût conspiré contre Juda, on vit fondre sur ce malheureux peuple une suite d'infortunes faites pour terrasser les plus mâles courages et les livrer sans force à tous les caprices du hasard.

D'abord il y eut un tremblement de terre, qui terrifia les populations palestiniennes, peu habituées à ces commotions. Les maisons croulèrent ; maintes villes, en un clin d'œil, ne furent plus qu'un amas de ruines. Les habitants éperdus s'enfuirent, poussant des clameurs de détresse et croyant voir à tout instant le sol mouvant s'entr'ouvrir sous leurs pas. Le soleil s'obscurcit, voilé soudain par d'épaisses vapeurs, qui enveloppèrent de ténèbres toute la nature et que déchiraient de temps à autre les éclairs. La lune et les étoiles semblèrent éteintes. La mer, bouillonnante et mugissante, se soulevait du fond de son lit et faisait retentir au loin le fracas de ses vagues. L'épouvante fut d'autant plus profonde qu'un prophète d'Israël avait annoncé le cataclysme deux années auparavant : « Voici, s'était écrié *Amos* au nom de Dieu, je ferai gronder le sol sous vos pieds comme gronde le chariot chargé de gerbes. Et la fuite manquera au coureur rapide, le vaillant ne pourra s'échapper, l'arbalétrier ne résistera pas, le cavalier ne retrouvera pas sa voie et le plus hardi parmi les vaillants s'enfuira ce jour-là. » L'angoisse s'empara des cœurs : on crut le monde près de finir.

La frayeur était passée à peine qu'une nouvelle calamité survenait : les pluies normales ne vinrent point, la rosée ne rafraîchit point la campagne, une persistante sécheresse dévora l'herbe, les citernes tarirent et un soleil de feu changea prairies et guérets en désert. « Hommes et bêtes haletaient, cherchant le soulagement et la nourriture, et les animaux des champs erraient, consumés par la faim. » Les habitants des villes, où l'eau manquait absolument, « se traînaient languissants jusqu'à la ville voisine, dans l'espoir d'y trouver plus d'abondance, mais sans pouvoir davantage y étancher leur soif. » Ce fléau régna sur de vastes étendues de pays et notamment dans le nord-est de la Palestine et le Hauran, régions généralement infestées par les sauterelles. Celles-ci, ne trouvant plus à se nourrir dans leur domaine habituel, passèrent le Jourdain et dévorèrent dans les royaumes d'Israël et de Juda tout ce que la sécheresse avait épargné. Elles arrivaient en masses compactes, obscurcissant le soleil, et, en un moment, vignes, figuiers, grenadiers, palmiers et pommiers étaient rongés jusqu'à la dernière feuille. Les ravages de ces insectes se renouvelèrent plusieurs années de suite et portèrent le désespoir des peuples à son comble.

Dans le pays de Juda surtout, que les malheurs de la guerre avaient déjà mis à deux doigts de sa perte, l'accablement était extrême. Il semblait que Dieu eût voulu délaisser son héritier, son peuple, son pays et son temple, et les abandonner à l'opprobre et à la misère. Des deuils publics et de nombreux pèlerinages furent ordonnés pour détourner le fléau. Le prophète *Joël*, fils de Patuel, contribua en grande partie à relever les courages. Il prêcha publiquement pendant cette période de détresse et annonça des jours meilleurs ; sa parole moelleuse et pénétrante dut d'autant plus impressionner les âmes, que les ravages de la sécheresse et des sauterelles commençaient à prendre fin. Les campagnes et les jardins, sous l'action bienfaisante de la pluie, se parèrent de nouveau d'une végétation luxuriante ; les rivières et les citernes se remplirent ; sécheresse et famine disparurent. Le jeune roi Osias en profita sur-le-champ pour châtier les ennemis de Juda. Il attaqua d'abord les Iduméens, qui avaient dévasté son royaume, les battit et les replaça sous sa dépendance. Juda, grâce à lui, recouvra jusqu'à la ville d'Ailat, au fond de la mer Rouge, et put ainsi reprendre par mer les lucratifs voyages d'Arabie et d'Ophir (les Indes). Il punit aussi les Philistins de toutes leurs cruautés envers les Judéens, leur prit les villes de Gaza, d'Asdod et de Iabneh, les plus proches de la frontière commune, et en fit raser les murs; enfin il réunit à son royaume des parties de leur territoire et y fit construire des forteresses.

Ce qu'il prit surtout à cœur, ce fut de refaire de Jérusalem une place forte. Le mur du côté nord, renversé à la suite des désastres de son père, fut relevé et fortifié plus qu'il ne l'était auparavant. Osias fit élever à trois endroits de l'enceinte des tours hautes de cent cinquante coudées. Sur ces tours et sur les créneaux des murailles, il fit établir des machines (*Chischbonôt*) qui permettaient de lancer au loin de grosses pierres. Il déploya, en général, la plus grande activité dans ses armements; ses soldats furent pourvus de boucliers, de lances et de cuirasses. Il fit venir d'Égypte des corps de cavalerie et des chariots de guerre, comme au temps de Salomon, dont il paraît du reste s'être proposé le règne pour exemple. L'ensemble de ces mesures ramena l'abondance dans le royaume : « Le pays regorgea d'argent et d'or, ses trésors n'eurent point de bornes, il se remplit de chevaux et le nombre de ses chariots de guerre fut infini. »

Non moins martial qu'Osias, Jéroboam II ne cessa, dans le cours d'un long règne, de guerroyer avec les Araméens. Il s'empara de leur capitale et ce succès lui transporta la suzeraineté des peuplades intermédiaires du Liban et de l'Euphrate, jusqu'alors tributaires de Damas. Sa domination ne se vit plus de rivale : le seul peuple qui, en d'autres temps, aurait pu lui disputer la suprématie, les Phéniciens, était tombé alors dans un état d'extrême faiblesse, par suite d'insurrections survenues à Tyr contre les descendants du roi Ithobal; la guerre civile avait éclaté parmi eux, et le parti vaincu s'était enfui avec *Élissa* (Didon?), fille du roi, sur la côte d'Afrique, où il fonda ou agrandit la colonie phénicienne de *Carthage* (vers 812). C'est de cette époque, en effet, que date la décadence de la Phénicie. Jéroboam II put donc étendre son empire de ce côté-là sans rencontrer d'entrave. L'opulence était également rentrée à Samarie, grâce au butin provenant de guerres heureuses, grâce aussi, apparemment, à la renaissance du commerce. Non seulement le roi, mais encore les nobles et les riches menaient grand train et prodiguaient la dépense. Jéroboam avait un palais d'été et un palais d'hiver; les maisons en pierre de taille ornées d'ivoire et les lits d'ivoire étaient devenus choses communes. A ne considérer que la force des deux moitiés de l'ancien royaume de Salomon, l'on aurait pu s'abandonner à l'illusion que le règne de ce roi durait encore et qu'aucun changement n'était survenu, si ce n'est qu'il régnait deux princes au lieu d'un seul, que le schisme n'avait pas eu lieu ou que les blessures en étaient guéries. Jéroboam et Osias semblent avoir vécu en paix l'un avec l'autre. Il est probable aussi qu'on vit à cette époque de nombreux visiteurs monter au temple de Jérusalem; mais ce fut le dernier reflet d'un âge de prospérité. Des vices intérieurs, engendrés par le bienêtre et qui se manifestèrent avec plus d'acuité dans le royaume d'Israël que dans celui de Juda, ne tardèrent pas à fermer l'ère des jours heureux et à accélérer la décadence.

Le culte du taureau subsistait toujours parmi les dix tribus à Béthel et à Dan. La première de ces villes fut même érigée en résidence et élevée au rang de métropole religieuse, sous l'autorité d'une sorte de grand pontife, du nom d'*Amazias*, homme très jaloux des privilèges de son ministère et qui, à la différence des prêtres de Juda, possédait de riches prébendes. Comme s'il n'eût pas suffi de l'idolâtrie ancienne ou qu'elle eût cessé de satisfaire les esprits, ou encore que la lasciveté née de l'opulence eût fait naître le besoin d'une autre religion, les rites impurs de Baal et les désordres de celui d'Astarté retrouvèrent faveur. On ne laisse pas d'être surpris de voir le culte proscrit avec tant de zèle et non sans effusion de sang par Jéhu reprendre vogue sous son petitfils. La restauration de l'idolâtrie eut pour conséquences naturelles le dérèglement des mœurs, la luxure et la dépravation. L'on n'eut plus de pensée qu'à s'enrichir, afin de pouvoir assouvir ses passions. Les riches se livrèrent à l'usure et poussèrent l'âpreté jusqu'à vendre comme esclaves leurs débiteurs insolvables ou leurs enfants. C'est sur les grains surtout que s'exerçaient leurs spéculations. Dans les années de disette, ils ouvraient leurs greniers, vendaient leurs approvisionnements, bien entendu à fausses mesures et à faux poids, et quand ensuite des malheureux se rencontraient hors d'état de les rembourser, ils s'emparaient de leurs vêtements et de leurs personnes avec une impitoyable rigueur. Les infortunés allaient-ils porter plainte dans les assemblées du peuple, on ne les écoutait point; les juges étaient complices, ou bien la corruption les avait rendus sourds à la voix du droit. Les trésors amassés de la sorte se dissipaient en orgies renouvelées chaque jour. Le prophète contemporain *Amos* fait une peinture saisissante de cette vie de débauche où se plongeaient, sous Jéroboam II, les riches et les notables des grandes villes : « Couchés sur des lits d'ivoire et étendus sur leurs couches, ils mangent les agneaux du troupeau et les veaux du lieu où on les engraisse; ils préludent sur le nebel, s'imaginant être comme David sur l'instrument de musique; ils boivent le vin dans de larges coupes et s'oignent de la meilleure huile. » Les femmes suivaient l'exemple de leurs époux, les dépassaient même en intempérance et les excitaient à plus de dureté encore, en leur criant sans cesse : « Apportez, apportez, que nous buvions. »

Mais le désordre des mœurs ne pouvait étendre ses ravages chez la nation israélite au point de servir de règle et de faire loi. La moralité, la justice et la piété avaient aussi leurs représentants, qui firent entendre leurs avertissements avec une énergie de plus en plus grande et surent se faire écouter, malgré le peu d'apparence de leurs dehors. Sans doute, près d'un siècle s'était écoulé depuis que le prophète Élie, les cheveux au vent, s'était élevé contre les crimes d'Achab et de Jézabel; mais l'école de prophètes qu'il avait suscitée n'avait point péri et son esprit subsistait chez ses adeptes. La jeunesse, plus portée généralement vers l'idéal, vit avec colère les progrès de la corruption et se rassembla en grand nombre autour des apôtres à Béthel, à Ghilgal et à Jéricho. Non seulement elle adopta leur marque extérieure, la vie austère des naziréens aux cheveux flottants; mais encore elle censura avec force la perversion religieuse, la luxure et l'immoralité; les fils s'érigèrent en juges des mœurs paternelles,

les jeunes gens renoncèrent au vin, pendant que les hommes mûrs et les vieillards s'enivraient de plaisirs et de boissons. Cette jeune phalange fut l'organe de la conscience publique. En présence du roi et des grands, et dans les assemblées du peuple, ses membres tonnèrent contre le culte de Baal, contre l'impudicité, contre la dureté de cœur des riches. Fut-ce leur nombre qui les sauva de la persécution, ou se trouvait-il parmi eux des fils de familles considérées, envers lesquels il était difficile d'user de rigueur? Ou bien le roi Jéroboam était-il plus tolérant que cette infâme Jézabel, qui fit égorger par centaines les disciples des prophètes? Ou encore dédaigna-t-il leurs paroles? Toujours est-il, c'est un fait à remarquer, qu'aucun de ces ardents apôtres ne fut maltraité. Les buveurs les contraignirent seulement à boire du vin et leur interdirent le blâme. Ils raillèrent ces censeurs qui dénonçaient leurs vices, mais ne les persécutèrent point.

Cette liberté de la parole fut mise à profit dans le royaume des dix tribus par un prophète, le premier de cette série d'hommes supérieurs dont le poétique génie unissait la profondeur de la pensée à la beauté de l'expression et qui allaient, avec une âpre éloquence, proclamer la vérité à la face des rois, des grands et du peuple. *Amos,* de la ville de Thekoa, n'appartenait point à la communauté des prophètes; il n'avait été le disciple d'aucun d'eux; il ne portait pas, sans doute, comme Élie, de vêtement de poil, ni ne laissait croître sa chevelure. C'était un simple bouvier, qui se livrait aussi à la culture des sycomores. Un jour qu'il prenait soin de ses troupeaux, l'inspiration prophétique s'empara de lui avec une telle force qu'il se sentit irrésistiblement entraîné à paraître devant le peuple : « Dieu lui parlait, Dieu avait parlé en lui, comment n'eût-il pas prophétisé? » Sous l'impulsion qui le poussait, il se rendit à Béthel, siège du sanctuaire royal et résidence de Jéroboam II, pour y accuser les déportements et les vices des grands et faire ressortir les conséquences de leurs iniquités. Les habitants de Béthel durent éprouver quelque surprise en voyant un homme de la campagne, qu'à sa mise on pouvait reconnaître pour un pâtre, oser prendre la parole en public. Il faut également qu'il ait régné alors un haut degré de culture dans tout le royaume samaritain, pour qu'un berger pût s'exprimer dans le style le plus harmonieux et se faire comprendre du peuple, ou supposer seulement qu'il serait compris. Les discours d'Amos et ceux de ses successeurs allient l'aisance et la simplicité de la prose au rythme et à l'euphonie des vers. Leurs allégories et leur vivacité d'imagination ajoutent encore à leur essor. Aussi ne sait-on pas si l'on doit classer ce genre comme prose ou comme poésie; tout au plus pourrait-on lui donner le nom d'éloquence aux formes poétiques.

Amos parut à Béthel encore avant le tremblement de terre et, dans une vision prophétique, annonça la catastrophe en termes précis. Celle-ci vint avec tout son cortège de fléaux et amoncela les ruines. Les calamités qui la suivirent, la sécheresse, la stérilité, les ravages des sauterelles, épargnèrent aussi peu les dix tribus que le royaume de Juda. Amos et les bons esprits attendaient de ces épreuves la repentance et le retour au bien, la cessation des sacrilèges, et surtout celle des impitoyables poursuites exercées contre les débiteurs appauvris. Mais aucune amélioration ne se montra. Plus tard, il flétrit avec plus d'acerbité encore cette persévérance dans le mal. Aux endurcis qui n'avaient accueilli ses menaces que par l'ironie, ou qui, fiers de leur force, de leur piété ou de leur origine, se croyaient à l'abri de toute atteinte, il parla en ces termes :

> Vous appelez de vos vœux le jour de Jéhovah.
> De quoi vous servira-t-il ?
> Le jour de Jéhovah est de ténèbres et non pas de lumière.
> Tel un homme qui fuit le lion
> Et rencontre un ours ;
> Qui rentre dans sa maison, appuie sa main à la muraille
> Et est mordu par un serpent.
> En vérité, les ténèbres sont le jour de Jéhovah
> Et non la lumière,
> Une obscurité de minuit
> Sans la clarté des étoiles.
> Je hais, je rejette vos jours de fête,
> Et je n'agrée point vos holocaustes.
> . . . . . . . . . . . . .
> Éloigne de moi le tumulte de tes cantiques,
> Je n'écouterai pas les accords de tes harpes.

Un si hardi langage parut au grand prêtre de Béthel appeler une répression. Amazias le dénonça à Jéroboam, qui, soit indifférence, soit considération pour le prophète, n'avait jusque-là pas pas voulu sévir. Cette fois encore, le roi semble être resté calme et n'avoir pas inquiété Amos. C'est en son nom sans doute qu'Amazias se borna à lui dire : « Allons, va, fuis dans le pays de Juda, mange ton pain et prophétise là-bas, et cesse de prophétiser à Béthel, car c'est le sanctuaire du roi et la capitale du royaume. » Mais Amos, sans se laisser troubler, continua : « Je ne suis ni prophète ni disciple de prophète, je suis un bouvier et un planteur ; mais le Seigneur m'a dit : Va, prophétise à mon peuple Israël. » Et il termina ses menaces de châtiment en accentuant encore l'énergie de ses paroles. Chose remarquable, il ne combattit pas avec la même ardeur les erreurs de Juda et montra une certaine indulgence pour le royaume où régnait la maison de David ; il ne fit qu'indiquer en termes généraux les fautes qu'il le voyait commettre, sans les reprendre en détail ; bien plus, il lui prophétisa une heureuse destinée. Lorsqu'il disait de la maison d'Israël :

Voilà que les yeux du Seigneur sont fixés sur le royaume pécheur,
Je le détruirai de dessus la surface de la terre,

il ajoutait :

Mais je ne détruirai pas la maison de Jacob.

Dans sa vision de nouvelles épreuves réservées au pays, il intercéda pour le royaume de Juda : « Je dis : Pardonne donc, Seigneur, car comment Jacob pourra-t-il subsister, lui qui est si petit ? » L'état d'affaissement où était tombé ce royaume après la mort d'Amazias, et dont il ne s'était pas encore relevé dans les premières années du règne d'Osias, faisait naître la compassion dans le cœur du prophète. Il ne voulait pas augmenter encore le découragement du peuple et de la maison royale et annonça l'union à venir des deux peuples sous le sceptre de la race de David.

A la même époque surgit à Jérusalem un autre prophète,

*Joël*, fils de Pétuel. La plupart de ces hommes sortirent de l'obscurité et y rentrèrent, sans laisser trace de leur personnalité; rien d'eux ne survécut en dehors de leur action et de leur œuvre. Joël apparut au moment où les esprits, abattus par les calamités qui se succédaient, les invasions, le tremblement de terre, la sécheresse et les sauterelles, étaient tombés dans un accablement voisin de la stupeur. La population de Jérusalem et du pays s'épuisait en jeûnes et en lamentations, déchirait ses vêtements en signe de deuil, et, rassemblée autour du temple, pleurait et priait pour fléchir la colère divine. Les prêtres partageaient le découragement général. Joël avait donc une autre mission qu'Amos; il n'avait point à réprimander et à tonner, mais à relever les esprits et à raffermir les courages. Son rôle n'était point d'insister sur les iniquités du peuple, mais de soulever seulement un coin du voile, de se contenter d'allusions à l'ivresse qui ne trouvait plus de vin pour se satisfaire, et à une pénitence extérieure qui se manifestait par des vêtements déchirés sans laisser le repentir pénétrer dans le cœur. Il devait appliquer toute la force de sa parole à éveiller chez le peuple cette conviction, que la grâce divine ne s'était pas retirée de lui et que Sion restait la montagne sainte, que Dieu ne livrerait pas son peuple à l'ignominie, qu'il était plein de miséricorde et de longanimité, qu'enfin ce n'était pas uniquement par les sacrifices et les jeûnes qu'on pouvait l'apaiser et détourner le malheur.

Le troisième prophète du temps de Jéroboam II et d'Osias, *Osée*, fils de Béëri, s'exprima d'une façon plus catégorique encore contre les dix tribus et en faveur de la maison de Jacob. On ne sait rien non plus de sa vie ni de ses actes et l'on ignore même dans lequel des deux royaumes il a parlé; toutefois, on présume que ce fut à Béthel ou à Samarie. Tandis qu'Amos prenait le vice pour unique objet de ses censures, Osée tonna contre l'apostasie d'Israël, retombé dans le culte de Baal. Il n'a ni l'abondance, ni la symétrie, ni la délicatesse de rythme de ses deux contemporains; son éloquence se rapproche davantage de la prose, est moins concise, plus fluide, et aussi plus artificielle; la trame s'emmêle de noms allégoriques, selon l'usage de l'école d'où il paraît être sorti. Osée aimait à développer une comparaison en deux sens opposés : il dépeint l'introduction du culte de Baal chez les dix tribus comme l'infidélité d'une femme envers son époux, et le retour à venir du peuple à l'Éternel comme celui de l'adultère repentante et couverte de honte vers le bien-aimé de sa jeunesse.

La dépravation des mœurs dans l'un des royaumes et les malheurs de l'autre ont fait jaillir des profondeurs de l'âme judéenne cette éloquence prophétique, aussi belle dans sa forme que dans son esprit et qui, par cette double supériorité, devait étendre au loin son influence. Les crimes d'Achab et de Jézabel ont suscité Élie; ceux de Jéroboam II et de ses grands ont arraché Amos à ses troupeaux, tiré Osée du calme de son existence, et les ont jetés dans la vie publique pour donner une expression saisissante aux pensées qui bouillonnaient en eux. Leurs douleurs et leurs espérances, leurs croyances et leurs convictions sont devenues, dès le moment, le bien commun d'un grand nombre d'âmes ; elles ont stimulé les cœurs et les ont ennoblis. Des disciples attachés à leurs lèvres gravèrent leurs paroles dans leur mémoire ou les conservèrent par écrit; ce furent les premiers feuillets de cette littérature prophétique qui devait plus tard évoquer la conscience des peuples de la terre. Rien qu'en ébauchant les contours d'un avenir meilleur, entrevu par leur pensée, les prophètes Amos, Osée et Joël ont assuré l'avenir au peuple dont ils étaient issus, car une nation qui voit devant elle une destinée heureuse est armée contre la destruction, et les plus cruelles épreuves du présent ne la sauraient abattre. Un de ces prophètes, Joël ou Osée, a tracé de cet avenir une image à laquelle se sont attachés et s'attachent encore les plus nobles esprits :

> Et ce sera à la fin des jours,
> La montagne de Jéhovah sera placée à la cime des monts
> Et s'élèvera par-dessus les collines,
> Et vers cette montagne afflueront toutes les nations.
> De grands peuples se mettront en route et diront :
> « Allons-nous-en, montons vers la montagne de Jéhovah,
> » Vers la maison du Dieu de Jacob,
> » Pour qu'il nous enseigne ses voies
> » Et que nous marchions dans ses sentiers. »

Car de Sion provient la doctrine
Et de Jérusalem la parole de Jéhovah.
Il jugera les nations
Et enseignera les peuples,
Afin qu'ils forgent de leurs épées des socs de charrue,
Et de leurs lances des serpes.
Une nation ne tirera plus le glaive contre une autre nation,
Et elles n'apprendront plus la guerre.

Ce tableau sublime de l'éternelle paix que fondera la doctrine d'Israël et qui changera les armes de guerre en instruments de travail éclipse tous les chefs-d'œuvre qui captivent l'œil et la pensée des hommes.

L'entrée en lice des deux prophètes d'Israël contre la maison de Jéhu ne resta pas sans action sur la suite des événements. De même qu'Élisée et ses disciples avaient armé le bras d'un ambitieux contre le dernier descendant d'Omri, de même le zèle d'Amos et d'Osée suscita un ennemi au dernier descendant de Jéhu. Jéroboam II mourut en paix à un âge très avancé, après un règne long et heureux. Mais à peine son fils Zacharie fut-il monté sur le trône (vers 769), qu'un complot, à la tête duquel se trouvait *Salloum*, fils de Yabesch, s'ourdit contre lui, et il fut assassiné au bout de six mois. Son meurtrier montra, vis-à-vis de la famille de Jéroboam II, la même cruauté qu'autrefois Jéhu envers la maison d'Achab. Ses femmes mêmes et ses enfants furent massacrés. Salloum se rendit aussitôt à Samarie pour prendre possession du trône et du royaume, mais ne put s'y maintenir qu'un mois : une conspiration fut également fomentée contre lui par un habitant de l'ancienne capitale Thirza, du nom de *Menahem*, fils de Gadi, qui marcha avec ses complices sur Samarie et mit Salloum à mort. Toutefois ce nouvel usurpateur rencontra plus d'obstacles qu'il ne semblait s'y être attendu. Si la capitale lui avait ouvert ses portes, d'autres places refusèrent de suivre cet exemple; celle de Tipsach (Tapouach), en particulier, située à l'est de Thirza, se mit en état de défense et lui ferma les siennes. Mais Menahem, plus hardi que son prédécesseur, dont il ajoutait l'impitoyable dureté à sa propre audace, mit le siège devant la ville rebelle, en fit massacrer tous les habitants, hommes, femmes et enfants, les femmes enceintes mêmes, et jusqu'à la population limitrophe du territoire de cette ville, puis, cette œuvre de sang accomplie, retourna à Samarie et s'assit sur le trône de Jéhu. Il paraît difficile qu'un roi si cruel ait su se concilier les cœurs. — Menahem semble avoir supprimé le culte de Baal, mais en laissant subsister celui du taureau. C'est sous son règne que les dix tribus virent se porter sur leurs destinées la main puissante d'un empire appelé à fermer l'ère de la maison d'Israël.

Si, dans leur répulsion pour des mœurs perverses et sur le conseil des prophètes, les plus sages de cette maison tournaient leurs regards vers celle de Jacob, ils en étaient aussitôt repoussés par le spectacle de faits odieux. Jérusalem, sous Osias, fut le théâtre de luttes intestines sur lesquelles il semblerait qu'on se soit appliqué à jeter un voile. Ce roi n'avait qu'un but : accroître la force de ses armes, remplir ses arsenaux. Quant aux intérêts spirituels, ils lui importaient peu, si même ils ne lui inspiraient pas d'aversion. Il dut blesser maintes fois les Aaronides, chose d'autant plus fatale que le bon accord de la royauté et du sacerdoce était ébranlé depuis son aïeul Joas et que l'autorité du roi, quand elle voulait s'étendre sur le temple, se heurtait à celle du grand pontife, également consacré par l'onction. Aussi les dernières années du règne d'Osias virent-elles se produire des collisions entre lui et le grand prêtre Azarias, comme autrefois entre Joas et Zacharie. Le roi s'arrogea la dignité sacerdotale ; un jour il pénétra dans le sanctuaire, un encensoir à la main, et se mit à brûler l'encens sur l'autel d'or, prérogative exclusivement réservée au grand pontife. L'indignation fut grande parmi les prêtres. Azarias accourut avec quatre-vingts d'entre eux, et d'un ton menaçant : « Ce n'est pas à toi, Osias, d'offrir l'encens, mais aux prêtres consacrés de la famille d'Aaron ; sors sur-le-champ, car tu commets un sacrilège, qui ne tournera pas à ta gloire. »

Ce qui suivit est resté dans l'obscurité. Osias ayant été frappé, dans les dernières années de son règne, d'un mal incurable qui le força de se retirer dans une léproserie, le peuple considéra cette maladie comme un châtiment de Dieu, pour son usurpation des fonctions sacerdotales. Le sacerdoce sortit victorieux de son conflit avec la royauté : il avait l'enseignement, arme plus forte que l'épée. Une autre puissance, spirituelle aussi, devait bientôt reprendre la lutte avec lui.

## CHAPITRE VIII

### CHUTE DU ROYAUME DES DIX TRIBUS, LA MAISON DE DAVID ET L'INGÉRENCE ASSYRIENNE

(758-740)

Pendant qu'Osias malade allait finir ses jours dans la retraite, son fils *Joathan* (Jotham), jeune encore, prenait en main le gouvernement du pays. Le féroce Menahem tenait à ce moment les dix tribus sous son sceptre de fer (768-758). Les deux royaumes suivaient l'ornière de leur tradition, sans se douter qu'à l'horizon s'amoncelaient des nuées grosses de tempêtes, qui ne tarderaient pas à éclater sur eux. L'Assyrie, contrée comprise entre l'Euphrate et le Tigre, préparait de dures épreuves aux deux peuples. Après avoir reculé les confins de leur empire au nord, à l'est et à l'ouest, les Assyriens tournèrent leurs regards vers le sud. Ils formèrent le dessein de soumettre à leur puissance la côte phénicienne et de se rendre maîtres des richesses de ce peuple commerçant ; puis viendrait le tour de l'Égypte, dont l'opulence allumait également leurs convoitises. C'est ainsi que, pour la première fois, une armée assyrienne parut sur le territoire israélite. Phul fut le premier roi qui envahit le royaume des dix tribus. Menahem ne se hasarda pas à lui opposer des troupes ; il est à croire que les dissensions intestines avaient tellement paralysé ses forces, qu'il ne put même songer à la résistance. La malédiction qui pèse sur les régicides le frappa ; mais le pays fut frappé avec lui, et plus cruellement encore. Menahem était un objet d'horreur pour le peuple ; le souvenir de la barbarie avec laquelle il s'était mis en possession du pouvoir était encore vivace dans les esprits, et les amis du prince assassiné prenaient soin d'entretenir cette haine. Lorsque Phul eut mis le pied sur le territoire d'Israël, les ennemis de Menahem se rendirent, paraît-il, auprès de lui, pour l'exciter à détrôner un roi qui s'était imposé au peuple. Mais Menahem les prévint : lui aussi, il alla trouver le conquérant assyrien et lui promit une somme considérable, s'il voulait le confirmer dans la royauté. Phul accepta, prit l'argent offert et sortit du royaume, en emmenant butin et prisonniers. Ce ne fut pas le trésor royal qui fournit la rançon ; Menahem l'extorqua aux riches : chacun d'eux dut y contribuer pour la somme, alors importante, de cinquante sicles (157 fr. 50).

C'était le commencement de la fin, et la prophétie était en partie accomplie, par laquelle Amos, un demi-siècle auparavant, avait annoncé qu'un peuple éloigné emmènerait les Israélites dans un pays éloigné, situé bien au delà de Damas. Les premiers captifs israélites furent transplantés dans la région du Tigre ou dans quelque autre province du vaste empire assyrien. A l'extérieur cependant le royaume des dix tribus semblait intact. Il comptait encore soixante mille riches, qui avaient pu fournir l'énorme rançon offerte à l'envahisseur ; il restait à Menahem de la cavalerie, des armes de guerre et des places fortes, sur lesquelles il croyait pouvoir compter. Mais il ne s'apercevait pas que l'heure avait sonné de la décrépitude, ainsi qu'un prophète avait si justement caractérisé l'état de désordre où se traînait alors le royaume. Les discordes intérieures relâchaient peu à peu les liens de l'État. Menahem mort, son fils *Phacéia* (Pékachia) lui succéda (757), mais put à peine se maintenir deux années : il fut tué dans son propre palais, à Samarie, par son compagnon d'armes *Phacée* (Pekach), fils de Remalia, qui avait tramé un complot et qui s'empara de la couronne (756). On ignore les détails de ce régicide, le septième depuis la formation du royaume des dix tribus. On croit que Phacée dut se défaire encore de deux rivaux avant de monter sur le trône de Samarie. Trois rois auraient ainsi été assassinés en un mois.

Le fils de Remalia, l'avant-dernier roi d'Israël (755-736), fut un homme brutal et emporté, qui opprima le peuple encore plus que ses prédécesseurs ; on le compara au faux berger qui livre son troupeau, qui néglige de rechercher les brebis égarées, de guérir les blessées, de soigner les malades et qui consume la chair des brebis saines. Pour se garantir des attaques des Assyriens, il entra dans une ligue formée par les souverains voisins contre la puissance colossale de Ninive, ligue élaborée, suivant toute apparence, à Damas, qui avait de nouveau un roi, du nom de Rezin, et se trouvait la première exposée aux violences d'une invasion assyrienne.

Juda devait également accéder à cette alliance Joathan, fils d'Osias, qui, depuis plusieurs années, gouvernait en qualité de régent, prit, à la mort de son père, le titre de roi (754-740). Il ne se distinguait point par des vertus éminentes ; il n'était ni entreprenant ni homme d'État, et suivit la même voie qu'Osias. Cependant il paraît avoir conservé la paix à l'intérieur ; du moins ne lui connaît-on aucun différend avec le grand prêtre. A l'extérieur, la situation restait telle que l'avait créée Osias : des divisions de cavalerie et des chariots de guerre assuraient la force du royaume ; les vaisseaux de Tarse sillonnant la mer Rouge lui procuraient l'opulence. Joathan fit ajouter de nouvelles fortifications à celles de Jérusalem. Il vécut en paix avec les dix tribus et le roi Phacée ; il semble même qu'un accord plus étroit ait uni les deux princes.

Cette amitié, d'une part, et de l'autre, la formation d'une noblesse avide eurent les effets les plus désastreux pour les mœurs de Juda, surtout à Jérusalem. Par suite de circonstances ignorées, les familles les plus considérables de ce royaume avaient, durant la régence, élevé la tête à tel point que leur puissance dominait presque celle du roi. Les « princes de Juda et de Jérusalem » avaient le verbe haut, prononçaient dans les affaires les plus importantes, attiraient à eux le pouvoir judiciaire et peu à peu éclipsèrent si complètement la maison de David, qu'elle n'eut plus, en quelque sorte, qu'une ombre de royauté. Il en résulta des maux profonds. Affamés par-dessus tout de s'enrichir, les princes cherchèrent à s'emparer des champs, des vignes ou des troupeaux des habitants de la campagne et à étendre leurs possessions. Peu à peu ils eurent de vastes domaines, qu'ils firent cultiver par des esclaves ou par des pauvres qu'ils avaient réduits à la servitude. Ils ne craignirent point de vendre les enfants de malheureux débiteurs qui n'avaient pu se libérer ou de les employer à tourner leurs meules.

À cette criante iniquité se joignit le vice. Les princes opulents de Juda voulaient jouir, donner de grands festins, passer leurs jours dans les délices et dans le bruit. Dès leur lever, ils se mettaient à table, buvaient et s'échauffaient de vin jusqu'à une heure avancée de la nuit; ils mangeaient au son des luths, des harpes, des tambourins et des flûtes. Mais c'étaient là d'innocents plaisirs auprès d'autres jouissances. L'ivresse étouffe la pudeur et irrite les sens. La sévère moralité qu'avait nourrie la loi sinaïque proscrivait la luxure : tant qu'elle subsista, la soif immodérée des plaisirs trouva des bornes; mais bientôt vinrent les relations d'amitié avec le royaume d'Israël, qui favorisèrent les penchants des princes de Juda. Chez les dix tribus, et surtout dans leur capitale Samarie, la sensualité la plus illimitée non seulement n'était pas prohibée, mais encore était, jusqu'à certain point, tenue pour sacrée et faisait partie des rites religieux. Les prêtresses s'y voyaient en foule. L'impudicité avait fait de tels progrès qu'elle avait étendu ses ravages jusque sur les filles et les belles-filles, qui suivaient l'exemple de leurs pères et de leurs beaux-pères. Le vin et la débauche avaient perverti l'esprit des grands au point qu'ils « demandaient au bois des oracles et au bâton la révélation de l'avenir. » Ce furent ces grands des dix tribus, ces « ivrognes d'Éphraïm » qui enseignèrent aux princes de Juda à se livrer sans frein aux voluptés. Il est vrai que le culte pratiqué dans le temple de Jérusalem demeurait le culte officiel, reconnu du roi et desservi par les prêtres et les Lévites; mais les nobles pratiquaient leurs rites privés. L'effet du fraternel accord d'Israël et de Juda fut que l'immonde idolâtrie, les écarts sexuels, l'intempérance, l'orgueil et le mépris du droit devinrent communs chez les deux peuples.

C'est précisément à cette époque de décadence, sous les rois Joathan de Juda et Phacée d'Israël, que surgirent plusieurs hommes de Dieu, qui stigmatisèrent la corruption des grands par des paroles de flamme. Ils formèrent la troisième génération de prophètes, après Élie, Élisée, Amos, Joël et Osée. Le plus grand parmi eux fut Isaïe, fils d'Amoz, de Jérusalem. Plusieurs prophètes contemporains dénoncèrent et flétrirent avec la même franchise impitoyable les excès et les dérèglements; mais il les surpassa, ainsi que tous ses prédécesseurs, par l'abondance de la pensée, le charme de la forme, la poétique noblesse de la langue et la clarté de sa vision. Son éloquence unit la simplicité à la profondeur, la concision à la clarté, le trait mordant du sarcasme à l'essor du génie. De sa vie l'on ne sait que peu de chose : il était marié, sa femme avait également le don prophétique et il portait le costume ordinaire des prophètes, un cilice en poil de chèvre (*sak*). Comme Élie, il fit de sa vocation la tâche sévère de son existence. L'objet exclusif de son action fut de démasquer la méchanceté, d'avertir le peuple et de l'exhorter, en lui présentant l'idéal d'un brillant avenir, qu'il était appelé à réaliser. Il donna à ses fils des noms allégoriques, annonçant d'avance les événements et destinés à servir de signes et de symboles. Durant plus de quarante années (755-710), il remplit sa mission prophétique avec une entière abnégation, une persévérance infatigable et exempte de crainte. Dans des circonstances d'une haute gravité, où tous, petits et grands, princes et roi, désespéraient, il se montra plein de confiance dans la victoire et sut rallumer l'étincelle de l'espérance et du courage.

Isaïe apparut pour la première fois l'année de la mort d'Osias (755); il pouvait alors être âgé de trente ans. Sa vie semble avoir été jusque-là toute mondaine et livrée aux femmes, dont il put ainsi dépeindre le luxe avec tant de détails. Il commença par annoncer au peuple, peut-être sur la montagne du temple, une vision qu'il venait d'avoir et la manière dont il avait été choisi comme prophète.

Cette vision forme le sujet de son premier discours. C'est un récit simple et bref, mais dont le sens profond ne saurait néanmoins n'être pas compris. Il raconta qu'il avait vu Jéhovah Zébaoth sur un trône haut et élevé, et entouré d'êtres ailés, les séraphins : « Un séraphin criait à l'autre : « Saint, saint, saint est Jéhovah » Zébaoth ! » d'une voix si retentissante que les fondements des » colonnades du temple s'ébranlèrent. « Je dis alors : Malheur à » moi ! je suis perdu, car je suis un homme aux lèvres impures,

» j'habite au milieu d'un peuple aux lèvres impures, et mes yeux
» ont vu le roi Jéhovah Zébaoth. Alors vola vers moi un des séra-
» phins ; dans sa main était une pierre ardente, qu'il avait prise près
» de l'autel, il en toucha ma bouche et dit : « Vois, ceci a touché
» tes lèvres, ton délit est enlevé et ton péché est expié. » J'en-
» tendis la voix du Seigneur qui disait : « Qui enverrai-je et qui
» marchera pour nous ? » Je répondis : « Me voici, envoie-moi. » Et
» il dit : « Va, et dis à ce peuple : Écoutez toujours, vous n'enten-
» drez rien, regardez toujours, vous ne comprendrez rien. Que le
» cœur de ce peuple soit insensible, ses yeux éblouis, ses oreilles
» assourdies, pour qu'il ne voie pas de ses yeux, n'entende pas de ses
» oreilles et ne comprenne pas par son cœur, car il pourrait reve-
» nir en arrière et être sauvé. » Je dis : Jusqu'à quand, Seigneur ?
» Il répondit : « Jusqu'à ce que les villes soient désertes et inhabi-
» tées, les maisons vides d'hommes, et le pays dévasté en solitude. »

Isaïe, dans ce début, n'avait fait qu'effleurer la perversité des grands ; il avait simplement donné à entendre qu'ils étaient inaccessibles à des sentiments meilleurs. Dans un discours suivant, il se montra plus explicite et, s'adressant plus spécialement aux « princes de Juda », leur mit sous les yeux l'image de leur folie et de leur démence. Il fit ressortir la signification idéale du peuple d'Israël, de la loi qu'il avait à pratiquer et du temple qui devait en être le signe visible. Après avoir emprunté pour cela les paroles à jamais mémorables d'un prophète plus ancien :

A la fin des jours
La montagne du Temple sera placée sur la cime des monts,
Et sera plus haute que les collines
Et vers elle tous les peuples afflueront.

. . . . . . . . . . . . . . . . . . .

Un peuple ne tirera plus l'épée contre un autre peuple,
Et l'on n'apprendra plus la guerre.

le prophète poursuit ironiquement :

Maison de Jacob, venez,
Marchons dans la lumière de Jéhovah !

Mais tu as délaissé la loi de ton peuple,
Maison de Jacob!

. . . . . . . . . . . .

« L'homme, continue Isaïe, sera abaissé encore davantage et son orgueil humilié; car un jour de châtiment arrivera sur tout ce qui est orgueilleux et élevé et le précipitera dans la poussière. Que le peuple ne s'en repose donc pas sur des hommes; ses guides ne sont pas plus sûrs que les fortes murailles et les tours altières. Tout appui sera brisé : le héros et le guerrier, le gouverneur et le conseiller, le devin et le prophète. Des enfants domineront avec leurs jeux dans les familles, et les choses en viendront au point qu'un homme, alors même qu'il ne possédera qu'un vêtement convenable, sera supplié par tout un peuple de devenir son chef pour arrêter la décadence, et cet homme refusera. » Puis il en vient aux princes sans conscience de Juda. Il montre la source profonde du mal d'où naissent la perversité religieuse, l'injustice et l'insensibilité : ce sont la soif des plaisirs et la convoitise allumées par les femmes qui, pour se satisfaire, ne cessent d'exciter les grands à l'exploitation impitoyable, à la spoliation et à l'asservissement de voisins sans défense. Et développant ce thème : « Des femmes règnent sur mon peuple! Et quels sont leurs instruments de pouvoir? Leur désir immodéré de plaire, leur amour du faste et les arts séducteurs avec lesquels elles attirent les hommes et les jeunes gens » : le prophète décrit avec une étonnante minutie la passion du luxe chez les filles du Sion. Mais il ne veut pas rester sur cet affligeant spectacle, et, passant à des images moins tristes, il cherche à ranimer l'espérance : « Les jours pleins de grâce des temps anciens reviendront. Sur la hauteur de Sion et sur ses tours d'appel on verra de nouveau la colonne de fumée pendant le jour, la colonne de feu pendant la nuit, et elle sera une protection contre les intempéries et les orages. »

Ce puissant discours, si magistral dans la forme et dans le fond, a-t-il, au moment même, fait impression ? Non; il n'a produit aucune amélioration durable. Car Isaïe et les prophètes de son époque eurent souvent encore à tonner contre les mêmes débordements et les mêmes vices. La noblesse n'est pas si facile à s'amender : celle-ci accueillit avec le sourire du mépris le tableau menaçant qu'on lui faisait de l'avenir. Ce n'est point cependant en vain qu'avaient été prononcées ces paroles pleines d'éloquence ; elles ont porté plus tard dans des milieux auxquels elles n'avaient point été destinées, et leur action s'est étendue au loin sur les peuples, à travers les contrées et les âges. Elles ont été comme un tonnerre, qui a réveillé la conscience. Isaïe ne se borne pas à poursuivre le crime de ses censures ; il présente aux hommes un idéal moral, dont la pratique leur fera trouver le salut et obtenir le bonheur. « Le roi doit régner selon la justice et régner aussi sur les grands, afin que ceux-ci, à leur tour, gouvernent avec équité. Il ne doit ni juger d'après le témoignage de ses yeux, ni prononcer d'après le bruit qui arrive à ses oreilles. » La religion qui prie de la bouche et des lèvres, qui exalte Dieu en paroles, pendant que le cœur est loin de lui, cette adoration, « simple précepte d'homme, chose apprise, » Isaïe la qualifie dans les termes du plus profond mépris ; il flétrit plus âprement encore les sacrifices offerts sans la sincérité de l'intention et avec la méchanceté au fond du cœur.

Non content d'appliquer le feu de sa parole à guérir les plaies de la religion et des mœurs, il reprit l'œuvre de Samuel et d'Élie, en rassemblant autour de lui un groupe d'hommes pénétrés des mêmes sentiments, et auxquels il communiqua son esprit. Il choisit parmi les victimes de l'injustice des grands, celles dont le caractère était le plus impressionnable, et ces opprimés devinrent à la fois ses disciples et ses enfants. Il ne leur enseigna point le zèle violent et impétueux, mais les vertus opposées de la mansuétude, de la patience et de la résignation. Les hommes qui se réunirent à ses côtés furent appelés les « humbles » ou les « affligés du pays » (*Anvê-Arez, Anavim*). Nés sans fortune en leur qualité de Lévites, ou appauvris par les exactions des princes de Juda, ils prirent eux-mêmes ou reçurent le nom de « pauvres » (*Ebionim*). Isaïe leur apprit à supporter sans se plaindre la spoliation et la pauvreté, à souffrir l'injustice et la peine en se confiant à Dieu et à sa Providence. Ces « humbles » formèrent une communauté à part, qu'Isaïe et ses successeurs considérèrent comme l'âme et la moelle de la nation et à laquelle ils vouèrent sans réserve leur esprit et leur cœur. Ces « pauvres » devaient servir d'exemple au peuple. Le cercle de lumière qui émanait de ce grand prophète répandit autour de lui la chaleur et la clarté; sous sa bienfaisante influence, les germes cachés au fond de la loi sinaïque apparurent au jour et leur éclosion assura la domination intellectuelle du peuple de Dieu. Isaïe devint ainsi, comme le fut Samuel et bien plus qu'Élie, le point de départ d'une évolution capitale dans l'histoire du développement intérieur d'Israël. Mais son regard prophétique ne s'attachait pas qu'à son peuple et à son pays; il errait encore au delà des frontières et se portait surtout sur les deux grands États conquérants, l'Égypte et l'Assyrie, de plus en plus redoutables et pour Israël et pour Juda.

Le lien fraternel qui avait uni les deux royaumes sous les règnes d'Osias et de Joathan se rompit à la mort de ce dernier, et la discorde rentra dans les cœurs. A quel sujet? On l'ignore. *Achaz*, le nouveau roi de Juda (739-725), était un esprit faible, aux conceptions confuses, et qui n'avait aucune des qualités requises par les dangers de la situation. Sous son règne se nouèrent des complications politiques dont les conséquences se firent sentir au loin et qui devaient l'enlacer lui-même dans des difficultés inextricables. Peu après son avènement surgit une question de haute portée : entrerait-il à son tour dans l'alliance des royaumes de Samarie et de Syrie? Ces deux pays se voyaient dans la nécessité de s'unir étroitement pour faire face au double danger qui les menaçait, d'une part, du côté de l'Égypte, redevenue puissante sous son roi *Sabacus*, de l'autre, du côté de l'Assyrie, également gouvernée par un prince conquérant, *Téglat-Phalazar*. Ce monarque plein d'énergie, qui non seulement restaura son royaume désorganisé, mais encore le consolida et l'agrandit, venait de détruire diverses places fortes en Mésopotamie et tournait ses armes contre les pays du Liban. De là, entre Rezin et Phacée une alliance offensive et défensive, à laquelle ils s'efforcèrent de faire adhérer Achaz. Celui-ci ayant refusé, les deux rois, ligués, paraît-il, avec d'autres peuples, lui déclarèrent la guerre.

La maison de David, à cette nouvelle, entra dans une grande frayeur. Aveuglé par l'effroi, Achaz dépêcha secrètement une ambassade au roi d'Assyrie pour lui demander secours et s'offrit en échange de lui rendre hommage de vassalité. Cette démarche, qui faisait de son royaume un fief assyrien, pouvait lui être utile actuellement, mais elle compromettait tout l'avenir. L'œil clairvoyant d'Isaïe vit le danger : le prophète avertit le roi de se garder de précipitation. Accompagné de son fils, qui portait le nom symbolique de *Scheâr-Yaschoub* ( « Un reste reviendra » ), il se rendit auprès d'Achaz, occupé à surveiller des travaux de défense aux bords du lac Supérieur, et, songeant d'abord à le rassurer, lui dévoila l'avenir en termes clairs et précis, néanmoins pleins d'élévation :

> Bien qu'Aram ait médité du mal contre toi,
> Qu'Éphraïm et le fils de Remalia aient dit :
> « Montons contre Juda... et conquérons-le »,
> Ainsi dit le Seigneur Jéhovah :
> « Cela ne subsistera et ne se fera pas!..... »

Faisant ensuite ressortir les dangers d'une alliance avec l'Assyrie, il montra le pays changé par l'invasion des armées assyriennes en un lieu couvert de ronces et de chardons, les coteaux aujourd'hui couverts de vignes généreuses, source d'ivresse et de vertige, convertis en solitudes. « Mais les pâturages demeureront et l'homme devra se contenter d'une génisse et de deux brebis, dont la fécondité sera telle, que de nouveau le pays produira en abondance le lait et le miel, — pour le reste du peuple. » Isaïe raconta ensuite qu'il avait reçu l'ordre d'écrire en grandes lettres, dans un grand rouleau, et en écriture populaire, les mots : *Hâte butin, pille tôt...* Il devait prendre deux témoins dignes de foi, le prêtre Urie et le prophète Zacharie, pour confirmer cette révélation. Bien plus, sa femme lui ayant donné un fils, il avait, suivant une inspiration prophétique, précisément formé de ces mots le nom de l'enfant (*Maher schelal, Chasch baz*). Ces présages devaient confirmer ceci, savoir : « Avant que le nouveau-né du prophète sache appeler son père et sa mère, les richesses de Damas et le butin fait à Samarie seront emportés comme trophées devant le roi d'Assyrie. »

Achaz demeura insensible. Il avait plus de confiance en Téglat-

Phalazar que dans le Dieu d'Israël, et ainsi la destinée s'accomplit. En apprenant que plusieurs princes s'étaient alliés contre lui, le roi d'Assyrie fit franchir leurs frontières à ses armées. Rezin dut lever le siège de Jérusalem pour voler à la défense de son propre territoire, et Phacée, également obligé de ne songer qu'à son salut, s'en retourna à Samarie. Jérusalem était momentanément sauvée. Les deux rois ennemis, « tronçons de bois fumants », furent impuissants à détourner les suites de leur entreprise. Téglat-Phalazar mit le siège devant Damas, s'en empara, fit Rezin prisonnier et le tua; puis, envahissant le territoire des dix tribus, prit les places fortes des montagnes, du littoral et de la région du Jourdain. Phacée n'essaya même pas, ce semble, de se défendre ; il dut la vie à une lâche soumission. Mais tous les habitants des villes situées au nord et de l'autre côté du Jourdain furent emmenés en captivité (vers l'an 738) et distribués dans les diverses provinces du vaste empire assyrien. Le royaume d'Israël perdit la moitié de son territoire et de sa population. Phacée, dont la témérité avait provoqué cette catastrophe, « ce berger insensé, qui avait livré le troupeau, » devint l'objet d'un grand mécontentement : une conjuration s'ourdit, à l'instigation d'*Osée*, fils d'Éla, et il fut tué (vers 736), après vingt années d'un règne funeste à son peuple et à son pays.

Le royaume de Juda subit à la même époque une révolution profonde. Achaz, après s'être déclaré vassal du roi d'Assyrie, avait dû se rendre auprès de celui-ci pour lui faire hommage. Loin de sentir l'humiliation du rôle subalterne qu'il s'était imposé, il éprouva de l'admiration pour les mœurs assyriennes et conçut le dessein de les faire imiter, sinon même adopter tout à fait dans son royaume. C'est ainsi qu'il introduisit à Jérusalem, entre autres coutumes, le culte du soleil et des planètes. L'image du soleil entouré de rayons fut placée à l'entrée du temple et l'on consacra à cette divinité des coursiers et des chariots. Achaz alla plus loin encore dans l'idolâtrie que les rois d'Israël. Mais il y avait d'autres brèches par où l'élément assyrien commençait à pénétrer dans les mœurs de Juda. La langue assyrienne avait beaucoup d'analogie avec celle des Araméens; les gens de cour l'apprirent pour mieux s'entendre avec leurs maî-

## MŒURS ASSYRIENNES INTRODUITES EN JUDÉE.

tres. Dans cette servile copie de l'étranger, Achaz franchit toutes les bornes : menacé un jour d'un grand malheur, il en vint à la pensée de sacrifier son propre fils en l'honneur d'un dieu imaginaire, à Moloch, barbarie effroyable qui se retrouvait dans le culte de l'idole assyrienne. C'est dans la belle vallée de Ghê-Hinnom ou Ben-Hinnom, à l'endroit où s'élargit, au sud-ouest, la vallée du Cédron, où la fécondité du sol, entretenue par la source de Siloé et par de frais ruisseaux, nourrit une végétation splendide, que s'éleva le bûcher (*Tôphet*) sur lequel, sourd aux cris déchirants de l'innocente victime, Achaz fit brûler un de ses fils. C'est là l'origine de la Géhenne.

Il va sans dire que ces égarements ne restèrent pas sans influence sur les princes de Juda. Portés par leurs prédilections naturelles vers les us étrangers, qui laissaient toute carrière à leurs penchants, ils accueillirent avec plaisir cette assimilation à la puissance assyrienne. Plus que jamais, grâce à la faiblesse d'Achaz, ils pouvaient donner cours à leurs passions sensuelles et poursuivre leurs injustices envers le peuple. La contagion du mal avait également atteint les prêtres. Soit égoïsme, soit crainte, ils gardèrent le silence devant les actes du roi et des grands, ou s'ils parlèrent, ce ne fut qu'au gré de leurs désirs. Ils reçurent de l'argent et enseignèrent selon le cœur des puissants du jour. C'est d'un de ces prêtres dégénérés que vint sans doute cette interprétation, que l'immolation des premiers-nés, loin de déplaire à Dieu, lui était agréable, puisque la loi révélée à Moïse ordonne de consacrer à Dieu les premiers-nés, en d'autres termes, de les sacrifier par la flamme.

Heureusement il existait encore des dépositaires de la doctrine primitive et d'une morale plus pure, qui élevèrent la voix et protestèrent, avec toute la force de l'éloquence et de la conviction, contre ces désordres et cette usurpation des mœurs étrangères. Un jeune prophète du temps mit hardiment le doigt sur la plaie et ne craignit pas, non seulement d'appeler le crime par son nom, mais encore de montrer, lui aussi, le germe d'où il sortait. *Michée*, de Morescha, probablement de l'école d'Isaïe, se partageait entre la lourde tâche de chercher à toucher le cœur des pécheurs et celle de leur montrer les suites de leur aveuglement. Un de ses discours, prononcé sous le règne d'Achaz, met à nu la corruption religieuse et morale de l'époque et flétrit surtout la hideuse coutume des sacrifices humains :

> Avec quoi apparaîtrai-je devant Jéhovah ?
> Qu'offrirai-je au Très-Haut ?
> Lui apporterai-je des holocaustes avec des génisses d'un an ?
> Jéhovah agréera-t-il mille béliers,
> Des myriades de torrents d'huile ?
> Donnerai-je mon aîné pour mon crime ?
> Le fruit de mes entrailles pour le péché de mon âme ?
> — Est-ce qu'un homme t'a dit ce qui est bon ?
> Ce que Jéhovah demande de toi,
> Ce n'est rien que pratiquer la justice, aimer la piété,
> Et marcher modestement en présence de ton Dieu.

. . . . . . . . . . . . . . . . . .

Peu à peu la dépravation fit de tels progrès qu'elle en vint à gagner la partie saine de la nation. De faux prophètes surgirent, qui défendirent, aussi au nom de Jéhovah, les vices et la perversité, pour flatter les maîtres du pouvoir. Ces apôtres du mensonge eurent également des paroles enthousiastes, prétendirent aussi avoir des visions : ils s'exprimèrent comme les prophètes et suscitèrent ainsi un grand trouble dans les esprits. Le peuple, désorienté, ne sut plus en qui croire, de ceux qui l'admonestaient ou des complaisants, des censeurs ou de ceux qui lui peignaient les choses sous de belles couleurs. En un mot, cette période fut plus désolante encore que les six années du règne d'Athalie.

Cependant les événements politiques suivaient leur cours et de nouvelles difficultés s'apprêtaient. Le royaume de Samarie, que ses pertes de territoire à l'est et au nord ne permettaient plus d'appeler le royaume des dix tribus, continuait de subir les funestes effets de l'imprévoyance de son chef. Les blessures que lui avaient faites les Assyriens n'avaient pas suffi pour humilier l'arrogance des grands et diminuer leur égoïsme : « Des maisons de briques sont tombées ? disaient-ils, eh bien ! nous en reconstruirons de pierres de taille ; des sycomores ont été coupés ? nous les remplacerons par des cèdres. » L'intempérance de la noblesse éphraïmite l'empêcha de réfléchir que les défaites que ne suit pas un viril effort de relèvement ne sont que le prélude de la catastrophe finale. L'anarchie venait encore s'ajouter à cet aveuglement, si elle n'en était pas une conséquence. Après la mort de Phacée, tombé sous les coups des conjurés, neuf années s'écoulèrent, pendant lesquelles aucun roi ne put se maintenir au pouvoir. Osée, le chef des conspirateurs, commença vraisemblablement par refuser la couronne, et nul autre que lui ne jouissait de l'autorité nécessaire pour la porter. La misère du temps et la crainte de se voir broyé entre les deux grands empires d'Assyrie et d'Égypte jetèrent Israël dans une politique de perfidie et de duplicité. Un prophète contemporain a raillé le rôle ambigu joué alors par Samarie :

> Éphraïm court après le vent
> Et poursuit la tempête.
> Tous les jours il ajoute au mensonge et à la fraude ;
> Il fait alliance avec l'Assyrie
> Et envoie de l'huile en Égypte...

Ainsi s'accomplissait la destinée du royaume de Samarie. Chaque pas que faisaient les grands pour se sauver les rapprochait de leur perte. Finirent-ils par avoir conscience de leur état de désordre et de faiblesse ou fut-ce simplement caprice et irréflexion? Toujours est-il qu'ils se décidèrent à proclamer roi le meurtrier de Phacée, *Osée*, fils d'Éla. Ce souverain, le dernier de Samarie (vers 727-719), était, il est vrai, meilleur ou plutôt moins mauvais que ses prédécesseurs, et de plus était belliqueux. Mais il ne sut pas davantage conjurer la ruine. Selon toute probabilité, il se rapprocha en secret de l'Égypte, qui ne cessait de le leurrer de fausses espérances. Justement à cette époque, un roi guerrier d'Assyrie, *Salmanazar*, venait d'entrer en campagne contre Élulaï, roi de Tyr, et contre la Phénicie ; il en profita pour attaquer également Samarie. Osée, sans l'attendre, alla à sa rencontre et lui promit des présents comme témoignage de vassalité ; mais à peine le roi d'Assyrie se fut-il éloigné que l'agitation fut fomentée contre lui. Osée commença la plus folle des défections en cessant de payer son tribut annuel. La Phénicie fit de même. Salmanazar alors, rassemblant ses forces, repassa l'Euphrate et le Liban. Son approche dissipa l'espoir qu'avaient conçu les peuplades de recouvrer leur liberté. Les villes phéniciennes de Sidon, d'Acre et jusqu'à l'ancienne Tyr, durent se rendre sans combat. D'Acre, Salmanazar s'avança sur le royaume de Samarie par la plaine de Jezréel. Les villes israélites lui firent, à leur tour, leur soumission, ou bien leurs habitants se réfugièrent dans la capitale. Osée toutefois ne perdit pas courage, quoique les secours attendus sur la foi des promesses de l'Égypte n'arrivassent point. Située au sommet d'une colline, Samarie, mise en état de défense, pouvait tenir quelque temps. Dans l'intervalle, — ce dut être l'espérance d'Osée et de la population samaritaine, — un événement imprévu pouvait survenir, qui obligerait Salmanazar à se retirer. Remparts, tours et créneaux furent donc consolidés, la place approvisionnée de vivres et d'eau, et toutes les dispositions prises, qui sont nécessaires à la défense d'une ville investie. Les Assyriens étaient déjà passés maîtres dans l'art d'assiéger les forteresses. Mais la défense dut être poussée avec autant de persévérance et de vigueur que l'attaque, car le siége dura près de trois ans (de l'été de 721 à celui de 719). Cependant tous les efforts, tout le courage et toute la constance des assiégés demeurèrent infructueux : la capitale du royaume des dix tribus fut emportée d'assaut, après deux siècles d'existence. Le dernier roi de cet empire, Osée, se vit traiter encore, jusqu'à un certain point, avec ménagement : le vainqueur se contenta de le déposséder de la couronne et de le retenir en prison jusqu'à la fin de ses jours. Aucune plume n'a retracé le nombre des victimes qui succombèrent par milliers dans cette lutte suprême, ni le chiffre de ceux qui furent emmenés en captivité : le royaume était devenu tellement étranger à ceux qui d'ordinaire tenaient note de l'histoire du peuple, les Lévites et les prophètes, qu'ils n'en ont relaté la chute qu'en peu de lignes. Nulle élégie ne se fit entendre sur ses ruines, comme si sa triste destinée n'eût rencontré que de l'indifférence chez les poètes. La prophétie s'était accomplie : Éphraïm n'existait plus; les idoles de Dan, de Samarie et d'autres villes s'acheminaient vers

Ninive, et avec elles d'innombrables captifs, que le vainqueur dispersa par groupes dans des régions peu peuplées, dont la situation n'est pas exactement connue, à Chalach, à Chabor, au fleuve Gozan et dans les montagnes de la Médie. Le royaume des dix tribus, ou Maison d'Israël, avait subsisté deux cent soixante ans ; vingt rois avaient régné sur lui, et un matin il disparut sans laisser de traces, parce que, obéissant à l'indocilité d'Éphraïm, il s'était rendu étranger à son principe, en avait méconnu volontairement les éléments de progrès moral et de liberté, et en était ainsi arrivé à choir dans l'idolâtrie et dans les vices énervants qui lui font cortège. Le sol vomit les dix tribus, comme autrefois les peuples cananéens. Que sont-elles devenues ? On les a cherchées aux extrémités de l'Orient et de l'Occident, et on a cru les avoir retrouvées. Des imposteurs et des fous ont prétendu descendre de leur postérité. Mais il est hors de doute que, à part de minces fractions, elles se sont perdues parmi les peuples et ont disparu. Il n'en est probablement resté dans le pays qu'un petit nombre d'hommes, agriculteurs, vignerons ou bergers ; quelques autres, débris de familles nobles, surtout de celles qui habitaient à la frontière de Juda, ont pu se réfugier sur le territoire voisin.

Il était donc retranché, le membre gangrené, qui avait infecté tout le corps de la nation et l'avait paralysé. La tribu d'Éphraïm, dont l'égoïsme avait provoqué jadis, lors de l'occupation du pays, le morcellement de l'unité nationale, dont l'arrogance avait, plus tard, déterminé la scission et l'affaiblissement d'un empire devenu puissant, Éphraïm gémissait maintenant à l'étranger : « J'ai été châtié comme un jeune taureau indocile ; je suis couvert de confusion et je rougis, car je porte l'opprobre de ma jeunesse. » Ce membre une fois séparé, le corps de la nation sembla revenir à la santé. Les tribus de Juda et de Benjamin, qui, avec leurs annexes de Siméon et de Lévi, formaient depuis la chute du royaume des dix tribus le « reste d'Israël », reprirent vigueur et refleurirent. Si la ruine de Samarie les avait frappées de stupeur, elle leur avait aussi, pour le moment du moins, donné une leçon, en les avertissant de se corriger des désordres qui, pour Juda également, avaient amené la dégénération et la décadence. Le peuple et les grands cessèrent, dans les premiers temps qui suivirent, de se montrer sourds aux exhortations des prophètes. Isaïe, qui avait annoncé à la pécheresse Samarie que « la couronne d'orgueil dominant sur la grasse vallée des ivrognes d'Éphraïm serait comme un fruit hâtif, aussitôt consommé ; » Isaïe, dont la prédiction s'était réalisée, trouvait maintenant des auditeurs plus dociles. A quoi avait-il tenu que Jérusalem ne partageât le sort de Samarie ? A un simple caprice du conquérant assyrien. La crainte ramena l'humilité dans les cœurs et rendit Jérusalem attentive à ceux qui lui montraient la bonne voie.

Au reste, il régnait alors un prince comme la maison de Juda n'en avait plus vu depuis David. Fils d'Achaz, *Ézéchias* (Chiskiyahou) (724-696) était tout l'opposé de son père. Son âme tendre et poétique n'avait de penchant que pour l'idéal, et cet idéal lui apparaissait dans sa propre religion, dans les commandements et la tradition des temps antiques. Autant son père avait mis de zèle à propager les us étrangers et à faire la guerre au caractère national, autant Ézéchias s'appliqua à restaurer les mœurs de l'ancienne Judée, à épurer les idées et les institutions religieuses. Il prit la Thora pour guide, régla sur elle sa propre vie et celle de son peuple. Si jamais roi fut pour ses sujets un modèle et une lumière, ce fut Ézéchias. En lui brillaient non seulement la justice, la générosité, la grandeur d'âme, mais encore les vertus que d'ordinaire la couronne intimide et fait fuir : la mansuétude, la modestie et l'humilité. Il possédait cette piété profonde et cette pure crainte de Dieu qui sont aussi rares que la perfection artistique et le génie du capitaine. Les prophètes et les poètes sacrés avaient de bonne heure reconnu la noblesse de sentiment et les qualités du jeune prince. Pendant le règne funeste d'Achaz, qui fut une oscillation continue entre la faiblesse et la folie, ces hommes de Dieu, avec la communauté des Humbles, avaient mis leur espoir dans le jeune fils du roi et attendu de son avènement le retour des temps glorieux de David. Ézéchias, qui avait vu avec douleur les égarements de son père, montra, aussitôt après sa mort, la répulsion qu'elles lui inspiraient. Il ne fit pas inhumer Achaz dans la sépulture héréditaire des rois de la race de David, mais dans un caveau tout exprès construit pour cet objet. Dans les débuts de son règne, les courtisans, les dignitaires de l'administration et de la magistrature le laissèrent maître de lui-même, comme il arrive à tout jeune roi dont le caractère et les intentions n'ont pas encore été sondés. Pendant cette période, Ézéchias put former de bonnes résolutions et commencer à les mettre en pratique, introduire des innovations, éloigner du palais les serviteurs éhontés ou criminels et les remplacer par de plus dignes.

Mais que d'abus ne dut-il pas proscrire, pour purger le pays et les esprits des immondices accumulées par l'idolâtrie! Le temple était désert, et le royaume rempli d'idoles et d'autels. Ézéchias rouvrit le sanctuaire et en restaura la dignité, en même temps qu'il faisait détruire toutes les images des faux dieux. Voulant une fois pour toutes abolir les désordres de l'idolâtrie, il rendit un décret qui interdit de construire désormais aucun autel et de sacrifier, même à Jéhovah, sur les montagnes et les hauts lieux : quiconque éprouvait le besoin d'honorer Dieu devait se rendre au temple de Jérusalem. Cette mesure parut sans doute, à foule de gens, léser la liberté du culte ; mais Ézéchias ne pouvait pas respecter cette liberté ou plutôt ce dévergondage, s'il voulait sérieusement corriger le peuple d'habitudes irréfléchies. Aux approches de la fête du printemps, il ordonna que l'agneau pascal, dont on avait jusque-là fait l'offrande sur les autels privés, ne fût plus sacrifié que dans le sanctuaire de Jérusalem.

Les courtisans ne lui laissèrent pas longtemps poursuivre une réorganisation qui leur apparaissait comme une nouveauté. Il semble que le préfet du palais, *Schebna*, s'empara peu à peu de l'autorité. Ézéchias était un poète, une nature rêveuse, molle et flexible, et d'un vouloir peu ferme. Les hommes de ce tempérament sont faciles à mener et les rois mêmes obéissent volontiers à une volonté forte. L'expédition de Salmanazar contre Tyr et Samarie, dans les premières années du règne d'Ézéchias, fut naturellement une cause d'appréhensions à Jérusalem et à la cour. Les circonstances commandaient de prendre une détermination nette, de se décider ou à faire cause commune avec les alliés ou à donner des gages de fidélité au roi d'Assyrie. Ézéchias, avec son caractère et ses sentiments, dut hésiter. Le peuple-frère s'épuisait depuis trois ans dans Samarie assiégée et de sombres destinées l'attendaient en cas de défaite; fallait-il l'abandonner ou lui prêter secours? Et, d'un autre côté, devait-il provoquer la colère du puissant monarque assyrien? Ézéchias, en cette conjoncture, éprouva peut-être un certain contentement à se voir privé de son libre arbitre. L'effet de cette désunion dans les sphères du pouvoir fut d'imprimer à son règne le caractère d'une suite de contradictions : l'élévation s'y montre à côté de la bassesse, les bonnes mœurs avec la corruption, la plus sereine confiance en Dieu près d'une obséquieuse recherche de l'aide étrangère; le roi, en un mot, y apparaît comme l'image de la justice dans une capitale remplie d'assassins. Il ne vint même pas à bout de bannir l'idolâtrie. Les grands conservèrent leurs statuettes d'or et d'argent et continuèrent à « adorer l'œuvre des mains de l'homme. » Dans leurs jardins se maintinrent les statues d'Astarté, à l'ombre épaisse des térébinthes spécialement plantés pour leur servir d'abri.

Cette anarchie, née de la faiblesse du roi et de l'opiniâtreté des grands, se traduisit dans la politique extérieure du royaume, au grand dommage de l'État. Contre toute attente et par un calcul étrange après la chute de Samarie, les gouvernants de Juda adoptèrent une ligne de conduite qui eût été plus sage avant et en tous cas plus généreuse. Ils formèrent le dessein de rompre avec l'Assyrie et de s'unir à l'Égypte. Ils suivirent exactement la même voie que Samarie dix années auparavant, sollicitèrent l'Égypte pour obtenir sinon le concours d'une armée nombreuse, du moins l'envoi de chevaux en quantité suffisante pour tenir campagne contre l'Assyrie. Bien entendu ce projet fut mené sans bruit, car la divulgation de préparatifs pouvait attirer des malheurs. Les sages hommes politiques de Juda « poursuivaient leur œuvre dans l'obscurité et entouraient leurs résolutions du plus profond mystère. »

Mais avec quelque discrétion que ces démarches fussent conduites et ces négociations dérobées à l'attention publique, elles n'échappèrent pas au regard d'Isaïe, qui employa toute la force de son éloquence à arrêter, autant qu'il se pouvait encore, une aussi folle entreprise. Ses plus brillants, ses plus saisissants discours sont de cette période de crise aiguë. Toutes les ressources oratoires du prophète, la description des calamités prochaines, la satire de l'aveuglement actuel, les exhortations pleines de douceur et l'image d'une perspective heureuse pour l'avenir, tout fut mis en œuvre par Isaïe pour détourner de leur dessein les obstinés conseillers du roi. Isaïe voulait que, dans la lutte acharnée qui allait éclater entre l'Assyrie et l'Égypte, Juda demeurât neutre, ne fît rien, se tînt tranquille.

Cependant les choses suivaient leur cours, malgré les efforts et les avis du prophète. Le roi Ézéchias, — car c'est en son nom que l'on agissait et parlait, — rompit avec l'Assyrie, c'est-à-dire cessa d'envoyer son tribut à Ninive. Ce qui était inévitable arriva, le roi *Sennachérib* (Sancherib) réunit une armée nombreuse pour frapper un grand coup et sur Juda et sur l'Égypte, dont le chemin lui était ouvert, grâce à la soumission déjà complète des pays intermédiaires, Aram, Phénicie et Samarie. Les habitants de Juda se préparèrent à la résistance. Ne se sentant pas de force à soutenir un choc en rase campagne, leurs généraux pensèrent que les forteresses des vallées, qu'ils avaient mises en état de défense, arrêteraient l'armée assyrienne jusqu'à l'arrivée des renforts égyptiens. On apporta une hâte particulière à fortifier Jérusalem. Les points faibles du rempart furent renforcés, celui-ci même exhaussé et les maisons que l'extension de la ville avait portées jusqu'à l'enceinte, démolies. L'ancienne ligne fortifiée de la ville de David (*Sion*) et la ville basse (*Millô*) furent couvertes par la construction d'une nouvelle enceinte, sur laquelle s'élevèrent des tours. Le lac Supérieur, qu'alimentait une source (*Ghihon*), fut couvert de maçonnerie et l'eau amenée dans la ville par le moyen d'un canal souterrain. L'autre aqueduc, au sud de la place, fut comblé et les sources bouchées, pour couper l'eau à l'ennemi et parer au danger d'un long siège. L'arsenal, la « maison de la forêt du Liban », fut approvisionné d'instruments de guerre. Schebna, l'âme de cette activité bruyante, agit en ces circonstances avec aussi peu de ménagements que s'il eût lui-même été le souverain. Isaïe, indigné de ses procédés comme de l'absurdité de sa politique, le foudroya d'une apostrophe qui, apparemment, réveilla Ézéchias de sa vie contemplative, car peu après on vit *Éliakim*, fils de Chilkia, succéder à ce turbulent officier. Le nouveau préfet du palais dut agir sous l'inspiration d'Isaïe. Ézéchias lui-même, amené à reprendre part aux affaires publiques, parut obéir à ses conseils. La chute de Schebna fut un retour à un meilleur état de choses.

Mais il n'était plus possible de revenir sur ce qui s'était fait. Transporté de colère à la nouvelle de la défection d'Ézéchias, Sennachérib avait marché sur le royaume de Juda. Il prit d'assaut et détruisit toutes les places fortes, dont les habitants s'enfuirent en se lamentant vers Jérusalem. Les Assyriens n'épargnaient ni l'âge, ni le sexe. « Les routes étaient désertes, nul voyageur ne parcourait le pays, l'ennemi n'avait égard à aucun homme. » Le courage des plus vaillants s'évanouit, à mesure que l'ennemi approchait de la capitale, et l'orgueil se changea en abattement. Résister, on n'y songeait pas. Mais, tandis que tous désespéraient, le prophète Isaïe conserva toute sa fermeté et sa parole releva les esprits. Il se rendit sur une des vastes places de Jérusalem et y prononça encore un de ces discours où l'enthousiasme le dispute à la beauté de la forme et comme seul il savait en faire couler de ses lèvres. Il montra Israël délivré de l'Assyrien et un brillant avenir s'ouvrant devant lui : « Les exilés de tous les pays reviendront dans leur patrie, les exilés des dix tribus s'uniront à Juda, la jalousie et l'inimitié ne règneront plus entre eux; les prodiges de la sortie d'Égypte se renouvelleront et le peuple entonnera de nouveau un cantique d'action de grâces :

> Triomphe et fais retentir ton chant, habitant de Sion,
> Car il est grand au milieu de toi, le Saint d'Israël.

Puissance admirable de l'esprit, force irrésistible de la confiance en Dieu, dans la victoire finale de la justice et la paix éternelle, qui, dans les affres de la terreur, de la dévastation et du désespoir, en face des mortelles tristesses du présent, tenait ferme l'image d'un avenir heureux ! Le pays était ravagé, les villes incendiées, le sol nourrissait les conquérants qui l'écrasaient, la chute prochaine de la capitale semblait inévitable, Jérusalem allait avoir le sort de Samarie, et, en présence d'une si navrante perspective, Isaïe maintenait avec constance la révélation qu'il avait eue, que Juda ne périrait point. Certes l'invasion de Sennachérib lui causerait des calamités ; mais ces malheurs seraient salutaires pour l'amélioration, sinon de tout le peuple, du moins d'une partie du peuple.

Isaïe ne fut pas le seul prophète qui, dans cette période de misère et d'une ruine imminente, non seulement tint haut le drapeau de l'espérance, mais encore promit à Israël un avenir de bonheur, auquel tous les peuples de la terre prendront part. Michée parla dans le même sens, bien qu'avec moins d'art et d'une façon moins saisissante. Avec plus d'assurance encore qu'Isaïe, au milieu du fracas de la guerre, il prédit l'avènement de la paix éternelle entre toutes les nations et s'efforça ainsi de relever les courages défaillants.

Mais combien la réalité présente ne contrastait-elle pas avec les vastes promesses de ces deux hommes ! Le roi Ézéchias, au spectacle de la détresse où l'invasion avait placé Jérusalem, perdit courage, envoya des messagers à Sennachérib au camp de Lachis, pour lui manifester son repentir et faire sa soumission. Le roi d'Assyrie commença par exiger un énorme tribut, qu'Ézéchias ne put payer qu'en détachant l'or qui ornait le temple. Quand Sennachérib eut reçu cette somme, il demanda plus encore, voulut que le roi de Juda se rendît à merci et, pour appuyer cette sommation, fit avancer une partie de ses forces sur Jérusalem. Ces troupes établirent leur camp au nord-ouest de la ville, sur le chemin qui est à proximité du lac Supérieur, prirent sur-le-champ leurs dispositions pour le siège et requirent Ézéchias de venir traiter avec elles. *Rabsacès* (Rabschaké), dignitaire assyrien, porta la parole au nom de Sennachérib et le fit avec le même orgueil que si Jérusalem eût été aussi facile à prendre qu'un nid d'oiseau. Debout sur les murailles extérieures, les guerriers de Juda attendaient anxieux l'issue de la conférence. Rabsacès, pour leur ôter le courage, leur lança un insolent défi en langue hébraïque, de manière à être compris. Les officiers d'Ézéchias l'ayant prié de s'exprimer plutôt en araméen, il répondit qu'il employait à dessein l'hébreu, qu'entendaient les soldats rassemblés sur les remparts, afin que ceux-ci ne fussent pas plus longtemps abusés par leur roi. « Ne vous laissez pas endormir par Ézéchias, leur cria Rabsacès pour les gagner, ne vous bercez pas de l'illusion que Dieu vous sauvera. Est-ce que les dieux des autres nations subjuguées par les Assyriens les ont sauvées ? Le Dieu d'Israël a-t-il préservé Samarie de notre main ? » Rabsacès somma les Judéens d'abandonner leur roi pour faire hommage à Sennachérib : il les conduirait ensuite dans un pays non moins fertile que la Judée. Peuple et guerriers, à ces paroles, gardèrent le silence. Mais à Jérusalem, elles répandirent la terreur dans toutes les classes de la population. Ézéchias ordonna un jeûne et des prières dans le emple, et lui-même, en vêtements de deuil, se rendit dans le sanctuaire.

Isaïe saisit cette occasion pour chercher à toucher le cœur endurci des princes de Juda, que la détresse publique n'avait point amendés, et pour montrer la vanité, le néant d'une dévotion purement extérieure, qui ne se manifeste que par les sacrifices et les jeûnes. Le discours qu'il prononça en cette circonstance dut faire une impression écrasante. — Mais, si le salut et la délivrance ne sont possibles que par une entière amélioration des mœurs et la pureté de cœur, comment amener si promptement l'une et l'autre ? Rabsacès réclamait impérieusement une décision ; peuple et soldats étaient découragés. Eh quoi! Si ceux-ci, pour sauver leur vie, allaient ouvrir les portes et laisser entrer l'ennemi ? Aussi tous les yeux étaient-ils fixés sur Isaïe. Ézéchias députa vers lui les plus hauts dignitaires et les plus âgés des prêtres, pour le supplier de prier Dieu en faveur de ce peuple indigne, de ce reste pressé dans Jérusalem, et de lui faire entendre une parole de consolation. La réponse du prophète fut courte, mais déterminée : « Que le roi Ézéchias cesse de trembler devant l'orgueilleux vainqueur ; Sennachérib, effrayé par un message, lèvera le siège et retournera dans son pays. » Cette prédiction rassura non seulement le roi, mais encore, paraît-il, la foule tremblante ; Ézéchias fit parvenir à Rabsacès cette réponse inattendue, qu'il n'avait pas l'intention de rendre la ville.

Rabsacès n'avait pas eu le temps de retourner auprès de son maître avec la déclaration du roi de Juda, que déjà un changement s'opérait : *Tirhaka*, le roi éthiopien d'Égypte, se portait à la rencontre des Assyriens avec une puissante armée. Sennachérib, à cette nouvelle, abandonna ses positions et, rassemblant ses troupes dispersées, descendit vers le sud jusqu'à la frontière d'Égypte, où il mit le siège devant Péluse (*Pelusium*). Sa colère dut être grande en apprenant de la bouche de Rabsacès la résolution d'Ézéchias : comment! le roi d'un si faible État, auquel il ne restait plus que sa capitale, avait osé le braver! Incontinent il envoya un messager à Ézéchias, avec une lettre où se manifestait tout son mépris pour ce petit pays de Judée comme pour le Dieu dans lequel son roitelet mettait sa confiance. Il y énumérait les villes fortes que les Assyriens avaient déjà conquises. « Est-ce que leurs dieux les ont protégées? Et crois-tu que ta foi dans le tien te puisse sauver? » Isaïe dicta lui-même la réponse à cette lettre de blasphème : c'était dans une fuite honteuse, disait-elle en substance, que Sennachérib regagnerait son royaume.

Pendant que le roi et les grands, qui avaient foi dans les prophéties d'Isaïe, s'abandonnaient à l'espérance et en voyaient une première réalisation dans la retraite des assiégeants, un événement se produisit, qui causa une nouvelle frayeur à Jérusalem. Ézéchias fut frappé d'un ulcère cancéreux, et la maladie fit en peu de temps de tels progrès, qu'Isaïe même lui conseilla de mettre ordre à ses affaires et à celles du royaume, attendu qu'il ne se relèverait pas de son lit de douleur. Survenant au milieu de ces calamités, la mort du roi qui, paraît-il, n'avait pas encore d'enfant, eût donné le signal de dissensions entre les princes de Juda et allumé la guerre civile dans Jérusalem, déjà si éprouvée. De son côté, le peuple s'était attaché à ce prince généreux, qui était le souffle de sa propre vie, et l'imminence de sa perte le lui rendait encore plus cher. Ézéchias, au cruel avertissement du fils d'Amoz, se retourna vers la muraille, et, versant des larmes, implora le Seigneur. Isaïe alors lui annonça que sa prière était exaucée, que Dieu lui enverrait la guérison et qu'au bout de trois jours, il pourrait de nouveau se rendre au sanctuaire. Revenu en effet à la santé, Ézéchias composa un psaume d'action de grâces, empreint d'une profonde reconnaissance et qui fut sans doute aussi chanté dans le temple. Sa convalescence causa une grande joie à Jérusalem. Mais cette allégresse n'était pas exempte de soucis et il s'y mêlait de poignantes inquiétudes, qui ne devaient finir qu'avec la lutte de Sennachérib et de l'Égypte. Que l'issue des combats fût favorable aux Assyriens, et Juda, le trône de David étaient perdus. On ignore la durée de cette guerre et du siège de Péluse. Tout à coup retentit à Jérusalem une heureuse nouvelle : Sennachérib et son armée regagnaient leur pays dans une hâte qui ressemblait à une fuite (711). Qu'était-il arrivé? Qu'était devenue cette nombreuse armée? Nul ne le sut, ni alors ni depuis, d'une façon précise; d'ailleurs le théâtre de la guerre était trop éloigné. A Jérusalem, on se raconta qu'une peste meurtrière, un ange exterminateur avait, en une seule nuit, détruit toute l'armée assyrienne. En Égypte, les prêtres rapportèrent que les souris des champs, en nombre infini, avaient rongé en une seule nuit les carquois, les cordes des arcs et les courroies des Assyriens, et que ceux-ci, privés de leurs armes, avaient dû s'enfuir précipitamment. Quelle que soit, du reste, la cause de cette déroute, les contemporains y virent un miracle, un châtiment de l'orgueil présomptueux et blasphémateur du roi d'Assyrie. A Jérusalem, la joie qui succéda à l'angoisse fut d'autant plus vive que le prophète annonça encore une fois, comme il l'avait fait depuis le commencement du siège, que les Assyriens ne décocheraient pas une flèche contre la capitale, et que Sennachérib s'en retournerait dans son pays les mains vides, par le même chemin qu'il était venu.

Le sentiment profond de la délivrance se traduisit par des hymnes d'allégresse, composées et chantées par les Lévites et qui résonnèrent dans le temple, hymnes magnifiques, aussi vraies dans leur conception qu'élégantes dans leur forme.

Jérusalem était donc affranchie de la crainte des Assyriens. Ce qu'Isaïe avait prophétisé avec tant de force : « Le joug d'Assur tombera des épaules de Juda, » s'était accompli à la lettre. Les campagnards, dont une partie s'était réfugiée dans la ville, tandis que l'autre avait cherché un asile dans les pays voisins ou s'était cachée dans les cavernes, rentrèrent dans leurs foyers et purent sans inquiétude reprendre la culture de leurs champs. N'ayant plus à trembler devant un regard du roi d'Assyrie, les Judéens, dont le territoire était trop étroit, purent s'étendre sur d'autres terres, y fixer leurs demeures et s'y propager. Sans s'être en aucune manière illustré par ses exploits, Juda se trouva occuper, après la défaite de Sennachérib, une position dominante parmi les pays voisins, qui secouèrent sans doute à la même époque le joug de la suzeraineté assyrienne. Le roi d'une contrée lointaine s'efforça d'obtenir son alliance. Celui de Babylone, *Mérodach-Baladan* (Mardokempad, 721-710), envoya des ambassadeurs à Ézéchias, avec des lettres et des présents, sous prétexte de le féliciter de sa guérison, mais en réalité pour faire alliance avec lui contre l'ennemi commun. Cet hommage venu de loin causa naturellement une vive joie à Ézéchias, qui accueillit les ambassadeurs avec de grands honneurs et leur montra ses trésors. Mais cette ostentation déplut à Isaïe, qui lui prédit que ce pays, si désireux aujourd'hui de nouer des relations avec Juda, lui ferait un jour la guerre. Le roi reçut avec humilité la réprimande du prophète.

Les quinze années que régna encore Ézéchias après la chute de l'empire assyrien (710-696) furent un âge d'or pour le développement intérieur du « reste d'Israël ». Chacun put s'asseoir en toute sécurité sous sa vigne et sous son figuier. Comme aux jours de David et de Salomon, des étrangers venaient s'établir dans l'heureuse Judée, y trouvaient un accueil hospitalier et se réunissaient au peuple d'Israël. Les affligés et les pauvres, les Humbles méprisés, furent réconfortés par Ézéchias et purent vivre suivant les aspirations de leur âme. Maintenant il pouvait exécuter, selon le vœu de son cœur, le dessein qu'il avait formé, de ne voir habiter son palais qu'à des hommes voulant le bien, soumis à Dieu et vivant dans l'innocence : les disciples d'Isaïe, que celui-ci avait imprégnés de son esprit, devinrent les familiers du roi ; on les appelait les gens d'Ézéchias.

La seconde moitié du règne de ce prince fut, en général, une époque de chant, d'allégresse et d'enthousiasme. Les plus belles œuvres de la littérature psalmiste datent de cette période. Ce ne furent pas seulement des cantiques d'action de grâces et des hymnes sacrées qui s'épanchèrent de l'âme des poètes lévites, mais encore des chants semi-mondains, probablement faits en l'honneur du roi Ézéchias, objet de l'attachement et de la vénération des fils de Lévi. On connaît, par exemple, un cantique d'amour, composé à l'occasion de son mariage avec une jeune vierge dont les charmes avaient touché son cœur.

Ézéchias put achever son règne dans un calme ininterrompu. La défaite de Sennachérib avait été si complète, qu'elle l'avait mis hors d'état d'entreprendre une nouvelle campagne. Plus tard, on apprit avec bonheur que le despote qui avait lancé l'injure et le blasphème contre le Dieu d'Israël et son peuple, avait été assassiné par ses propres fils, Adramélech et Scharézer, dans le temple d'une divinité assyrienne.

## CHAPITRE IX

### LES AVANT-DERNIERS ROIS DE LA RACE DE DAVID

(695-621)

Il n'était pas donné au peuple de Juda de goûter le bonheur, ne fût-ce que pendant quelques générations, comme si sa force eût dû s'éprouver par de rapides alternatives de fortune et d'adversité. A la robuste et ferme unité de la seconde moitié du règne d'Ézéchias ne tardèrent pas à succéder les dissensions et la faiblesse; de nouvelles tourmentes éclatèrent, la riche floraison de la fécondité spirituelle fit place à l'épuisement et à l'aridité. Il ne survint point, il est vrai, de calamités politiques sous les successeurs de ce prince; ce danger ne menaçait le pays que de loin et passa promptement. Mais, à l'intérieur, on vit se produire sous *Manassé*, fils d'Ézéchias, qui régna, pour le malheur du royaume, plus d'un demi-siècle (695-641), un état de choses fait pour exciter la répulsion et qui était dû en partie au jeune âge de ce prince. Quand c'est un enfant qui occupe le trône et ses serviteurs qui gouvernent, l'ambition, la cupidité et d'autres passions plus haïssables encore trouvent toutes portes ouvertes devant elles, si les maîtres du pouvoir n'ont pas le cœur assez haut pour placer la patrie au-dessus de leur égoïsme. Or, tels n'étaient pas les grands qui entouraient le nouveau roi. Irrités, au contraire, d'avoir été tenus à l'écart sous le précédent règne, ils n'avaient qu'une pensée, reconquérir leur ancienne position et se venger des intrus qui les avaient supplantés. Le gouvernail de l'État passa aux mains d'officiers et de dignitaires qui n'eurent rien de plus pressé que de détruire l'œuvre d'Ézéchias. Le régime institué par ce roi — était-ce le rétablissement de l'ancienne constitution, était-ce une organisation nouvelle? — avait ses racines dans l'antique doctrine israélite de l'unité et de l'immatérialité de Dieu, de l'horreur de toute idolâtrie et de l'unité du culte. Renverser cet ordre de choses devint le but des fanatiques qui, par eux-mêmes ou leurs amis, détenaient le pouvoir. Il se forma un parti de l'idolâtrie, que non seulement l'habitude, l'esprit d'imitation et la perversion des idées religieuses, mais encore une haine passionnée poussèrent à persécuter le principe national au profit du principe étranger. Les grands qui agissaient au nom de Manassé ne furent pas longtemps sans passer de l'intention aux actes. Peu après son avènement, ils firent publier que les hauts lieux, si rigoureusement proscrits par Ézéchias, pouvaient être rétablis. C'était gagner la masse du peuple à leurs projets. Bientôt ils multiplièrent à Jérusalem et jusque dans le temple les désordres d'une immonde idolâtrie. Ce ne fut pas seulement l'ancien culte cananéen, mais encore la religion assyro-babylonienne qu'ils y intronisèrent, comme pour défier le Dieu d'Israël, à qui le temple était consacré. Des autels furent élevés à Baal et à Astarté dans les deux vestibules de l'édifice, et des autels moindres érigés sur les toits, en l'honneur des cinq planètes. Dans le parvis se dressa une grande statue (*Ssêmel*), probablement celle de la déesse assyrienne Mylitta. Plus pernicieuse encore que ces signes matériels fut l'action de l'idolâtrie sur les mœurs. Des amants et des courtisanes sacrés (*Kedeschot*) furent entretenus dans le temple pour le culte d'Astarté ou de Mylitta, et des cellules disposées pour l'accomplissement de rites qui outrageaient la pudeur. Dans la belle vallée de Ghê-Hinnom se relevèrent les bûchers. Toutes ces abominations à peine croyables recommencèrent sous le règne de Manassé. On voulait faire entièrement oublier le Dieu d'Israël. Les idolâtres se persuadèrent et voulurent persuader aux autres que justement ce Dieu-là était impuissant et ne pouvait pas plus porter bonheur que malheur. Grâce à l'habitude, grâce aussi à la contrainte apparemment exercée sur les opposants, ces désordres se propagèrent par tout le pays. Les Aaronides s'étant, de prime abord, refusés à cette apostasie, on fit venir de l'étranger, comme au temps de Jézabel et d'Athalie, des prêtres païens (*Khemarim*), qui furent admis même au service du temple. Il ne manqua pas non plus de prophètes de mensonge pour parler en faveur de ce scandale ; car il n'est abus qui, protégé par les grands, ne trouve des apologistes pour le pallier, le recommander même comme vérité unique et unique moyen de salut. Cet état de choses n'allait à rien moins qu'à faire oublier toute la tradition ; c'était la perte du peuple de Dieu, avec celle du trésor spirituel déposé entre ses mains et dont le bienfait devait embrasser l'humanité entière.

Heureusement, comme on l'a vu plus haut, il existait déjà dans Jérusalem un parti dévoué à la doctrine nationale, si outragée par la cour, et qui présentait un absolu contraste avec les apôtres de l'idolâtrie. C'était le groupe de ces « élèves de Dieu, » de ces « Humbles » instruits et formés par Isaïe. Très faible par le nombre et la condition de ses membres, il était fort par l'énergie de leur caractère. Ce parti, qu'on peut appeler celui des *Prophètes* ou des *Anavites*, s'intitulait lui-même l'*Assemblée des hommes droits*. La révolution qui s'opéra sous Manassé lui infligea de dures épreuves. Ceux de ses adhérents qu'Ézéchias avait revêtus de judicatures ou de fonctions publiques en furent dépouillés par le parti de la cour ; des prêtres de la famille de Sadoc se virent chasser du temple et priver de leur part aux sacrifices, pour n'avoir pas voulu servir l'idolâtrie. Mais ce n'étaient encore que leurs moindres afflictions. Des prophètes s'étaient élevés contre cette violation du droit, d'autres anavites manifestaient leur horreur de la conduite des princes : ceux-ci, avec le roi Manassé, ne reculèrent devant aucun crime ; ils étouffèrent ces voix accusatrices dans le sang. De là vient qu'il ne s'est conservé aucun discours prophétique de cette malheureuse époque. La persécution ne laissa point au zèle des hommes de Dieu le temps de tracer leurs paroles, une mort violente arrêta leur main avant qu'elle pût saisir le burin, ou bien ils durent envelopper leur pensée du voile de l'équivoque. Tel le prophète *Nahum l'Elkoschite*. Comme si cette funeste période eût été prédestinée à l'oubli, les annalistes ne relatent de leur côté que fort peu de chose de ce qu'ils ont vu. C'est ainsi qu'un événement qui atteignait profondément la Judée put se produire sous le règne de Manassé, sans que les chroniques en parlent ou fassent plus que de l'indiquer.

L'un des fils de Sennachérib, dont la main parricide avait donné la mort à l'orgueilleux conquérant, s'était assis sur le trône déjà chancelant de Ninive. Il en fut précipité à son tour par le poignard de son frère *Assar-Haddon* (680-668), qui reprit contre l'Égypte l'expédition abandonnée par son père. Quelques-uns de ses généraux débarquèrent sur les côtes de Juda pour forcer la soumission de Manassé. Celui-ci, s'étant rendu en personne auprès d'eux pour obtenir une paix supportable, se vit charger de fers et conduire à Babylone. C'était un funeste présage pour la maison de David, devenue infidèle à son origine et aveuglément éprise des choses étrangères. A la même époque, le fils de Sennachérib transplanta de Babylone, Chutha, Separvaïm et d'autres villes, sur le territoire de Samarie, les prisonniers qu'il avait faits pendant ses guerres. Fait sans importance actuelle, mais gros de conséquences pour l'avenir. Ces exilés, qu'on appelait Chuthéens, du nom d'origine de la masse d'entre eux, et Samaritains du lieu de leur nouveau séjour, adoptèrent peu à peu les mœurs du faible reste d'Israël demeuré dans le pays après la chute du royaume des dix tribus. Ils firent des pèlerinages au sanctuaire de Béthel, dont le culte était encore desservi par des prêtres israélites, mais sans cesser pour cela d'adorer leurs idoles; quelques-uns continuèrent même la pratique des sacrifices humains, et ils ne devinrent ainsi qu'à demi Israélites. Cette population bâtarde était appelée à jouer un rôle dans l'histoire ultérieure d'Israël.

*Amon*, fils de Manassé (640-639), était plus âgé que ne l'avait été son père à son avènement; mais il ne montra pas plus de sagesse. Il laissa subsister tous les excès de l'idolâtrie; cependant il ne paraît pas avoir, comme Manassé, persécuté le parti des prophètes. Il régna d'ailleurs si peu de temps qu'on ne sait presque rien de ses actes ni de ses sentiments : ses officiers, c'est-à-dire le préfet du palais et les autres fonctionnaires attachés à sa personne, se conjurèrent contre lui et l'assassinèrent (639). Il semble toutefois que ce roi était aimé, car le peuple s'ameuta, se jeta sur les conspirateurs et, après les avoir mis à mort, acclama son fils Josias, âgé de huit ans (638-608). Ce changement de souverain n'amena tout d'abord aucune modification dans le royaume : les princes de Juda continuèrent à gouverner sous le nom du roi mineur, maintinrent les désordres introduits sous Manassé et s'efforcèrent de les perpétuer. Mais le groupe des Humbles, invinciblement attachés au Dieu d'Israël, prit dans ce temps-là, sous l'impulsion des prophètes, un accroissement qui lui permit de devenir un parti d'action. De ses rangs sortirent des prophètes qui, prêtant à la pure loi de Dieu et au droit le secours de leur éloquence et de leur zèle, réussirent à provoquer une réaction. A ce moment surgit aussi une prophétesse, appelée *Hulda*, dont on rechercha les sentences, comme jadis celles de Débora. Le plus ancien de cette génération d'apôtres fut *Sophonie* (Zéphania). Issu d'une famille considérable de Jérusalem qui, depuis quatre générations, comptait des chefs illustres, il censura avec hardiesse les vices contemporains et la corruption idolâtrique, particulièrement chez les grands et les princes royaux, qui se faisaient gloire de leur imitation de l'étranger. Comme autrefois Amos et Joël, il leur prédit qu'un grand jour était proche, « jour terrible de Jéhovah, jour d'obscurité et de ténèbres en plein midi. » Mais ce fut surtout à la fière Ninive qu'il prophétisa une chute ignominieuse.

C'est de cette époque, en effet, que date l'abaissement graduel de la toute-puissance assyrienne. Les peuples qui n'avaient pas antérieurement déjà secoué son joug le firent sous l'avant-dernier roi d'Assyrie, ou bien y furent contraints par les Mèdes, dont le deuxième roi, *Phraorte*, soumit coup sur coup diverses nations et les réunit ensuite contre Ninive. Tout affaiblis que les laissait la défection de leurs alliés, les Assyriens purent encore infliger une défaite aux Mèdes (635), qui perdirent leur roi dans la bataille ; mais *Cyaxare*, fils de Phraorte, plus entreprenant et plus hardi encore que son père, et impatient de venger sa mort, rassembla de nouvelles forces, qu'il disposa par armes, envahit l'Assyrie, et, après avoir balayé ses adversaires, marcha sur Ninive (634). Pendant qu'il assiégeait cette capitale, un message apporté en toute hâte lui apprit que ses propres États étaient envahis : des multitudes innombrables venues des steppes du Don, du Volga, du Caucase et des bords de la mer Caspienne, les *Scythes* ou *Sakes*, rude, laide et sauvage population de race slave, étaient entrées en Médie, suivies d'un cortège de peuplades subjuguées, lançant au loin, dans toutes les directions, les essaims de leur cavalerie, pillant et saccageant, mettant tout à feu et n'épargnant personne. Cyaxare fut donc forcé de lever le siège de Ninive pour voler au secours de son royaume; mais, loin de vaincre les Scythes, il dut se soumettre et leur payer tribut. Maître de la Médie, ce peuple nomade, toujours en quête de butin, porta ses déprédations en Assyrie; de là, se tournant à l'ouest, vers les opulentes villes de Phénicie, ses hordes descendirent le long des côtes jusque dans le pays des Philistins, et se proposaient d'inonder également l'Égypte, dont les richesses les attiraient, lorsque le roi Psammétique les prévint en leur apportant des trésors et, à force de prières, leur fit rebrousser chemin. Une grande partie de ces barbares retournèrent alors vers le nord; d'autres se jetèrent sur l'Asie Mineure; d'autres encore restèrent sur le territoire philistin qu'ils dévastèrent, et brûlèrent le temple de Mylitta, la déesse assyrienne de l'impudicité. De la Philistée ils se répandirent sur le territoire limitrophe de Judée et le ravagèrent pareillement, entraînant à leur suite bergers et troupeaux et brûlant villes et villages. L'histoire ne dit pas qu'ils soient entrés à Jérusalem; il est à croire que le jeune roi Josias alla au-devant d'eux avec le préfet de son palais et acheta à prix d'or le salut de sa capitale.

Cette époque de terreur, où d'effrayants récits de villes incendiées, d'hommes livrés à une mort cruelle, ne cessaient de jeter l'épouvante chez les peuples, fit une impression très vive en Judée. Les faits mêmes, si ce ne furent les prédictions des prophètes, montraient jusqu'à l'évidence que l'idolâtrie n'était que vanité. Est-ce que les dieux des Assyriens, des Babyloniens, des Phéniciens, des Philistins, avaient pu les sauver du choc sauvage des Scythes? Un revirement se produisit donc dans les esprits, tout au moins chez les habitants de Jérusalem, et c'est dans le cœur du roi Josias qu'il fut le plus profond. Ce prince était naturellement pieux et porté au bien; ce n'était que par habitude qu'il avait laissé subsister le désordre idolâtrique. Ces événements torrentueux lui firent apercevoir qu'il suivait avec son peuple une voie funeste. Pourtant il n'osait pas encore chasser du royaume le culte introduit, il y avait plus d'un demi-siècle, sous le règne de son aïeul : les princes de Juda, qui avaient le pouvoir en main, y étaient attachés de tout leur être, et il craignait de les irriter. Il s'agissait donc, avant tout, de le pousser à l'action, de le déterminer à faire prévaloir son autorité sur un entourage qui l'enveloppait comme dans un filet. C'est à quoi travailla le parti des prophètes, en s'efforçant d'amener Josias à imposer la suprématie de la religion nationale et à proscrire les rites étrangers. Le roi ne fit toutefois qu'un pas dans cette direction : il s'appliqua à tirer de son état de délabrement le temple consacré à Jéhovah et dont les murs lézardés menaçaient ruine, au milieu de l'indifférence générale. Il rappela les prêtres et les Lévites bannis, et, en les réintégrant dans le service du culte, les chargea de faire recueillir des offrandes pour la restauration de l'édifice. A leur tête il mit le grand prêtre *Chilkia*, fils de Meschoullam, dont la maison était restée pure de l'idolâtrie. Mais comment réunir assez d'argent pour les travaux? L'amour des riches pour le sanctuaire était si refroidi ou la population avait été si appauvrie par les Scythes, qu'on ne pouvait, comme deux siècles auparavant, sous le roi Joas, compter sur une munificence spontanée. Il fallut donc, à la lettre, mendier les dons. Des portiers lévites allèrent de maison en maison, dans les villes et dans les campagnes, et implorèrent la libéralité des fidèles.

Si fervente cependant que fût la sollicitude de Josias pour le temple, elle n'allait pas jusqu'à lui inspirer l'énergie nécessaire pour attaquer l'idolâtrie, bien qu'on pût discerner déjà, chez une partie des grands, des indices d'un retour au vrai culte (ils commençaient à jurer par Jéhovah, tout en servant les idoles). Il fallait la pression d'autres événements pour donner cette hardiesse au roi. L'impulsion décisive lui vint en premier lieu d'un prophète qui, tout adolescent encore, n'en avait pas moins une grande puissance de parole, et ensuite d'un livre dont la lecture lui donna conscience de toute sa faiblesse. Ces deux causes agirent l'une et l'autre avec une force victorieuse : elles propagèrent de meilleurs sentiments chez une plus grande partie du peuple et rajeunirent l'antique religion en la parant des couleurs de la poésie. Le jeune homme, c'était *Jérémie*; le livre, le *Deutéronome*.

*Jérémie* (Yeremiyahou), fils de Chilkia, de la race d'Aaron, né vers 645, mort vers 570¹, était originaire d'Anatoth, petite ville de la tribu de Benjamin. Sans être riche, il n'était pas ce qui s'appelle pauvre. La richesse véritable, il la possédait en son âme, pure comme un cristal limpide ou comme la source vierge dans les profondeurs du sol. D'un cœur tendre et enclin à la tristesse, il éprouva dès son jeune âge un sentiment de douleur au spectacle de la décadence religieuse et morale qui régnait autour de lui. La fausseté, la bassesse, la dépravation lui répugnaient et, lorsqu'elles frappaient ses regards, le remplissaient d'affliction. L'acharnement que les prêtres d'Anatoth, ses compatriotes, mirent à le poursuivre dès ses premiers actes, ne permet pas de supposer qu'ils aient été ses maîtres. C'est donc, selon toute apparence, à la lecture des prophètes anciens que se formèrent son caractère et son jugement, et de fait, il s'absorba dans leurs écrits au point de s'approprier leurs pensées, leurs tours de phrase et jusqu'à leurs expressions. Ce commerce intellectuel détermina la direction de son esprit, le pénétra de vues élevées sur la personne de Dieu et le régime de l'univers, sur la grandeur du passé d'Israël et l'importance de sa mission dans l'avenir; il lui enseigna surtout la haine de l'immoralité et le mépris de l'idolâtrie.

Avec cette hauteur d'idées, il se sentit bientôt comme étranger dans son milieu natal d'Anatoth. Néanmoins, jeune et timide comme il était, il ne lui venait pas à la pensée d'entrer en lutte avec son entourage, lorsque tout à coup l'esprit prophétique descendit sur lui. Comme jadis Samuel dans la tente du sanctuaire de Silo, il ouït distinctement une voix qui lui parlait : « Avant que je t'eusse

» formé dans le sein de ta mère, je t'avais reconnu, que tu eusses
» quitté le giron de ta mère, je t'avais consacré ; je t'ai choisi
» comme prophète pour les peuples. » Lui, saisi de crainte :
« Hélas ! Seigneur Jéhovah, je ne sais point parler, car je suis
» jeune. » — « Ne dis pas : Je suis jeune, mais va où je t'enverrai,
» et dis ce que je te chargerai de dire. » La voix lui recommanda
d'être fort, de n'avoir pas peur, de parler contre rois, princes,
prêtres et peuple. Certes, ils lui en voudraient, mais ils n'auraient
pas plus de prise sur lui que sur une colonne de fer ou sur un
mur d'airain.

Telle fut la consécration prophétique de Jérémie ; c'est ainsi
qu'il la raconta, soit à Anatoth, soit à Jérusalem. Les détails n'en
supportent assurément aucun parallèle avec la sublime et profonde simplicité qui marque les débuts d'Isaïe ; mais l'époque
voulait une autre éloquence, le mal avait profondément pénétré
dans le peuple et il y avait danger à ne pas y chercher un
prompt remède. Puis Jérémie ne s'adressait plus, comme ses
prédécesseurs, à une minorité instruite, mais bien à la masse
de la nation tout entière. Devant un tel auditoire, les finesses de
langage n'eussent pas été de mise ; ce qu'il fallait, pour impressionner, c'était une parole claire et intelligible, voilà pourquoi
Jérémie s'exprima le plus souvent en simple prose, entremêlée
çà et là seulement de fleurs oratoires.

C'est dans la treizième année du règne de Josias, en 626, — il
y avait alors un an que le roi s'était un peu arraché à ses habitudes de nonchalance, — qu'il entendit son premier appel intérieur. A partir de ce moment et durant près d'un demi-siècle, sa
lumineuse âme de prophète eut la tâche pénible de montrer
la bonne voie au peuple égaré. Sitôt qu'il eut reçu l'ordre de parler
sans appréhension des hommes, sa timidité, sa mollesse de cœur
s'évanouirent, et il porta l'assurance jusqu'à peindre les sensations
provoquées chez lui par l'esprit prophétique. Une sorte de feu s'était
allumé en lui et il avait ressenti comme les coups d'un marteau de
fer broyant la roche. Son premier discours a pour sujet l'abandon
de la tradition nationale par le peuple même, les désordres de l'idolâtrie et les horreurs de l'immoralité ; il est d'une force entraînante. Il ne se contente pas de foudroyer les excès pervers du culte

étranger, il tonne également contre la fréquence du meurtre des hommes de Dieu :

« C'est en vain que j'ai châtié vos enfants, ils n'ont pas
» pris de correction. Votre glaive a dévoré vos prophètes,
» comme un lion destructeur... La vierge oublie-t-elle ses
» atours, la fiancée sa ceinture ? Mais mon peuple m'a oublié de-
» puis des jours sans nombre. Comme tu embellis tes manières
» pour chercher de l'amour ! Tu les accoutumes même au vice !
» Jusque sur les pans de ta robe se trouve le sang de personnes
» innocentes ; pourtant tu ne les avais pas surprises volant avec
» effraction. Et malgré tout cela, tu dis : Oui, je suis innocent,
» puisse ta colère se détourner de moi ! Voici, j'irai donc en jus-
» tice avec toi, puisque tu dis : Je n'ai point péché. Combien tu
» te rends méprisable en changeant de conduite ! Tu seras cou-
» vert de honte par l'Égypte, comme tu l'as été par Assur. De-
» vant elle aussi tu sortiras les mains jointes au-dessus de la tête,
» car Dieu rejette tes appuis. »

De telles paroles, sortant d'une si jeune bouche, ne pouvaient manquer de frapper les esprits, et, de fait, plusieurs familles nobles abjurèrent l'erreur pour se convertir au Dieu de Jérémie. La famille *Schaphân*, entre autres, qui occupait un rang élevé dans l'État, se rallia au parti des prophètes et le défendit dès lors avec énergie. Sur ces entrefaites, le roi Josias, qui poursuivait avec activité la restauration du temple, envoya trois de ses officiers, *Schaphân, Maasséiah* et *Joach*, auprès du grand prêtre *Chilkia*, pour le décider à faire employer enfin, selon leur objet, la totalité des sommes recueillies et à verser l'argent monnayé entre leurs mains pour servir à l'achat de matériaux et au payement de la main-d'œuvre. Chilkia y consentit. En leur délivrant les fonds dont il avait le dépôt, il y joignit un grand rouleau portant cette inscription : *Recueil de lois que j'ai trouvé dans le temple*. Ce rouleau, Schaphân le lut, et le contenu l'en frappa tellement, qu'il en parla au roi, lorsqu'il lui rendit compte de sa mission.

Ce livre, qui allait exercer une influence extraordinaire, s'annonce comme le testament suprême du législateur hébreu Moïse, testament que celui-ci, avant de mourir, aurait recommandé au cœur de son peuple. Précédé d'une introduction et complété par un appendice historiques, il raconte la suite de l'histoire d'Israël jusqu'à la mort de ce prophète et au delà, et s'intitule lui-même la *Seconde Loi* (Mischnéh-Thora ou Deutéronome). Un code où respirent la cordialité et la tendresse est certainement un phénomène rare : d'ordinaire les lois sont froides, sévères, leur injonction est rude et la menace l'accompagne : « Tu feras ou tu ne feras pas, sinon tu seras puni. » Ce n'est point ainsi que s'exprime le recueil découvert par Chilkia : il exhorte, il conseille, il supplie même, de faire ou de ne pas faire telle ou telle chose ; il ne menace point, il se borne à montrer les suites fatales de la transgression. Son langage est celui d'un père rempli d'amour, qui propose de grands objets à l'ambition de son enfant et le presse de ne pas perdre son avenir par une légèreté qui le ferait mépriser. L'on sent dans le *Deutéronome* comme un souffle caressant. Commandements, préceptes et ordonnances s'y présentent entourés de souvenirs et d'affectueuses exhortations, semblables, dans leur poésie, à une guirlande de fleurs. On y trouve aussi un cantique que Moïse aurait ordonné à son peuple d'apprendre par cœur et dont la substance est qu'Israël, après des jours prospères, enfreindra la loi pour se tourner vers les faux dieux, et en sera châtié par une nation vile et réprouvée : « Alors il reconnaîtra que les dieux qu'il s'est choisis ne lui sont d'aucun secours ; que Jéhovah seul, qui l'a si miraculeusement guidé, seul blesse et guérit, seul tue et vivifie, et le vengera, en purifiant le sol souillé de son pays. »

Rien d'émouvant comme les peines dont le *Deutéronome* menace l'inobservation des lois. Il arrache en quelque sorte le voile de l'avenir et montre les calamités terribles qui attendent le peuple et son roi, s'ils s'obstinent dans la voie qu'ils ont suivie jusqu'alors. Tous les fléaux qui peuvent réduire l'homme au désespoir y apparaissent en un sombre tableau : d'un côté, la stérilité, la famine, la sécheresse et la peste ; de l'autre, l'humiliation, l'abaissement, l'esclavage et l'opprobre ; enfin, conséquence de ces afflictions physiques et morales, la mort du cœur, la démence et l'hébétude. « Le matin tu t'écrieras dans ton angoisse : Que n'est-il soir ! Et le soir : Que n'est-il matin ! Le roi que tu te seras donné sera emmené captif avec toi chez un peuple que tu ne connaîtras pas. »

Josias, à qui Schaphàn avait apporté le rouleau, s'en fit lire par celui-ci quelques passages. Il en fut bouleversé. Toutes les transgressions spécifiées dans ce code, il se sentait coupable de les avoir jusqu'alors tolérées; la conscience de sa faute le pénétra d'une si vive douleur qu'il déchira ses vêtements; la frayeur s'empara de lui et il redouta de voir s'accomplir les menaces prononcées contre les violateurs de l'alliance. Hors d'état de se conseiller lui-même, il fit appeler le grand prêtre pour délibérer avec lui et, sur son avis, le députa, avec plusieurs de ses officiers, vers la prophétesse Hulda, femme d'un dignitaire royal. Celle-ci le fit rassurer : les calamités prédites, dit-elle, n'arriveraient pas de son vivant, puisque le repentir avait touché son cœur.

Tranquillisé sur le sort de son peuple durant son règne, Josias mit un zèle extraordinaire à réformer le royaume. Il fit du nouveau code sa règle de conduite et poursuivit avec beaucoup plus de rigueur encore que n'avait fait Ézéchias l'entière destruction de l'idolâtrie. Son premier acte fut de convoquer au temple les Anciens de la capitale et de la province, avec toute la population de Jérusalem, y compris les prêtres et les prophètes et jusqu'aux plus humbles serviteurs du sanctuaire, et de leur faire donner lecture du livre trouvé par Chilkia. Lui-même, pendant cette cérémonie, se tint debout dans la chaire en forme de colonne réservée aux rois dans le parvis. C'était la première fois que le peuple de Juda tout entier s'entendait instruire de ses obligations et du sort qui l'attendait, suivant qu'il obéirait ou non à la loi. Le roi voulut que toute l'assistance s'engageât par un serment solennel à remplir de tout son cœur et de toute son âme les commandements et les préceptes qu'elle venait d'ouïr; le pontife dit à haute voix : « Maudit soit qui transgressera les paroles de cette alliance », et tous répondirent : « Amen ! » Josias chargea ensuite Chilkia, avec le prêtre de second rang, préposé au maintien de l'ordre dans le temple, et les Lévites investis de la garde des portes, de purger l'édifice des différentes idoles qui le souillaient. L'image obscène d'Astarté, ses autels, les vases consacrés à son culte et à celui de Baal, les cellules affectées à la prostitution des prêtresses, les chevaux du soleil placés à l'entrée du temple, les autels en l'honneur des astres, tout fut enlevé, détruit, brûlé dans la vallée du

Cédron et les cendres répandues sur les tombes. L'emplacement des sacrifices d'enfants dans la vallée de Hinnom fut souillé par ordre de Josias (on y jeta des ossements humains et des immondices); enfin on supprima tous les hauts lieux dans les campagnes. Cette purification s'étendit jusqu'à Béthel, où était le sanctuaire des Chuthéens et du reste des Israélites, ainsi qu'aux villes de l'ancien royaume de Samarie : les prêtres des idoles et des hauts lieux furent déposés, ceux de race lévite astreints à demeurer dans Jérusalem, pour y être surveillés (on leur interdit la sacrificature, tout en leur donnant leur part des offrandes). Les prêtres d'origine étrangère furent probablement chassés du pays. Quant à ceux de Béthel, Israélites, qui avaient continué le culte du taureau établi par Jéroboam et par conséquent égaré leur peuple, Josias, par une sanglante exception, les fit mettre à mort sur leurs propres autels, qui subirent ensuite le même outrage que celui de la vallée de Hinnom. De Béthel était sortie la méconnaissance de la primitive notion de Dieu; c'est à Béthel que, pour ce motif, le roi fit un exemple de terreur. Ainsi qu'il arrive si souvent, les peu coupables petits-fils expièrent le crime de leurs ancêtres. Telle fut la fin du culte du taureau. Le roi présida lui-même à la profanation des sanctuaires de Béthel. Toutes les autres idolâtries successivement importées sur le sol d'Israël et qui s'y étaient propagées, il les fit pareillement disparaître, exactement comme le prescrivait la loi du *Deutéronome*.

Au printemps de la même année (621), Josias convoqua tout le peuple à venir faire la Pâque à Jérusalem, et celui-ci obéit. N'avait-il pas juré de se conduire désormais selon la loi? Des psaumes récités par les Lévites avec accompagnement de chant et de harpes rehaussèrent la solennité de cette fête, pour la première fois célébrée en commun par une foule nombreuse et empressée. On possède encore un des cantiques chantés en cette occasion. Le chœur des chantres y invite les fils d'Aaron à glorifier le Dieu d'Israël; il rappelle ensuite la servitude et la délivrance d'Égypte, la révélation du Sinaï, exhorte le peuple à abjurer pour toujours les dieux étrangers, et, après une allusion à l'exil d'une partie du peuple, se termine par la promesse de jours heureux, qui récompenseront l'observation de la loi sinaïque. Telle fut, aux yeux de la partie fidèle de la nation, l'importance des actes de Josias contre l'idolâtrie, que le parti des prophètes en fit le point de départ d'une ère nouvelle. Le culte hideux qui, depuis soixante-dix ans, pervertissait les mœurs, s'était tout d'un coup évanoui, grâce à l'énergique intervention du roi. L'histoire rend ce témoignage au fils d'Amon, qu'aucun de ses prédécesseurs n'apporta plus de sincérité dans son retour à Dieu, ni autant de zèle dans l'exécution de la loi de Moïse. Il reprit, ce semble, également en politique une attitude virile et eut le courage de montrer de l'indépendance vis-à-vis de l'Égypte.

Jérémie, dès son entrée sur la scène prophétique, avait prédit une époque de ruine et de dévastation universelles, après laquelle viendrait une ère de reconstruction. Le changement annoncé commença dans les dernières années du règne de Josias. Le vaste empire d'Assyrie, qui avait subjugué tant de peuples, allait périr à son tour pour faire place à des États nouveaux : déjà la Médie et la Babylonie, ses plus proches vassales, s'étaient rendues indépendantes. Sa croissante faiblesse tenta également l'Égypte, dont le roi *Nécho* (Nékos, Nékaû), fils de Psammétique, nourrissait la pensée de restaurer l'ancienne puissance de son pays. On vit s'élever ainsi, au même moment, plusieurs monarques ambitieux, qui se mirent résolument en devoir de succéder à la suprématie assyrienne. Nécho, en particulier, visait à s'emparer de la région du Liban jusqu'à l'Euphrate. Il avait dans ce but équipé une nombreuse armée et, après avoir pris d'assaut la ville de Gaza, montait le long de la mer, pour gagner la plaine de Jezréel et de là le Jourdain, lorsque Josias, se jetant à sa rencontre à la tête de ses troupes, voulut lui barrer le passage à *Magheddo* (Meghiddo). Le roi d'Égypte assurait qu'il n'en avait point à Juda, mais à des contrées situées plus loin ; le fils d'Amon n'en persista pas moins à en appeler au sort des armes ; celui-ci tourna contre lui : son armée fut battue et lui-même blessé mortellement. Ses officiers n'eurent que le temps de le rapporter à Jérusalem où, à peine arrivé, il expira. La douleur fut grande, dans la capitale, à la vue de son corps inanimé ; quand on le descendit dans la sépulture, alors nouvellement bâtie, des rois de Juda, hommes et femmes éclatèrent en pleurs et s'écrièrent : « O seigneur, ô gloire ! » Chaque année ensuite, au jour où était tombé, sous une flèche ennemie, le dernier bon roi de la race de David, on répéta un chant de deuil, composé à cette occasion par Jérémie. Jamais roi ne fut plus sincèrement pleuré.

Le désastre essuyé dans la plaine de Jezréel dut avoir anéanti les forces judéennes, car on ne songea même pas à tenter un mouvement sur les derrières de Nécho, qui poursuivit tranquillement sa marche. Tout entière à son affliction, Jérusalem ne se préoccupa que d'élire un autre roi. Josias avait laissé trois fils, nés de deux lits, Éliakim, Salloum et Mathania, et c'est à l'aîné de sa femme favorite qu'il avait paru destiner la couronne. Pour honorer le monarque dont on pleurait la perte, le peuple proclama Salloum, de deux années plus jeune qu'Éliakim ; ce prince monta sur le trône, et, suivant l'usage, quitta son nom pour prendre celui de *Joachas* (Yehoachas).

Mais, dans la situation créée par la défaite de Magheddo, il n'était plus au pouvoir de la nation d'élire elle-même son souverain ; c'est au roi d'Égypte, de par sa victoire maître du pays, qu'appartenait cette prérogative ; or celui-ci avait déjà prononcé contre le choix populaire. Sans paraître d'ailleurs se soucier de Juda, il avait simulé des marches forcées sur l'Euphrate et venait d'établir son quartier général à Ribla. Salloum-Joachas étant allé l'y trouver pour faire ratifier son élection, Nécho le fit charger de fers et conduire en Égypte et, à sa place, nomma Éliakim. Le règne de Joachas n'avait duré que trois mois.

Éliakim ou, comme il s'appela de son nom de roi, *Joachim* (Yoyakim, 607-596) eut, dès son avènement, à remplir une tâche épineuse. Nécho, pour punir Josias d'avoir voulu lui fermer le passage, avait frappé sur le royaume un très lourd impôt de guerre en or et en argent ; ni le palais ni le temple n'ayant de trésor à cette époque, Joachim imposa ses sujets selon leur fortune et fit procéder par contrainte à la rentrée de ces contributions. Ce qui rendait cette amende encore plus sensible à l'orgueil de Juda, c'est qu'elle était le signe de sa dépendance. A l'humiliation et au découragement publics s'ajouta bientôt un autre mal. Le peuple avait espéré que la réforme introduite par Josias lui donnerait les jours heureux promis par le *Deutéronome;* or, il était précisément arrivé le contraire : le roi dévoué à Dieu était tombé sur le champ de bataille, la fleur de l'armée israélite avait été fauchée, l'un des fils du roi était dans les fers et le pays se voyait dans une servitude ignominieuse. Quelle déception ! Ce dénouement provoqua une réaction, dont la conséquence fut une rechute dans l'idolâtrie ; gens du peuple et hommes instruits se mirent à douter d'un Dieu qui n'avait pas rempli ses promesses ou était impuissant à les remplir, et eurent la folie de croire que les divinités étrangères, qui s'étaient si longtemps maintenues sous Manassé, seraient plutôt capables d'assurer leur bonheur. Ils revinrent donc à leurs vieux péchés, rétablirent des hauts lieux sur chaque colline et sous chaque arbre des autels : une fois encore la Judée eut autant de dieux que de villes. Un culte tout spécial fut rendu à *Neïth, la reine du ciel*, divinité qui avait ses plus fervents adorateurs à Saïs, capitale du roi Nécho. N'avait-elle pas concouru, cette déesse, à procurer la victoire au roi d'Égypte ? On réintégra dans les maisons les statues d'or et d'argent, les images de bois ou de pierre, même celles qui, par leur attitude, offensaient la décence ; le temple aussi fut de nouveau profané, comme au temps de Manassé, par l'introduction de hideuses idoles. Chose encore plus odieuse, les sacrifices d'enfants reprirent faveur, comme sous les règnes d'Achaz et du fils d'Ézéchias ; de nouveau la belle vallée de Hinnom entendit les cris de pauvres petits êtres impitoyablement brûlés en l'honneur de Moloch. C'étaient surtout les premiers-nés qu'on sacrifiait de la sorte.

Côte à côte avec la démence idolâtre, avec le culte obscène et infanticide, se propagèrent le vice et les mauvaises mœurs, la luxure, l'adultère, l'oppression des étrangers, des veuves et des orphelins, la vénalité des juges, l'habitude du mensonge, la fausseté, l'usure effrénée, l'inhumanité envers les débiteurs, enfin les homicides. Sans doute il existait déjà une classe d'hommes qu'animait le respect de la loi et qui gémissaient sur les atrocités dont ils étaient témoins, mais devant la foule de ceux qui journellement s'enfonçaient plus avant dans la bourbe idolâtre et dans la dépravation morale, les gens de bien ne pouvaient que soupirer. De faux prophètes exaltèrent les faux dieux et prônèrent la débauche.

— Ce honteux recul fut-il l'œuvre du roi ? On l'ignore ; tout ce qu'on sait, c'est que Joachim persécuta avec acharnement les prophètes qui faisaient entendre leurs censures.

Aucune époque ne compta autant de ces hommes de Dieu que les vingt années qui précédèrent la chute du royaume de Juda. On les voyait souvent, presque chaque jour, en toute occasion, s'adresser au peuple, aux princes, au roi, les admonestant, réveillant, menaçant, et leur prédire une catastrophe, s'ils persistaient dans leur impiété. Les noms de trois seulement d'entre eux sont arrivés jusqu'à nous : Jérémie, Habacuc, Urie, encore ne connaît-on de ce dernier que sa fin tragique. Originaire de la ville forestière de Kiriat-Yearim, il prophétisait au début du règne de Joachim et avait annoncé d'inévitables calamités à son pays, s'il ne quittait les voies de la perversité. Poursuivi à raison de ce fait, il dut s'enfuir en Égypte; mais, livré à Joachim, il eut la tête tranchée.

Cette exécution, loin d'effrayer Jérémie, ne fit qu'ajouter au zèle de sa vocation. C'est à l'avènement du frère de Joachas, au retour des anciens désordres, que commença vraiment son action prophétique, interrompue dans les dernières années de Josias. Maintenant il comprenait le sens des paroles que, jeune encore, il avait entendues aux premières heures de sa consécration : « Je l'établis comme une ville forte, comme une colonne de fer et un mur d'airain contre les rois de Juda, les princes, les prêtres et le peuple. » Elles signifiaient qu'il devait rester ferme, inébranlable, affronter sans peur les menaces de la persécution. Jérémie se disposa donc à s'élever contre la corruption et à annoncer la ruine désormais fatale, quoique le cœur lui saignât et qu'il dût plus d'une fois s'exciter lui-même, pour ne pas succomber à d'accablantes visions. Devenu homme, il ne conduisit point d'épouse dans sa demeure, car son âme anxieuse ne pouvait goûter les joies domestiques, lorsqu'elle voyait se projeter devant elle, de plus en plus noire, l'ombre des temps sinistres qui approchaient. Solitaire et sombre, il errait de côté et d'autre, sans prendre part au commerce des hommes, parce que la vue du peuple volontairement coupable le pénétrait de douleur et lui ôtait toute disposition à la sérénité.

Un de ses premiers discours, sous le règne de Joachim, lui

valut la haine des fanatiques de l'idolâtrie et particulièrement celle des faux prophètes et des prêtres. C'était à l'occasion d'une fête; la foule remplissait le temple; Jérémie s'avançant : « Voici, dit-il, la parole du Dieu d'Israël : Réformez votre conduite et vos œuvres et je vous laisserai demeurer dans ce lieu. Mais ne vous confiez pas dans les invocations mensongères en disant : Temple de Jéhovah, temple de Jéhovah!... Comment! vous voulez voler, tuer, vivre dans la luxure, encenser les dieux étrangers, puis arriver dans mon temple et dire : Nous sommes sauvés ! et continuer ensuite toutes vos abominations ! Est-ce que ce temple est une caverne de brigands? Allez voir à mon ancien sanctuaire de Silo ce que je lui ai fait à cause de la perversité d'Israël. Je ferai à ce temple ce que j'ai fait à Silo; je vous rejetterai de devant ma face, comme j'ai rejeté vos frères, la postérité d'Éphraïm. »

Il n'avait pas achevé que les prêtres et les faux prophètes le saisirent : « Tu mourras, s'écrièrent-ils, pour avoir prophétisé que ce sanctuaire deviendra comme celui de Silo. » Un attroupement se forma sur la place du temple, quelques personnes vinrent au secours de Jérémie, pendant que du palais quelques princes, attirés par le bruit, accouraient. *Achikam*, fils de Schaphân, membre du parti des prophètes, se trouvait parmi eux. Tenant aussitôt séance à l'une des portes de l'édifice, ils écoutèrent l'accusation et la défense : « Cet homme, firent les prêtres et les faux prophètes, a prédit des malheurs à cette ville et à ce temple, il mérite la mort. » Quelques-uns des Anciens parlèrent en faveur de Jérémie; puis les princes, s'adressant aux prêtres et aux faux prophètes transportés de fureur : « Non, répliquèrent-ils, cet homme ne mérite pas la mort, car il nous a parlé au nom de notre Dieu. » Grâce aux efforts de ses amis et spécialement à ceux d'Achikam, Jérémie fut, pour cette fois, remis en liberté; mais la haine de ses adversaires n'en devint que plus âpre et guetta dès lors toute occasion de le perdre.

Cependant la sentence portée contre l'Assyrie s'accomplit. Ce puissant empire tomba misérablement sous les efforts combinés de Cyaxare, roi des Mèdes, et de Nabopolassar, roi de Babylone: Ninive, la ville géante, succomba après un long siège (vers 605) et son dernier monarque, *Sardanapale*, chercha la mort dans les flammes. La chute de l'Assyrie fut le signal de grands changements dans les contrées qui étaient alors le théâtre principal de l'histoire : la Médie hérita de la plupart des anciennes possessions assyriennes ; son roi s'attribua la part du lion, en ne laissant à son allié que la Babylonie et Élymaïs, avec l'expectative, il est vrai, de la souveraineté des pays situés à l'ouest de l'Euphrate. Nabopolassar mourut peu après et eut pour successeur son fils *Nabuchodonosor* (Nebucadnezar, Nabokolassar, 604-561). Grand capitaine et politique habile, le nouveau roi n'était pas cruel et ne frappait ses ennemis que pour les mettre hors d'état de nuire. Après avoir préparé le développement intérieur de son empire et jeté les fondements de constructions gigantesques, il entreprit une nouvelle guerre de conquête. L'Assyrie araméenne ou Syrie, morcelée en petits États, se soumit apparemment sans résistance, puis ce fut le tour de la Phénicie, dont le prince Ithobal II devint également vassal de Nabuchodonosor. Mais l'objectif véritable de son expédition, c'était l'Égypte. Joachim avait aussi, sans doute, reçu sommation de se soumettre, s'il ne voulait être broyé ; mais, d'un autre côté, l'Égypte l'encourageait à tenir bon, lui faisant espérer du secours et le berçant de promesses. Le royaume de Juda se trouva jeté ainsi dans les mêmes fluctuations que jadis, au temps d'Ézéchias, et menacé de devenir le champ de bataille des deux puissances. Il fallait, de toute nécessité, prendre un parti, mais toujours dans l'attente des renforts d'Égypte ou d'un miracle, Joachim et ses conseillers remettaient d'un jour à l'autre leur décision.

Dans l'universelle inquiétude on fit proclamer un jeûne pour le neuvième mois (hiver 600), et le pays tout entier fut appelé à Jérusalem, pour y supplier Dieu de sauver Juda. L'agitation du peuple était extrême ; anxieux au dernier point, il afflua sur la place du temple, comme si elle eût dû lui offrir un refuge assuré. Jérémie dit à son disciple Baruch de mettre par écrit le discours prophétique où, plusieurs années auparavant, il avait parlé de l'empire chaldéen, alors nouveau, et annoncé que son irrésistible puissance subjuguerait toutes les nations établies autour de Juda et Juda lui-même. Baruch obéit, traça la prédiction dans un rouleau. Jérémie lui commanda ensuite d'aller en faire lecture devant le temple, à tout le peuple assemblé de la capitale et de la province : il ne pouvait, ajouta-t-il, le faire lui-même, Baruch devait le remplacer. Ce message, sous le coup de la catastrophe imminente, — l'armée de Nabuchodonosor n'était plus qu'à une faible distance de Jérusalem, — fit une impression profonde. La foule en fut bouleversée. Un jeune homme, qui se trouvait également sur la place du temple, *Michée*, fils de Ghemaria, vola auprès des princes réunis dans une salle du palais et, sous le coup de son émoi, leur fit part de ce qu'il venait d'entendre. Non moins troublés, ils invitèrent Baruch à lire une seconde fois, eux présents, le texte qui confirmait la prophétie de son maître. Chaque mot les atteignit au cœur, l'angoisse les saisit. Ils résolurent d'avertir le roi, dans la pensée qu'il partagerait leur émotion et renoncerait à toute idée de résistance. De prime abord leur espoir parut se réaliser : Joachim envoya chercher le rouleau et s'en fit donner lecture. Mais, à mesure qu'un feuillet était lu, il le prenait et le jetait dans un brasier placé devant lui, au grand effroi des princes, qui le supplièrent de ne pas défier le sort, et il continua ainsi, nonobstant leurs prières, à livrer les pages l'une après l'autre aux flammes, jusqu'à ce que tout le rouleau fût consumé. Il fit plus : il donna l'ordre de rechercher le prophète de malheur avec son disciple et de leur ôter la vie, comme autrefois à Urie. Heureusement les princes avaient déjà pris soin de les faire cacher en lieu sûr : les deux hommes furent ainsi sauvés.

Il est probable qu'après une journée si agitée, la grande assemblée de jeûne se sépara indécise. La lecture du rouleau produisit néanmoins un effet : elle divisa les princes. Ceux qui croyaient dans Jérémie et l'avaient soustrait aux poursuites se montrèrent sans doute résolus partisans de la soumission. Parmi eux se trouvait le scribe *Elischama*, préposé aux affaires militaires. Du moment où celui-ci et beaucoup d'autres membres considérés du conseil se prononçaient contre la guerre, il était interdit à Joachim de l'entreprendre, alors surtout qu'il y allait de l'existence du trône. Le roi fit donc sa paix avec Nabuchodonosor, lui paya le tribut imposé au royaume, promit vraisemblablement aussi le concours de son armée, bref se soumit à toutes les obligations de la vassalité. Ce fut le commencement de la suzeraineté chaldéenne sur

Juda (600). Jérémie put sans doute alors quitter son asile : le roi, quelque irrité qu'il fût, ne pouvait toucher un cheveu de sa tête, les princes le couvrant de leur protection.

Mais Joachim ne supportait qu'avec impatience une domination qui le contraignait à se maîtriser. Le roi d'Égypte, de son côté, ne dut pas épargner les manœuvres pour l'amener à une défection. Le Phénicien ayant, sur ces entrefaites, secoué le joug, Joachim, par une sorte de vertige, l'imita, refusa aussi le tribut. Nabuchodonosor, obligé par suite de concentrer ses forces contre la Phénicie, mit le siège devant Tyr et la tint bloquée sept ans. Comme il ne pouvait, dans l'intervalle, s'occuper du roi de Juda, celui-ci put se faire illusion, se persuader qu'il avait pour toujours recouvré son indépendance. Il n'avait pas lieu cependant de se réjouir : pour ne pas encore lancer une forte armée contre lui, Nabuchodonosor n'en faisait pas moins ravager son territoire par des troupes volantes. C'est dans cette situation précaire que Joachim mourut (597). Il eut pour successeur son fils, âgé de dix-huit ans, *Jéchonias* (Yoyachin, Yechonia, par abréviation Khonia) ou plutôt sa mère *Nechuschta*, qui avait pris les rênes du pouvoir. Jéchonias eut également la présomption de se croire assez fort pour lutter avec Nabuchodonosor et s'abstint de lui rendre hommage. Il persista, comme son père, dans tous les dérèglements de l'idolâtrie. Mais son aveuglement et celui de sa mère ne furent pas de longue durée. Nabuchodonosor put enfin détacher de Tyr une armée nombreuse, qui soumit sans peine toute la contrée jusqu'au fleuve d'Égypte (Rhinocolura); le royaume de Juda fut occupé en entier, sauf quelques villes du sud, qui s'étaient mises en état de défense, et tout ce qui tomba entre les mains de l'ennemi fut emmené captif. Jéchonias n'en continua pas moins à résister ; se croyant en sûreté derrière les fortes murailles de sa capitale, il comptait aussi, en cas d'investissement, sur le secours de l'Égypte. Nabuchodonosor envoya donc quelques-uns de ses généraux mettre le siège devant Jérusalem.

Le fils de Joachim n'eut pas même le temps d'aviser, la rapide détresse des assiégés ne le lui permit pas. Il venait d'entrer en pourparlers pour la reddition de la place, lorsque Nabuchodonosor arriva lui-même au camp. Le roi, la reine mère et leur suite se transportèrent auprès de lui pour demander grâce. Mais ils le trouvèrent inflexible : Jéchonias dut abandonner le trône et se rendre en exil à Babylone avec sa mère, ses femmes, ses frères et sœurs et ses eunuques. Il n'avait occupé que cent jours le trône de David. Nabuchodonosor fit preuve d'une grande modération en leur laissant la vie et s'abstenant de faire couler le sang. Il ne bannit que dix mille habitants de Jérusalem, qu'il fit transporter en Babylonie, savoir sept mille guerriers, deux mille personnes de tout sexe, prises en majeure partie dans la population de la capitale, enfin mille artisans habiles dans la fabrication des armes et dans l'art de la fortification. Il ne fit pendant la même campagne, dans le reste du royaume, que trois mille vingt-trois prisonniers, qu furent également dirigés sur Babylone. S'il frappa une contribution sur les trésors du palais et du temple, ce ne fut point violence particulière, mais pratique usuelle du droit de guerre de l'époque. Il laissa subsister l'État, épargna la ville et ses murailles et ne toucha point au temple. Le premier monarque étranger aux mains duquel tomba Jérusalem, après environ cinq siècles d'existence, lui montra plus de générosité que ne fit maint conquérant dans les temps qui suivirent.

## CHAPITRE X

### CHUTE DU ROYAUME DE JUDA

(596-586)

Nabuchodonosor maintint également debout le trône de David. Il y plaça Mathania, le plus jeune des fils d'Osias, alors âgé de vingt-un ans et qui prit le nom de *Sédécias* (Zidkia). Ce prince était d'un naturel doux, flexible et peu martial, qualités qui semblaient garantir au conquérant que le nouveau roi ne lui susciterait pas d'embarras. Toutefois, pour se l'attacher plus entièrement, Nabuchodonosor lui fit solennellement jurer fidélité, car il attachait une importance toute spéciale à la tranquille possession du territoire de Juda, véritable avant-poste contre l'Égypte, dont la conquête ne cessait d'occuper sa pensée. C'est en partie pour la même raison qu'il avait banni les nobles et les grands, dont la témérité aurait pu jeter le roi dans les aventures et l'entraîner à la défection. Dans ses calculs, le pays qu'il venait de soumettre ne devait former qu'un modeste et faible État, qui ne pût s'appuyer qu'à lui et de lui seul tirât sa force.

Juda pouvait, au surplus, avec une politique de réserve, subsister encore longtemps et n'eût pas tardé à se remettre de ses blessures. Si douloureux que fût, pour ceux qui demeuraient, le bannissement de tant de familles illustres, âme de la puissance militaire et fleur de la nation, quelque deuil qu'éprouvassent la capitale et la province au sentiment de leur dépendance, elles ne s'en relevèrent pas moins avec une rapidité merveilleuse et regagnèrent même une certaine prospérité. Fait à peine croyable : il n'y avait pas encore longtemps que le vainqueur avait emporté les trésors du temple et du palais, et les exilés, leurs fortunes particulières, que déjà il renaissait une telle richesse à Jérusalem qu'on put y voir « des enfants vêtus de pourpre et estimés à l'égal de l'or. » Jérusalem passa jusqu'au dernier moment pour une belle et populeuse ville, que ses habitants vantaient comme « la couronne de beauté, la joie de tout le pays et la reine des nations. »

Mais une situation modeste ne suffisait point aux princes de Juda et de Benjamin ; leurs ambitions allaient plus haut. A Jérusalem, ils dominaient non seulement le peuple, non seulement la cour, mais encore les rois, qui d'ailleurs ne comptaient guère depuis que retirés, comme les Sardanapale, au fond de leurs harems, ils consumaient leurs jours aux occupations les plus futiles. L'usurpation des grands eut d'autant moins de peine à prévaloir que Sédécias, maîtrisé par une pusillanimité peu royale, n'osait même plus les contredire. Ses intentions, au reste, étaient bonnes, il ne favorisa point, ce semble, l'idolâtrie ; au contraire, la corruption des mœurs, lorsqu'on la lui montrait, lui arrachait des soupirs et il écoutait volontiers les prophètes. Mais il était sans force contre sa cour. S'il désira très sincèrement tenir la foi jurée à Nabuchodonosor ; l'énergie lui manqua pour le faire jusqu'au bout, nonobstant les intrigues. Des complots s'ourdirent en arrière de lui, que sa solitude ne lui permit pas de pénétrer à temps ou que, s'il les vit, il fut impuissant à déjouer. Cette faiblesse, d'une part, et cette témérité, de l'autre, perdirent l'État judéen. Une sorte de vertige saisit les princes. De divers côtés on leur promettait merveilles pour les exciter à la révolte. L'Égypte d'abord, comme toujours fausse et fourbe, se montrait prodigue d'offres brillantes, qu'après elle ne tenait que rarement. C'était ensuite le roi de Tyr, Ithobal, fomentant une ligue contre Babylone. Enfin venaient les Judéens de Babylonie, qui, de leur exil, entretenaient d'actives relations avec la mère patrie et poussaient à une nouvelle guerre, dans le vague espoir d'une défaite de Nabuchodonosor, qui leur rouvrirait le chemin de leur patrie. Retour que de faux prophètes leur prédisaient comme prochain.

Sédécias régnait depuis quatre ans (593), lorsque arrivèrent simultanément à Jérusalem des ambassadeurs d'Édom, de Moab, d'Ammon, de Tyr et de Sidon, qui tous voulaient l'entraîner à rompre avec Nabuchodonosor et employèrent toute leur éloquence à l'y décider. En vérité, Juda eût pu s'enorgueillir de se voir si recherché et il ne tenait qu'à lui de se considérer comme le centre, en quelque sorte le moteur des événements politiques. On ne connaît pas la réponse du roi aux ambassadeurs : irrésolu comme il était, il dut se laisser ballotter de côté et d'autre, sans parvenir à prendre un parti.

Ces extravagantes manœuvres n'échappèrent point à la clairvoyance de Jérémie, qui eut le courage très grand de s'y opposer. Pour le prophète, il était visible que Nabuchodonosor était appelé à poursuivre le cours de ses victoires et à soumettre un grand nombre de nations. Il exhorta donc Sédécias, le peuple et les prêtres à ne pas s'abandonner à de douces illusions et à subir la domination babylonienne, s'ils ne voulaient être écrasés par le puissant monarque. Jérémie se crut aussi le devoir d'avertir les exilés et leur adressa une lettre ainsi conçue : « Construisez des maisons et habitez-les ; plantez des vignes et goûtez-en les fruits, prenez des femmes et engendrez des fils et des filles, amenez des épouses à vos fils, et à vos filles des maris ; recherchez le bien de la ville où vous êtes bannis, parce que votre prospérité sera dans la sienne. Mais ne vous laissez pas séduire par vos prophètes et vos devins, car ce n'est que dans soixante-dix ans que je vous ramènerai en Juda. »

Mais les excitations brouillonnes de l'intérieur avec les instances du dehors, auxquelles se joignait la turbulente obsession des grands, eurent promptement triomphé de la timide loyauté de Sédécias : le faible roi se laissa emporter par le tourbillon, refusa le tribut à Nabuchodonosor et trahit son serment. Le sort en fut jeté, tout l'avenir du peuple de Juda était désormais en jeu.

Bientôt sonna l'heure redoutable des responsabilités. Nabuchodonosor fut quelque temps sans bouger, puis se mit en mouvement, pour aller châtier les rebelles. Il s'était ébranlé à peine que les mêmes peuplades qui avaient provoqué la révolte mettaient bas les armes : en un instant, Juda se vit seul, sans secours possible que de l'Égypte, et celle-ci hésitait. Nabuchodonosor put donc à son aise reprendre tout le territoire et la plupart des villes de Juda, dont deux seulement, Lachis et Azéka, tinrent bon, sans d'ailleurs l'arrêter ; l'armée chaldéenne poursuivit sa marche et parut devant Jérusalem, le dixième jour du dixième mois (fin 588 ou commencement de 587). La capitale avait eu le temps de se fortifier et sans doute aussi de s'approvisionner pour un long siège ; malheureusement, à l'approche de l'ennemi, les campagnards s'y étaient réfugiés avec leurs enfants et avaient augmenté par là le nombre de bouches à nourrir. Sédécias fut sommé de se rendre ; ses courtisans répondirent par un refus. Nabuchodonosor ouvrit donc les travaux et les poussa avec opiniâtreté.

Il faut que, de son côté, Jérusalem se soit vigoureusement défendue, car, à part un moment d'interruption, le blocus dura près d'un an et demi (de janvier 587 à juin 586). Le commandement général était aux mains d'un eunuque du palais ; quant au roi lui-même, il ne joua qu'un rôle passif et n'intervint ni dans le maniement des troupes ni dans la conduite des opérations. Son indécision et sa faiblesse apparurent ainsi dans tout leur jour. Si le cours des choses en Juda et à Jérusalem avait ressemblé, depuis l'avènement de Jéchonias, à une bouffonnerie confuse et désordonnée, la farce venait tout d'un coup de se changer en une tragédie sanglante, et ce drame lugubre de la ruine d'une nation eut pour entr'acte les souffrances du prophète Jérémie.

L'investissement de Jérusalem avait jeté l'infortuné dans un accablement que trahissait tout son extérieur. D'un côté, ses sentiments de Judéen, son patriotisme, le poussaient sinon à prendre à la défense une part que lui interdisaient son âge et sa condition, du moins à exciter le courage des combattants; de l'autre, son devoir et sa clairvoyance prophétique lui ordonnaient de proclamer que la lutte était vaine, que le sang allait couler en vain, que la ville chargée de péchés était irrévocablement condamnée dans les décrets de Dieu. Si on ne lui ôta point la parole, c'est qu'on ne le pouvait guère en un moment où ses prophéties recevaient une si douloureuse confirmation. Ainsi qu'il l'avait prédit, « les peuples du nord étaient venus, avaient dressé leurs trônes devant les portes de Jérusalem et apprêtaient un grand châtiment. » Jérémie n'eût d'ailleurs eu qu'à le vouloir pour soulever peuple et guerriers, s'emparer du pouvoir et traiter à des conditions acceptables. Ce fut sous son influence, alors très forte, que les grands et les riches affranchirent leurs esclaves israélites et qu'un édit royal imposa la même mesure aux nobles.

Le siège durait depuis un an et l'on s'était sans doute battu à distance, avec des alternatives diverses, lorsqu'un retour de fortune se produisit, le roi d'Égypte *Apriès* (Hofra) tenait enfin sa promesse, tant de fois faite, et envoyait une armée contre Nabuchodonosor, qui aussitôt leva le camp pour se jeter à la rencontre de son adversaire (février 586). Grande fut la joie dans Jérusalem. Lorsque les portes, si longtemps fermées, se rouvrirent, les habitants se ruèrent dans les champs, pour savourer de nouveau l'air de la liberté. Mais avec leur crainte se dissipèrent aussi leurs bons sentiments : l'ennemi n'eut pas plutôt disparu qu'un certain nombre de nobles et de riches retombèrent dans leur perversité et, oublieux de la foi jurée, replacèrent leurs esclaves sous le joug. Indigné jusqu'au plus profond de l'âme, Jérémie alla les trouver, ainsi que le roi, et, en termes foudroyants, leur reprocha leur manque de parole, leur prédit que les Chaldéens reviendraient : ils reviendraient, prendraient Jérusalem, et le feu, la guerre, la famine, la peste déchaîneraient leurs fureurs sur le peuple.

C'en était trop. Nombre de grands étaient déjà irrités contre le prophète; ce discours les remplit d'une haine mortelle. Un jour qu'il se disposait à quitter la ville pour se rendre à Anatoth, un garde, feignant de croire qu'il voulait passer aux Chaldéens, s'élança sur lui et, nonobstant ses protestations, le mena aux princes. Ceux-ci, heureux d'avoir enfin l'occasion de se venger, le traitèrent d'espion, et le battirent, puis le jetèrent dans une citerne, au fond de la maison du dresseur de listes Jonathan, qui se constitua son geôlier. Jérémie resta quarante jours dans ce cachot fangeux et insalubre.

La joie de Jérusalem ne fut pas de longue durée. L'armée chaldéenne, qui avait marché au-devant de celle d'Apriès, la défit complètement ; Pharaon se trouva en partie désarmé, et Juda, du même coup, pour la seconde fois réduit à ses seules forces. Le siège recommença plus étroit que jamais. Alors le courage des assiégés s'évanouit. Beaucoup, ne songeant qu'à leur salut, désertèrent ou s'enfuirent en Égypte. Sédécias lui-même se sentit devenir inquiet et s'aperçut trop tard qu'il y avait eu folie à vouloir se mesurer avec la puissance babylonienne. Aux calamités de la guerre vint s'ajouter la famine. Le nombre des hommes valides alla chaque jour en diminuant. Bientôt il en resta si peu, qu'ils ne furent plus en état de défendre les remparts. Enfin l'heure suprême arriva. Le 9 Tammouz (juin 586) le pain fit absolument défaut et les Chaldéens, grâce au complet épuisement des assiégés, réussirent à pratiquer une brèche, par où ils pénétrèrent dans la place.

Nabuchodonosor était alors à Ribla, en Syrie. Ses généraux s'avancèrent sans obstacle jusqu'au centre de la ville, dont les habitants, réduits à l'état de spectres, conservaient à peine la force de se traîner. La soldatesque se répandit dans tous les quartiers, massacra les jeunes gens et les hommes d'apparence valide, fit le reste prisonniers. Rendus féroces par la longueur du siège, ces farouches guerriers déshonorèrent les femmes et les jeunes filles et n'épargnèrent ni la vieillesse ni l'enfance. Ils firent irruption dans le temple, y égorgèrent les prêtres et les prophètes, qui se croyaient à l'abri sous la protection du sanctuaire, et « poussèrent des cris de fureur, comme s'ils eussent voulu combattre le Dieu d'Israël. » A leur suite accoururent les Philistins, Iduméens et Moabites, qui s'étaient unis à Nabuchodonosor et qui se livrèrent aussi au pillage, profanèrent aussi les vases sacrés.

Cependant Sédécias était parvenu à s'enfuir pendant la nuit avec le reste des combattants, en passant par le jardin de son palais et par un souterrain situé au nord-est de la ville. Il se dirigeait précipitamment vers le Jourdain, qu'il se proposait de franchir. Mais les cavaliers ennemis, non moins prompts, lui barrèrent le passage dans les défilés et, exténués comme ils l'étaient, les fugitifs ne tardèrent pas à être pris. Dans la ville, les Chaldéens ne trouvèrent, en fait de notables, que le grand prêtre Séraya, le capitaine du temple Zéphania, l'eunuque qui avait dirigé la défense, le dresseur de listes (*Sopher*), les familiers du roi, les garde-portes et soixante autres hommes. Tous furent provisoirement conduits, chargés de chaînes, à Rama, jusqu'à ce que le roi de Babylone eût prononcé sur eux, car de les laisser à Jérusalem ou aux environs ne se pouvait, à cause des cadavres sans sépulture dont les émanations empoisonnaient l'air. Jérémie se trouvait parmi les captifs; des soldats qui l'avaient rencontré dans une des cours du palais l'avaient pris pour un officier et emmené. Son disciple Baruch eut sans doute le même sort. La garde des prisonniers et des fuyards fut confiée par les vainqueurs à un Judéen de famille noble, *Ghédalia*, fils d'Achikam, de la famille Schaphàn.

La dernière espérance de ces débris infortunés du peuple s'évanouit, quand on sut que le roi, également tombé aux mains de l'ennemi, avait subi le plus cruel traitement. Les soldats, en effet, qui s'étaient emparés de Sédécias, l'avaient conduit devant Nabuchodonosor. Celui-ci, non content de décharger sur lui tout son courroux et de lui reprocher âprement sa félonie, fit mettre à mort, sous ses yeux, tous ses fils et tous ses proches, puis lui fit à lui-même crever les yeux et l'envoya, chargé de chaînes, à Babylone.

Quel allait être le sort de Jérusalem? Cette infortunée ville était devenue un charnier : « Tous ses chemins étaient en deuil, toutes ses portes désolées et toutes ses places désertes. » Mais elle était encore debout, les généraux qui l'avaient prise n'avaient pas d'instructions pour décider de son destin. Nabuchodonosor lui-même fut, ce semble, d'abord indécis. Enfin il chargea le chef de sa garde du corps, Nébusaradan, d'aller détruire la capitale vaincue. Aussitôt vinrent se presser, remplis de haine, autour de cet officier, les princes iduméens, qui l'excitèrent à exécuter sans pitié son œuvre d'anéantissement. « Détruisez, détruisez-la jusqu'au sol, » disaient-ils. Nébusaradan donna l'ordre de jeter bas les murailles, de livrer aux flammes temple et palais et toutes les belles maisons, et on lui obéit consciencieusement (10 Ab — août 586). Ce qui restait des trésors du temple, les colonnes d'airain artistement ouvrées, la mer d'airain, les instruments de musique, tout fut mis en pièces ou emporté à Babylone. Jérusalem n'était plus qu'un amas de décombres et la montagne du temple « un emplacement pour une hauteur boisée. »

De toutes les grandes cités qui ont régné sur les peuples et qui, du faîte de leur splendeur, sont ensuite tombées dans la poussière du sol, aucune n'a été glorifiée dans sa ruine autant que l'a été Jérusalem. La poésie a traduit les douleurs de cette ville immortelle dans des élégies, des psaumes et des prières d'un accent si sublime, qu'il force encore aujourd'hui la compassion de tout cœur susceptible d'attendrissement. Elle lui a posé sur le front une couronne de martyre, qui s'est changée en une rayonnante auréole.

Jérémie, et un ou deux poètes encore, témoins comme lui de la chute de Jérusalem, ont exhalé leur douleur en quatre chants de deuil, les *Lamentations,* qui répondent aux phases consécutives de son supplice. Le premier de ces poèmes a été composé immédiatement après la prise de Jérusalem ; la capitale était encore debout ; les murailles, les palais, le temple n'avaient pas été renversés, mais déjà elle était veuve de ses habitants et de ses joies. Il a pour sujet principal l'abandon de la ville et la perfidie des alliés de Juda, qui maintenant se réjouissent de sa ruine.

La deuxième Lamentation pleure la destruction des édifices et des remparts, et surtout celle du sanctuaire.

La quatrième déplore la perte de toute noblesse sous la lente action de la famine et l'anéantissement de toute espérance par suite de la captivité du roi.

Mille années environ s'étaient écoulées depuis que, pleines de courage et riches d'avenir, les tribus d'Israël avaient franchi le Jourdain sous la conduite d'un chef énergique et pris pied sur la terre de Canaan. Il y en avait cinq cents que les deux premiers rois de la maison de David avaient fait d'Israël un puissant empire. De toute cette vigueur, de tous ces souvenirs, aujourd'hui que restait-il? Hélas! la plupart des dix tribus, depuis plus d'un siècle, avaient disparu dans des contrées inconnues; la guerre, la famine ou la peste avaient emporté le plus grand nombre des autres qui formaient le royaume de Juda, une faible partie avait été emmenée en captivité, une fraction moindre encore avait émigré en Égypte ou dans d'autres contrées, ou bien vivait dans le pays, anxieuse du sort que lui réservait le vainqueur, épave dernière qui, elle aussi, allait essuyer l'assaut de multiples ennemis, comme s'il n'avait pas dû rester un seul Israélite dans la patrie du peuple d'Israël. L'épilogue du drame fut aussi cruel que la catastrophe.

Au moment où Sédécias tombait aux mains de la cavalerie lancée à sa poursuite, une partie des hommes qui l'avaient accompagné jusque-là réussit à s'échapper. Les uns passèrent le Jourdain sous la conduite d'un prince du sang royal, *Ismaël*, fils de Nethania, et trouvèrent asile chez le roi ammonite Baalis. Les autres préférèrent gagner l'Égypte, dont l'alliance semblait leur promettre plus de sécurité et où vivaient déjà des familles judéennes. Mais, pour y parvenir, il leur fallait traverser le territoire de l'Idumée, et là les attendait un acharné et irréconciliable ennemi. Aussi peu touchés des procédés fraternels de Juda que satisfaits de la ruine de Jérusalem, les Iduméens n'eurent de mémoire que pour leurs griefs et poussèrent la haine au point de guetter les fugitifs sur leur frontière pour les mettre à mort ou les livrer aux Chaldéens. Ce n'était pas l'inimitié seule qui les inspirait, mais encore un calcul politique : ils convoitaient tout le territoire d'Israël et espéraient l'obtenir plus facilement en en persécutant les possesseurs : « Les deux nations, disaient-ils tout haut, et les deux pays seront à nous et nous les hériterons. » Les Philistins et les autres peuples d'alentour ne montrèrent ni moins d'animosité, ni moins de joie de la ruine de Juda. Seules quelques villes phéniciennes accueillirent les fugitifs. Mais la Phénicie était loin et, bien avant d'y toucher, les malheureux Judéens étaient capturés.

Aussi la plupart des chefs et des soldats échappés préférèrent-ils demeurer dans le pays. Commandés par *Jochanan*, fils de Karéach, ils se cramponnèrent, pour ainsi dire, au sol natal, comme s'il eût été au-dessus de leurs forces de s'en séparer. Ils cherchèrent, pour se soustraire aux poursuites, les retraites les plus inaccessibles, se cachèrent dans les gouffres ou dans les cavernes ou bien dans les ruines des villes détruites. Mais la nécessité où ils étaient de sustenter leur misérable existence les obligeait fréquemment à affronter les dangers ; ceux alors qui se faisaient prendre étaient voués à une mort ignominieuse ou aux mauvais traitements : vieux, ils étaient pendus, et jeunes, condamnés à porter des meules ou astreints à d'autres labeurs. C'est cette situation désespérée qui dicta la cinquième Lamentation, si déchirante et dont les courtes strophes ressemblent à des sanglots.

Un instant on put croire que cette agonie des restes d'un peuple, cette guerre d'extermination contre les fugitifs allait prendre fin. Nabuchodonosor n'avait pas le dessein d'anéantir tout à fait la Judée. Il désirait, au contraire, qu'elle subsistât ; seulement il ne voulut pas que ce fût sous un roi de la race de David et résolut d'en confier le gouvernement à Ghédalia, de la maison de Schaphân, qui lui avait donné des preuves de fidélité. Celui-ci devait rassembler autour de lui les débris de Juda, et, en les maintenant unis, les encourager à la culture des champs et des jardins, pour que le pays ne devînt pas une solitude. C'est ainsi qu'après avoir eu la mission d'anéantir Jérusalem, Nébusaradan reçut encore celle de trier les prisonniers et les transfuges, d'en éliminer les suspects pour les envoyer à Babylone, et de laisser le reste, laboureurs et vignerons, dans le pays. A ces derniers seraient attribuées des terres arables, qu'ils recevraient en quelque sorte à titre de fiefs des mains du conquérant, sous la condition expresse de les cultiver. La résidence désignée au nouveau gouverneur fut Mitspa, ville située à une lieue et demie environ au nord-est de Jérusalem.

Nabuchodonosor n'eût pu faire un meilleur choix. Ghédalia était précisément l'homme de la situation. Charitable et pacifique, élève, en quelque sorte, du prophète Jérémie, dont son père Achikam avait été l'ami et le protecteur, il possédait les qualités que réclamaient les cirsonstances, une main légère à panser les plaies saignantes de son peuple et une abnégation poussée jusqu'au sacrifice de lui-même. Peut-être même portait-il trop loin ces vertus ou faisait-il trop de fond sur les bons côtés de la nature humaine. Quoi qu'il en soit, Nébusaradan commença par lui remettre les prisonniers inoffensifs, les filles du roi Sédécias, un grand nombre de femmes et d'enfants, puis les laboureurs ; le tout ensemble ne faisait guère plus de quatre mille âmes.

Le roi de Chaldée songea aussi à lui donner un auxiliaire dans la personne de Jérémie, qu'il avait, pour cette raison, recommandé à son lieutenant de traiter avec les plus grands égards. Lors donc que Nébusaradan se rendit de Jérusalem à Rama, aux environs de laquelle se trouvait le tombeau de Rachel, pour y procéder au départ des captifs, il fit délier Jérémie, garrotté comme le reste des prisonniers, et le laissa libre d'émigrer où il lui plairait, à Babylone ou ailleurs ; toutefois ce fut auprès de Ghédalia qu'il lui conseilla d'aller. Le prophète, qui gémissait à bon droit d'être le témoin prédestiné de la chute de son peuple, dut assister encore aux scènes lamentables qui éclatèrent, lorsque les prisonniers se virent emmener de Rama et traîner, chargés de fers, en Babylonie. Les infortunés, hommes, femmes et enfants, poussaient des cris déchirants. Jérémie les consola en leur donnant une espérance qu'ils emportèrent : « Une plainte, leur dit-il, et des pleurs amers se font entendre à Rama : Rachel pleure ses enfants et ne veut point être consolée. Que ta voix cesse d'éclater en sanglots et tes yeux de verser des larmes, car il y a une récompense pour tes actions, ils reviendront du pays de l'ennemi. »

L'affliction au cœur, il se rendit ensuite à Mitspa, suivi de son disciple Baruch. Il n'avait guère d'espoir d'arriver à faire de ce reste de populace des hommes aux sentiments généreux. Si quarante années d'efforts n'avaient presque rien pu sur les grands et les gens instruits, combien moindre ne serait pas son succès sur des gens de basse classe et des ignorants! Cependant il lui fallait bien se plier aux circonstances.

Nabuchodonosor avait une si haute estime pour lui que non seulement il lui offrit des présents, mais encore lui fit délivrer sa nourriture quotidienne. La présence du prophète auprès de Ghédalia réconforta, en effet, ceux qui étaient restés dans le pays et leur rendit confiance dans l'avenir. Le gouverneur ayant fait publier que tous les fugitifs qui se réuniraient autour de lui pourraient demeurer en paix dans la contrée, s'établir dans les villes et cultiver leurs champs, on vit revenir peu à peu les Judéens dispersés dans le pays de Moab et chez les autres peuples voisins. Ils se présentèrent au gouverneur et firent la paix avec lui, c'est-à-dire s'obligèrent à être les fidèles sujets du roi de Chaldée, puis se mirent à cultiver la terre et produisirent, non-seulement des grains, mais encore du vin et des figues. Le sol récompensa de nouveau les efforts du travail, et comme la population était peu nombreuse, laboureurs, jardiniers et vignerons, qui avaient reçu de vastes étendues de terrain, firent de plantureuses moissons. Quelques villes commencèrent à se relever de leurs ruines. Celle de Mitspa devint le siège d'un sanctuaire, érigé par Ghédalia et qui forma le centre du nouvel État, puisque Jérusalem et la montagne du temple étaient détruites et « servaient de repaire aux chacals. » Les Chuthéens, ces colons semi-israélites, semi-païens, établis à Sichem, à Silo et à Samarie, reconnurent ce nouvel autel et y firent des pèlerinages, en y apportant des offrandes et de l'encens. Certes la présence des Chaldéens et la surveillance qu'ils exerçaient, et sur le peuple et sur le gouverneur, pour prévenir toute velléité de révolte, rappelaient à tout instant le « reste de Juda » au souvenir de sa dépendance ; mais, au point où en étaient les choses et après l'immensité de la catastrophe qui avait fondu sur le pays, la situation ne laissait pas de lui paraître supportable : elle était, en tout cas, meilleure qu'il n'avait pu l'espérer, puisque après tout il vivait sur le sol de la patrie.

Telle fut sans doute aussi l'opinion des chefs qui s'étaient si longtemps obstinés dans la résistance. Las de vivre à l'aventure dans les montagnes et dans le désert, en lutte avec les bêtes féroces et les Chaldéens plus féroces encore, ils résolurent à leur tour de faire leur soumission. Jochanan, fils de Karéach, et ses compagnons allèrent rendre les armes à Ghédalia, labourèrent et ensemencèrent, et reconstruisirent les ruines qui leur avaient jusqu'alors servi de retraite. Le dernier qui se présenta ainsi fut Ismaël, fils de Nethania.

Celui-ci était un homme astucieux, dépourvu de conscience et avec lequel l'esprit du mal s'introduisit à Mitspa. S'il fit également sa paix avec les Chaldéens et Ghédalia, ce ne fut pas sans conserver au fond du cœur des dispositions haineuses, que son hôte Baalis eut l'art de mettre à profit. Ce prince voyait avec déplaisir la formation d'un État judéen sous la protection chaldéenne : pour y mettre fin, il poussa Ismaël à un crime. Les desseins de ce dernier ne laissèrent pas de transpirer, et les autres chefs ralliés, notamment Jochanan, en reçurent avis; ils en instruisirent Ghédalia, se mirent à ses ordres, lui demandèrent même l'autorisation de faire disparaître le conspirateur. Mais le fils d'Achikam se montra incrédule. Force ou faiblesse, sa confiance lui fut fatale, aussi bien qu'à l'État à peine organisé. Il pouvait s'être écoulé quatre ans depuis la destruction de Jérusalem et la soumission des Judéens dispersés, lorsqu'un matin, à l'occasion d'une assemblée de fête, on vit arriver Ismaël avec dix compagnons. Il se rendit auprès de Ghédalia, lui fit bon visage et fut invité à un festin. Pendant que les convives, peut-être échauffés déjà par le vin, mangeaient et causaient sans défiance, Ismaël et ses acolytes, tirant leurs épées, massacrèrent le gouverneur avec tous les hommes en état de porter les armes et tous les Chaldéens présents, puis emmenèrent de force, vers le Jourdain, pour les conduire à Ammonitis, le reste des habitants de Mitspa, vieillards, enfants et femmes, qu'ils avaient commencé par faire garder à vue, pour empêcher la divulgation du forfait. Au nombre de ces prisonniers se trouvaient les malheureuses filles du roi Sédécias, le prophète Jérémie, alors vieillard, et son disciple Baruch.

Mais si secret qu'eût été le crime, il ne pouvait longtemps se céler. Jochanan et les autres chefs ne tardèrent pas à l'apprendre. Leur indignation fut grande. Sans perdre un instant, ils se mirent à la poursuite des assassins, les atteignirent à leur première halte, près du lac de Gabaon, et leur livrèrent bataille. Deux des gens d'Ismaël tombèrent ; lui-même s'échappa avec huit hommes, passa le Jourdain et regagna le pays d'Ammon, laissant ses prisonniers aux mains de Jochanan. Mais sa criminelle entreprise n'en avait pas moins réussi : le nouvel État judéen était mort avec Ghédalia.

La perplexité fut vive parmi les survivants. Que faire? Demeurer au pays? Il était à prévoir que Nabuchodonosor ne laisserait pas impunie la mort de Ghédalia et de ses Chaldéens et qu'il les traiterait en complices. Et même cette crainte mise à part, comment se maintenir dans la contrée? Qui serait chef désormais et contiendrait des éléments toujours prêts à se disjoindre? Leur première idée fut donc de gagner l'Égypte et, Jochanan à leur tête, ils se dirigèrent vers le sud. Bientôt toutefois des dispositions plus calmes prévalant, ils se demandèrent s'il n'était pas plus sage de rester à tout prix sur le sol natal que de se lancer dans l'inconnu d'une émigration. Cette pensée due, paraît-il, à Baruch, trouva de l'écho chez les uns et de l'opposition chez les autres. Pour faire l'accord sur un parti d'où dépendait le sort de tous, les chefs résolurent de s'en rapporter à la décision de Jérémie : le prophète, dirent-ils, devait se mettre en prières et implorer l'inspiration divine ; favorable ou non à leur sentiment propre, son jugement réglerait leur conduite, et ils s'engagèrent devant Dieu à s'y soumettre.

Dix jours durant, Jérémie se tordit, pour ainsi dire, en invocations et supplia Dieu de faire luire dans son esprit la clarté prophétique. Mais, dans l'intervalle, les chefs avaient changé d'avis. Tous à présent ne voulaient plus qu'émigrer, et le prophète vit leurs traits s'assombrir, quand il leur fit part de la révélation qu'il avait eue, savoir, qu'ils devaient rester dans le pays, sans rien craindre de Nabuchodonosor. « C'est si vous persistez à émigrer, ajouta-t-il, que le glaive que vous redoutez vous atteindra ; aucun de vous alors ne reverra sa patrie et vous périrez tous en Égypte, frappés de calamités nombreuses. » Il n'avait pas achevé, que Jochanan et ses compagnons lui crièrent : « Tu mens : ce n'est pas Jéhovah, c'est ton disciple Baruch qui t'a suggéré ces paroles. » Et, sans plus délibérer, ils se mirent en route pour l'Égypte, entraînant bon gré mal gré toute la foule et, avec elle, Jérémie et Baruch. Qu'eussent fait d'ailleurs, seuls dans le pays désert, ce vieillard et son serviteur? La troupe arriva ainsi à la ville égyptienne de *Taphnaï* (Tachpanches), où elle trouva bon accueil : le roi Hofra n'eut point l'ingratitude de refuser l'hospitalité à ceux que ses incitations avaient précipités dans de telles infortunes. Les fugitifs rencontrèrent là d'autres Judéens qui les avaient devancés dans la contrée.

Juda, pendant ce temps, se voyait ravir ses derniers fils. Irrité du meurtre de Ghédalia et de ses soldats, Nabuchodonosor avait chargé le chef de sa garde du corps d'aller le venger et, pour la troisième fois, Nébusaradan s'était rendu à Jérusalem. Il n'y trouva plus que les laboureurs, les vignerons et les jardiniers abandonnés par Jochanan et ses compagnons. Ce reste du reste comptait en tout sept cent quarante cinq personnes, y compris les femmes et les enfants; Nébusaradan l'emmena en captivité à Babylone (vers 582). C'était le troisième exil depuis Jéchonias : cette fois, encore les innocents payaient pour les coupables. L'histoire n'a point noté quel fut le sort d'Ismaël et de ses complices: mais le nom de Ghédalia demeura gravé dans la mémoire des survivants et l'anniversaire de sa mort devint un jour de deuil national, que les Judéens de la Babylonie observèrent chaque année. Nabuchodonosor, à partir de ce moment, n'eut plus qu'un souci, ne pas laisser un seul Judéen dans la Judée. La contrée se changea ainsi en une solitude, entièrement veuve non seulement d'hommes, mais encore d'animaux domestiques, et où les bêtes fauves régnèrent sans partage, état de choses lugubre qui arracha des plaintes à un des prophètes postérieurs : « Les saintes villes, s'écriait cet homme de Dieu, ont perdu leurs habitants, Sion est devenu un désert, Jérusalem une solitude. » Le sol de Juda put, dans toute la force du terme, se reposer et observer les années sabbatiques, depuis si longtemps enfreintes, sauf dans quelques régions du sud, dont les Iduméens s'emparèrent, avec ou sans la permission du roi de Babylone, et qui étendirent le territoire édomite jusqu'à la Basse Terre (*Schépélah*), le long de la mer. Aussi ces anciens voisins de Juda devinrent-ils l'objet d'une haine implacable de la part des exilés, qui n'oubliaient pas leur conduite envers Jérusalem détruite et ses habitants fugitifs. Deux prophètes qui s'étaient soustraits à la mort et vivaient parmi les émigrés, Obadia et un anonyme, exprimèrent avec force ces douloureux sentiments ; tous deux prédirent à Édom la punition de ses crimes envers un peuple frère.

Bien que les Judéens ne rencontrassent partout qu'inhumanité et que leur pays fût en partie aux mains de leurs ennemis, ceux qui vivaient en Égypte se berçaient encore d'espérances et, encouragés par des faits de guerre, se voyaient prochainement rentrer dans leur patrie. Le vieux prophète Jérémie voulut les arracher à cette illusion. Pour d'autres raisons, du reste, il avait à cœur de leur adresser des réprimandes. Sourds aux avertissements du malheur, ils étaient retombés dans le culte de Néith, la prétendue reine du ciel, sans cesser d'ailleurs d'invoquer Jéhovah et de jurer par son nom. Une dernière fois, avant de descendre dans la tombe, il voulut les avertir qu'à ce point incorrigibles, ils ne reverraient jamais leur pays. Il convoqua donc les Judéens établis à Taphnaï, à Migdol, à Memphis et à Saïs (?), à une grande réunion qui eut lieu dans la première de ces villes, et leur exposa sans détour toute l'inconséquence de leur conduite. Mais telles étaient les racines que l'idolâtrie avait jetées dans leurs cœurs que, loin de s'amender, ils se firent honneur de leur aberration et déclarèrent net qu'ils n'y renonceraient pas. Les femmes surtout se montrèrent impudentes : « Notre bouche, dirent-elles, a fait vœu d'offrir le parfum de l'encens et des sacrifices de vin à la reine des cieux ; nous remplirons cette promesse, comme nous fîmes jadis avec nos pères dans les villes de Juda et dans les rues de Jérusalem. Nous avions du pain alors en abondance ; nous étions heureux et ne connaissions pas le malheur ; mais, depuis que nous avons cessé de sacrifier à Néith, nous avons manqué de tout et nous avons péri par le glaive et par la famine... Au reste, ajoutèrent-elles, sommes-nous donc seules à glorifier la reine des cieux et nos maris ne l'adorent-ils pas avec nous ? » Jérémie répondit à leur insolence par la déclaration suivante :

« C'est bien, remplissez vos vœux : tous les Judéens périront dans le pays d'Égypte ; quelques-uns seulement échapperont à l'épée et reviendront dans le pays de Juda : ceux-là verront laquelle, de ma parole ou de la vôtre, subsistera. » Comme preuve de ce qu'il venait de dire, il leur annonça que le roi Hofra, sur lequel ils faisaient si grand fond, tomberait entre les mains de ses ennemis, comme Sédécias était tombé entre celles de Nabuchodonosor.

Cette prédiction s'accomplit. Hofra, entré en campagne contre Cyrène, essuya une défaite, et la caste militaire, qu'irritait sa préférence pour les Cariens et les Ioniens, se souleva contre lui ; un Égyptien de basse condition, *Amasis* (Amosis), se mit à la tête des révoltés, le battit, et, après l'avoir détrôné, le fit étrangler (571-70). Ce nouveau Pharaon n'eut de sollicitude que pour les Égyptiens et les Grecs, et n'avait aucun intérêt à se concilier les Judéens. Ceux-ci, délaissés, durent donc abandonner l'espoir de rentrer dans leur pays avec le secours de l'Égypte. Il semble que Jérémie fut encore témoin de cette révolution. Son âme tendre dut s'attrister encore davantage, en ses vieux jours, d'avoir si peu réussi à ennoblir des cœurs vulgaires, car ses compatriotes persévérèrent jusqu'au bout dans leur folie et leur endurcissement. Mais les efforts du prophète n'avaient pas été infructueux. Les semences qu'il avait répandues germèrent dans un autre sol et, sous les soins d'autres hommes de Dieu, épanouirent une floraison magnifique. Sa mission, qui n'était pas seulement de détruire, mais aussi de réédifier et de replanter, porta ses fruits sous un autre ciel. Baruch, fils de Nériya, son disciple, avait recueilli ses prophéties : après sa mort il se rendit auprès des exilés de Babylone et les leur fit connaître. L'impression qu'elles produisirent fut des plus fécondes.

## CHAPITRE XI

### L'EXIL EN BABYLONIE

Fut-ce hasard ou volonté réfléchie ? Les Judéens exilés à Babylone se virent traiter avec une grande aménité. Le hasard, au surplus, existe-t-il dans l'histoire des peuples et dans l'enchainement des faits ? Peut-on sérieusement prétendre que les rapports et les situations des hommes eussent pris une autre forme, si telle ou telle circonstance eût, par cas fortuit, tourné différemment ? Quoi qu'il en soit, la clémence de Nabuchodonosor fut un événement de haute importance pour la suite de l'histoire de Juda. C'est à elle principalement que cette poignée de bannis, épave de tout un peuple, dut sa conservation et son entretien. Nabuchodonosor ne ressemblait point à ces conquérants sauvages qui ne se plaisent qu'à détruire et ne cherchent qu'à satisfaire leurs instincts de cruauté ; il avait tout autant à cœur de bâtir et de créer que de faire des conquêtes, et voulait que l'empire qu'il avait fondé fût populeux et prospère. Il agrandit Babylone, et, pour qu'elle surpassât Ninive détruite, y éleva, sur la rive orientale de l'Euphrate, un nouveau quartier, qu'il peupla de tribus et de nations prisonnières. Nombre de captifs judéens reçurent ainsi des habitations dans sa capitale, et ceux qui s'étaient volontairement ralliés à lui furent sans doute l'objet d'égards particuliers. La bonté de Nabuchodonosor alla jusqu'à permettre à des familles, à des populations entières de demeurer ensemble, avec leurs gens et leurs esclaves, et de conserver ainsi leurs rapports antérieurs. Ces bannis vécurent en hommes libres, leurs droits et leurs habitudes domestiques restèrent intacts. Les familles immigrées de Jérusalem, princes de la race royale, descendants de Joab ou maison de Pachat-Moab, et d'autres encore, formèrent des agglomérations spéciales et purent même se gouverner selon leurs traditions respectives. Il n'y eut pas jusqu'aux anciens esclaves du temple (*Nethinim*) et de l'État qui avaient suivi leurs maîtres dans l'exil, qui n'eussent leurs groupes distincts où ils vivaient entre eux.

Les exilés reçurent très probablement des terres en compensation de celles que leur avait fait perdre leur émigration; ils les cultivèrent eux-mêmes ou bien les firent cultiver par leurs gens. Ils possédaient des esclaves, des chevaux, des mulets, des chameaux et des ânes, et, à part l'obéissance qu'ils devaient au roi, n'étaient guère assujettis qu'à une contribution foncière, peut-être aussi à un impôt personnel. Selon toute apparence, ils entretinrent les uns avec les autres des relations d'autant plus étroites que, comme tous les bannis, ils ne renonçaient pas à l'espoir de quelque événement heureux qui les ramènerait dans leur patrie. Une autre circonstance qui les servit, ce fut que l'idiome dominant en Chaldée était l'araméen, langue jumelle de l'hébreu, qu'ils eurent bientôt apprise et qui leur permit d'entrer en commerce avec la population indigène.

Leur condition devint encore plus favorable à la mort de Nabuchodonosor (561). Le fils de ce monarque, *Évil-Mérodach*, différait absolument de son père, dont il n'avait ni le courage militaire ni le génie politique. Il semble que, parmi les jeunes gens employés à sa cour, il y en eut aussi de judéens, principalement de la race de David, et qui remplirent l'office d'eunuques. Que de fois n'a-t-on pas vu ces gardiens du harem, serviteurs des caprices de leurs tyrans, s'élever du rang d'esclaves à la situation de maîtres de leurs maîtres! Évil-Mérodach paraît avoir été sous l'influence d'un de ces favoris, qui le disposa sans doute en faveur du roi Jéchonias, toujours emprisonné. En effet, dès la première année de son règne, on lui vit témoigner à ce prince une bienveillance singulière : il le délivra d'une captivité qui durait depuis trente-sept ans, se montra plein d'affabilité à son égard, et, non content de lui donner des vêtements royaux, l'admit à sa table et pourvut largement à tous ses besoins. Les jours où le roi de Babylone tenait cour avec un redoublement de faste et réunissait autour de lui les grands du royaume, il faisait dresser pour Jéchonias un trône plus élevé que ceux des autres rois vaincus auxquels il voulait du bien : l'univers entier devait apprendre par là qu'il entendait accorder à l'ex-roi de Juda le privilège d'honneurs particuliers. Quelques rayons de cette grâce descendirent sur les proches parents de Jéchonias : ceux d'entre eux que leur attitude avait fait retenir en prison sous le règne de Nabuchodonosor obtinrent leur liberté sous celui de son successeur. Qui sait si Évil-Mérodach n'eût pas consenti, finalement, à renvoyer les exilés dans leur patrie et à replacer Jéchonias sur le trône? Mais la mort le surprit : il fut assassiné au bout de deux ans par son beau-frère *Nériglissar* (560), et avec lui s'évanouirent les rêves de retour que caressaient quelques esprits. L'illusion fit place à toutes les amertumes de la captivité.

La prophétie, tant de fois répétée depuis un siècle, s'était donc accomplie : de tout le peuple il ne subsistait qu'un reste. Et ce reste était bien faible. De quatre millions d'âmes environ que comptaient les tribus au temps de David et où Juda et Benjamin (les Lévites non compris) entraient pour près d'un million, leur chiffre était tombé à environ cent mille. Des millions d'hommes avaient donc péri par l'épée, la famine et la peste, ou bien, emmenés captifs, s'étaient perdus en pays étranger. Mais l'autre moitié des prédictions, qui annonçait la régénération de Juda, ne s'était pas vérifiée encore. Peu corrigés par tous les malheurs de la patrie, la plupart des exilés, surtout les nobles, persistaient dans leur endurcissement et n'avaient pas cessé de pratiquer à Babylone le culte idolâtre auquel ils s'étaient habitués dans leur pays natal. Les chefs de famille ou Anciens, qui prétendaient à une sorte de souveraineté sur les membres de leur maison, continuaient à pressurer ces derniers et à les maltraiter ou, ce qui revenait au même, ne prenaient d'eux aucun souci et, sous le ciel étranger les abandonnaient dénués de ressources à tous les hasards de l'existence. Parmi les terres qui leur avaient été assignées, ils avaient pris pour eux les meilleures, en ne laissant que les moins bonnes à leurs subordonnés. Le premier prophète de l'exil, *Ézéchiel*, fils de Busi (né vers 620, mort vers 570), s'appliqua de toute son ardeur à les éclairer et à leur inspirer des sentiments plus humains. Doué d'une éloquence simple et entraînante, et que servait un organe agréable, pénétré de l'idéal religieux que le peuple était appelé à remplir, il fit entendre à ses compagnons d'infortune des exhortations que ceux-ci n'accueillirent d'abord qu'avec brutalité — ils allèrent un jour jusqu'à le charger de chaînes, — mais dont la virile persévérance lui conquit peu à peu tant d'ascendant, qu'ils se pressèrent autour de lui, comme suspendus à ses lèvres, en le priant de leur dévoiler l'avenir. Tant que dura la lutte à Jérusalem, il demeura sourd à toutes leurs instances : à quoi bon, en effet, répéter pour la centième fois ce qu'il avait si souvent annoncé, à savoir que ville, nation et temple étaient irrévocablement voués à la destruction. Ce n'est qu'après avoir appris d'un fugitif que la catastrophe avait eu lieu, qu'il sortit de son mutisme. Alors il parla : il s'attaqua aux chefs de famille, à ces grands sans conscience et sans cœur, qui s'étaient arrangé dans l'exil une vie de bien-être et se montraient impitoyables envers leurs frères; il tonna contre l'idolâtrie et ne répondit que par le silence du mépris à ceux qu'il voyait arriver à lui, l'image de leurs dieux sur la poitrine et dans le cœur.

Comme le reste des prophètes, Ézéchiel avait annoncé dans les termes les plus catégoriques non seulement que le peuple de Juda rentrerait dans sa patrie, mais encore qu'un changement se ferait dans les cœurs. Or nombre d'exilés qui en étaient venus, sous les coups de l'infortune, à désespérer du relèvement national, s'abandonnaient eux-mêmes et, dans l'espoir du retour promis, ne voyaient plus qu'un rêve. « Nos ossements, disaient-ils, sont desséchés, notre espérance s'est évanouie, et nous ne sommes plus rien. » Désespérer de lui-même est pour un peuple le pire de tous les maux ; bannir une si morne appréciation parut donc au prophète le premier de ses devoirs : ce fut l'objet de cette belle parabole des ossements rendus à la vie, où il leur présenta l'image de la résurrection espérée.

D'autres encore désespéraient, mais pour une raison différente, du rétablissement de la nationalité anéantie. Ceux-ci se sentaient écrasés sous le poids de leurs fautes. Pendant des siècles, le peuple avait provoqué la colère de Dieu par son idolâtrie et ses autres crimes; comment effacer tout cela? Ne fallait-il pas que les péchés eussent leur suite inéluctable, la mort du pécheur ? « Nos fautes et nos péchés sont sur nous, gémissaient-ils, et à cause d'eux il faut que nous pourrissions ; comment pourrions-nous vivre ? » Ces sombres pensées furent également combattues par Ézéchiel. Il ébranla l'ancienne croyance, profondément enracinée dans les esprits, qui faisait du châtiment la suite indissoluble du péché, de la mort ou du malheur du coupable la conséquence forcée du crime. Il établit, sinon le premier, du moins avec le plus de force, la consolante doctrine du repentir, en proclamant que Dieu ne veut pas la mort du pécheur, et le laisse en vie, s'il renonce à sa mauvaise conduite. Ézéchiel parla souvent, et sous des formes diverses, de la délivrance et de la prospérité qu'il entrevoyait dans l'avenir, et en fit une peinture idéale.

Telle était, à ses yeux, la certitude du rétablissement de la patrie, qu'il traça un plan de reconstruction du temple, ainsi qu'une nouvelle règle pour le service du culte et pour les prêtres. Assurément il était loin de croire que cet avenir de lumière fût prochain : les sentiments, les idées, les actes des Judéens, qu'il observait journellement, n'autorisaient guère une espérance si hardie ; cependant c'est sous son influence et sous celle des autres hommes de Dieu que se firent les premiers pas dans la voie de la rédemption. Peu après la mort d'Ézéchiel et de Jérémie, se produisit d'une manière tout inattendue un commencement de retour au bien. L'exil, avec ses conséquences, pénibles en dépit de la bienveillance de Nabuchodonosor et de son fils, contribua sans doute au changement des esprits, mais ce fut surtout l'action des écrits prophétiques. Au milieu de l'idolâtrie qui avait souillé les royaumes d'Éphraïm et de Juda s'était épanouie une moralité plus pure : « L'esprit de Dieu avait séjourné dans l'impureté du peuple. » Les hautes pensées que les prophètes et les poètes avaient évoquées dans le cours des siècles ne s'étaient pas exhalées dans les airs avec la parole et le chant, mais avaient pris racine dans quelques cœurs et s'étaient conservées par l'écriture. Les prêtres de cette famille de Sadoc, qui avait su se préserver de l'idolâtrie, avaient emporté dans l'exil la Thora, le Pentateuque ; les disciples des prophètes avaient apporté les Discours prophétiques ; les Lévites, les Psaumes ; les sages le trésor des Proverbes ; .

les hommes versés dans la connaissance des temps passés, les Livres d'histoire. Les biens les plus précieux avaient pu se perdre; mais un bien était resté, qui échappait aux ravisseurs et qui avait accompagné les exilés sur la terre étrangère. Cette riche et brillante collection d'écrits exerça l'action la plus salutaire : elle instruisit les esprits, ennoblit les âmes et rajeunit les cœurs; elle apparut comme un foyer d'où rayonnaient, pour ainsi dire, les miracles. Ne s'était-elle pas littéralement vérifiée, cette prédiction qu'on y lisait, que le pays d'Israël vomirait le peuple à cause de sa folie et de ses vices, comme autrefois les peuplades cananéennes? Ne s'étaient-ils pas accomplis, et avec l'exactitude la plus effrayante, les châtiments dont les prophètes avaient menacé Israël? Journellement Jérémie avait annoncé, dans les termes les moins équivoques, la chute de la nationalité, de l'État, de la capitale et du temple; Ézéchiel avait de même tracé à l'avance le funèbre tableau de la guerre et de l'exil, et ces prophéties s'étaient réalisées; et, en remontant ainsi le cours des âges, on voyait que déjà Isaïe, Osée, Amos et Moïse lui-même avaient montré dans la ruine et l'exil les suites fatales de l'infraction à la loi. Et, malgré tant de calamités, le peuple n'avait pas péri tout entier; un reste en subsistait, reste faible, il est vrai, et sans patrie, mais enfin toujours debout et qui précisément avait trouvé grâce aux yeux de ses vainqueurs. Il était donc visible que, même dans le pays de leurs ennemis, Dieu ne rejetait pas les enfants d'Israël, ne les avait pas définitivement repoussés; qu'enfin il ne voulait ni les anéantir ni rompre l'alliance qu'il avait faite avec leurs pères.

Un autre miracle encore s'accomplit sous les yeux des exilés. Une partie des descendants des dix tribus, dispersées depuis plus d'un siècle dans les provinces assyriennes et qui passaient pour disparues, s'était conservée avec son caractère propre et se rapprocha, cordiale, de frères et de compagnons de malheur dont une haine factice l'avait si longtemps séparée. De ce côté aussi l'on voyait donc se réaliser les prophéties, l'union d'Israël et de Juda se rétablissait, et cet événement fut pour tous ceux que l'aveuglement ne rendait pas insensibles une source de confiance dans le caractère impérissable de la descendance d'Abraham. Ceux qui savaient lire prirent en main les écrits sauvés du naufrage de la nationalité, les méditèrent pour y chercher des enseignements et y puiser des consolations. Ils s'attachèrent principalement aux discours de Jérémie : la douceur et la mélancolie qu'on y sent vibrer s'accordent, en effet, avec les dispositions qu'inspire l'exil. Ces prophéties, apportées d'Égypte par Baruch, devinrent pour eux un livre usuel. Ce que n'avait pu la parole vivante jaillissant de la bouche des hommes de Dieu, la lettre inanimée, conservée sur le parchemin, l'accomplit. L'esprit des prophètes passa dans l'âme des lecteurs, qu'il remplit d'espérances, et la rendit accessible à de meilleurs sentiments.

Pour affermir ce premier retour au bien, les chefs spirituels du peuple employèrent de nouveaux moyens d'enseignement. L'un d'eux, probablement Baruch, composa (vers 555) pour le peuple un livre d'histoire embrassant la longue succession des faits, depuis la création du monde et les origines de la nationalité israélite, jusqu'aux événements contemporains les plus récents. Ce compilateur réunit la Thora, le livre de Josué, ceux des Juges et de Samuel, en une suite qu'il compléta en y ajoutant l'histoire des Rois depuis Salomon jusqu'à Jéchonias, dont il avait vu, sans doute, de ses propres yeux le changement de fortune. Il présenta le cours des annales de la royauté de manière à faire sentir que l'abaissement graduel qui avait suivi la mort de de Salomon et les calamités qui avaient frappé les deux royaumes étaient les résultats de l'apostasie des rois et du peuple, les conséquences de l'idolâtrie et de désordres de tout genre. Toutes ces parties séparées formèrent, par leur réunion, un recueil d'histoire qui n'a point d'égal, recueil sommaire et néanmoins riche de faits, simple et cependant rempli d'art, mais surtout plein de vie et d'une force d'impression très grande. Ce fut le second livre populaire des exilés babyloniens ; nombre d'entre eux ne se contentèrent pas de le lire avec l'attention la plus soutenue, ils s'en pénétrèrent et en suivirent les conseils. Des scribes lévites en multiplièrent les copies. Sous l'action de ces écrits, le « cœur de pierre » commença à se changer en « cœur de chair, » et un nouvel esprit respira dans le peuple. Ce qu'Ézéchiel avait préparé, Baruch le continua.

Cette étude des textes sacrés eut pour effets immédiats le retour sur soi-même, le repentir, le repentir profond d'une désobéissance opiniâtre et d'une si longue persistance dans l'idolâtrie. Ceux qui purent mesurer l'étendue de leur faute voulurent effacer toutes ces souillures par les larmes de la contrition. Ils reconnurent que les calamités qui les avaient frappés étaient méritées, que Dieu en avait agi avec eux suivant leur conduite et selon leurs actes. Beaucoup se repentirent de tout leur cœur de leur passé d'iniquité. Les quatre jours néfastes de la dernière période, le jour où avait commencé le siège de Jérusalem (au dixième mois), où la ville fut prise (au quatrième), ceux de la destruction (cinquième mois) et du meurtre de Ghédalia dixième mois) furent institués jours de deuil, d'abord par une partie des exilés, puis, successivement, par le reste des Judéens. On prit l'habitude de jeûner et de se lamenter ces jours-là, de se couvrir de vêtements déchirés, de s'asseoir dans la cendre. Ces jours d'expiation témoignèrent que le peuple sortait enfin de son aveuglement et se sentait porté à revenir au bien; ce furent à la fois chez lui des signes de repentir et des anniversaires nationaux, les premiers de l'ère postérieure à l'exil.

Le sentiment profond du regret des fautes passées donna naissance à un genre particulier de psaumes, qu'on peut appeler *Psaumes de pénitence* ou *de confession*. De même qu'après la sortie d'Égypte, la génération nouvelle avait été élevée dans la confiance en Dieu et dans l'aspiration sincère au but de ses destinées, de même, pendant l'exil, la jeunesse fut instruite dans un esprit nouveau. Au désert, l'œuvre d'éducation avait été faite par l'imposante personnalité de Moïse; à Babylone, elle le fut par les livres saints, par l'enthousiasme qu'ils allumèrent pour la loi primitive. Le nombre des fidèles, des « zélés de la parole de Dieu » ou des « cherchants Dieu, » allait s'augmentant. Les Anavim en formaient le noyau. Ils pleuraient Jérusalem et sa magnificence passée, dont la radieuse image leur apparaissait dans ces livres. Ils marchaient le cœur brisé, l'esprit humble, portant les signes extérieurs du deuil et s'appelant eux-mêmes « les affligés de Sion. » Des personnages considérables, investis de fonctions à la cour de Babylone, se joignirent à eux. Leur âme était remplie de Jérusalem ; « ils chérissaient les pierres de la ville sainte et étaient attendris à la vue de sa poussière. » Le Lévite qui, interprète de ses compagnons, a si poétiquement ennobli le souvenir de Jérusalem, rend dans toute son émotion le sentiment de ces affligés de Sion :

> Près des fleuves de Babel nous étions assis et nous pleurions
> Au souvenir de Sion ;
> Aux saules du rivage nous avions suspendu nos harpes,
> Car ceux qui nous retenaient captifs nous demandaient des chants,
> Et nos oppresseurs des cantiques de joie.
> « Chantez-nous, disaient-ils, des chants de Sion.
> — » Comment chanterions-nous le chant de Jéhovah sur la terre étrangère ?
> » Si je pouvais t'oublier, ô Jérusalem, que ma droite se dessèche.
> » Que ma langue reste attachée à mon palais,
> » Quand je ne penserai plus à toi,
> » Quand je ne placerai plus Jérusalem à la tête de mes joies. »

Les affligés de Sion, en priant pour leur délivrance ou en confessant leurs péchés, se tournaient du côté de Jérusalem, comme si la place où jadis s'élevait le temple eût conservé sa sainteté et qu'il y eût à en attendre l'exaucement et la grâce. Comme ces « zélés de la parole de Dieu » ne pouvaient, à l'étranger, offrir de sacrifices, ils s'habituèrent à voir dans la prière l'équivalent des offrandes. Trois fois par jour, ils se rassemblaient pour prier en commun, et leur réunion, plus ou moins nombreuse, formait une communauté. La « maison de prière » remplaça pour eux le temple. Il est probable que les psaumes de pénitence et de deuil ont résonné dans les oratoires de Babylone.

Ce qui accrut encore l'exaltation pour Jérusalem, pour la délivrance et la loi, ce fut le prodigieux spectacle de la conversion de païens, l'accession de gentils à l'alliance d'Abraham, phénomène presque miraculeux et dû certainement à l'enthousiasme judéen, car l'enthousiasme appelle l'enthousiasme et enfante des prodiges. Les convertis devinrent de zélés apôtres de leur croyance nouvelle ; les pécheurs de la veille, arrivés à la conscience de leur coulpe, montrèrent aux pécheurs du jour « le chemin de leur Dieu. » Qu'il était aisé, d'ailleurs, au Judéen d'opposer au culte puéril des images chaldéennes la doctrine d'un Dieu pur esprit et de rendre le premier ridicule. Quand il voyait l'artiste babylonien tailler dans le bois une idole et en implorer ensuite l'assistance, en employer les débris à allumer son four et à cuire son pain, ou bien à se chauffer, l'exilé, que pénétrait la majesté de son Dieu, pouvait-il retenir un sarcasme ou tout au moins un sourire? Et, s'il se laissait aller à la controverse, ne trouvait-il pas dans les écrits nationaux ample matière à faire ressortir l'excellence de sa loi? C'est ainsi qu'en entendant célébrer le grand nom du Dieu d'Israël et sa main toute-puissante, bien des Chaldéens ouvrirent les yeux et s'unirent à un peuple qui professait une tout autre croyance. Les prosélytes observèrent le sabbat, suivirent les lois, se soumirent même, ce semble, à la circoncision. Cette première conquête morale eut son contre-coup sur les Judéens. Ils aimèrent davantage leur Dieu et leur loi en leur voyant gagner les païens. Vingt ans à peine après la mort des deux prophètes qui avaient tant de fois reproché au peuple son cœur de pierre, la régénération était accomplie : la littérature sacrée, rendue accessible, avait été une source de rajeunissement; elle avait rafraîchi les âmes et adouci les cœurs. Toutefois il fallait encore que l'esprit nouveau qui avait pénétré dans le peuple s'affirmât, qu'il s'éprouvât dans la lutte et se fortifiât dans la souffrance. L'occasion ne lui en manqua pas.

Si, dans le cadre de la vie judéenne à Babylone, les vertus de la jeune génération, son ardeur pour la lecture des livres saints, son enthousiasme pour un passé glorieux apparaissaient comme les parties lumineuses du tableau, ces clartés avaient leurs ombres, d'autant plus tranchées, d'autant plus profondes, qu'elles-mêmes brillaient d'un éclat plus vif. Une partie des exilés, surtout les grandes familles, non seulement persistaient dans leur ancienne corruption, mais encore en empruntaient une nouvelle à leur entourage. Cette gigantesque ville de Babylone et l'immensité de l'empire chaldéen exerçaient une sorte de charme sur les classes élevées, leur inspiraient l'envie d'imiter les mœurs chaldéennes et, de plus, leur ouvraient un champ d'action dont la vaste étendue sollicitait leurs aptitudes. A Babylone florissait le commerce des produits du sol avec celui des étoffes précieuses que fabriquait le pays et qu'on recherchait au loin. Cette capitale était un marché de premier ordre : les exilés qui s'étaient auparavant déjà livrés au négoce y trouvèrent l'occasion non-seulement de continuer leurs affaires, mais encore de leur imprimer plus d'essor. Ils firent de fréquents et longs voyages pour l'achat ou le troc des marchandises et acquirent ainsi de grandes richesses. Dans un pays de volupté, la fortune rend voluptueux : les Judéens opulents copièrent la vie efféminée des Babyloniens, adoptèrent l'idolâtrie babylonienne; ils dressèrent la table en l'honneur de *Gad*, le dieu de la fortune, remplirent le calice à la gloire de *Meni*, la déesse du destin, pour appeler sur leurs entreprises la faveur de ces divinités. En un mot, ils s'identifièrent si complètement à Babylone qu'ils oublièrent Jérusalem, naguère encore l'objet de tous leurs vœux, et ne voulurent plus entendre parler de retour. Ils se déclarèrent Babyloniens, prétendirent le rester et se moquèrent de ceux qui s'exaltaient pour Jérusalem.

Ce contraste s'accentua encore avant de disparaître : la piété brûlante, le zèle de flamme et l'enthousiasme de la Jérusalem idéale qui régnaient d'un côté, tranchèrent de plus en plus vivement sur la mondanité, la soif de jouissances et l'oubli des vieux souvenirs qui se montraient de l'autre, et cette opposition eut ses interprètes dans deux partis qui se vouèrent une haine réciproque. Les zélés et les grands esprits — il y en avait quelques-uns parmi les exilés — n'en apportèrent que plus d'ardeur à triompher de cet antagonisme. Ils s'appliquèrent d'abord à s'affermir eux-mêmes et à fortifier dans leurs convictions les membres de leur propre parti; ensuite ils portèrent leur action sur ceux de leurs frères qui professaient d'autres sentiments et leur étaient hostiles. De ce déploiement d'efforts naquit une nouvelle guirlande de fleurs poétiques, qui surpassèrent en beauté les anciennes. Les vingt dernières années de l'exil furent aussi fécondes, sinon plus, que l'époque d'Ézéchias. Les hommes de l'esprit, les disciples de Jérémie et d'Ézéchiel, qui s'étaient plongés dans la méditation des livres saints, jusqu'alors ignorés, et avaient mis leur âme à l'unisson de ces écrits, conçurent des pensées créatrices, qu'ils revêtirent des formes les plus harmonieuses. Sous le ciel étranger et dans les souffrances de l'exil, l'onde poétique jaillit pleine de fraîcheur, et avec une abondance qui put sembler intarissable. La langue hébraïque, que les exilés n'avaient cessé de parler au milieu des Araméens, si même, par patriotisme, ils ne l'avaient cultivée davantage, demeura l'organe de cette renaissance. Les dernières années de l'exil virent naître non seulement de nouveaux psaumes et de nouveaux proverbes, mais encore un genre nouveau d'éloquence prophétique et une forme d'art nouvelle : le poète anonyme réunit les Proverbes anciens (Proverbes de Salomon, *Mischlé*) qu'on avait recueillis déjà sous Ézéchias, et y ajouta un préambule qui reflète l'état moral de son temps. Ce ne fut pas dans l'antiquité qu'il puisa ses maximes, mais dans la contemplation philosophique des actions de l'homme et de leurs conséquences. Cette clarté de vue, cette sagesse (*Chochmah*) tirée de l'expérience, bien que d'origine humaine, conduisait selon lui au même résultat que la loi israélite, d'origine divine : que les mondains consentissent seulement à écouter la sagesse, et ils abandonneraient les sentiers de l'erreur. Le livre des Proverbes peut se résumer comme suit : le commencement de la sagesse est la crainte de Dieu, et celle-ci préserve l'homme de la perdition ; le péché, au contraire, est folie et mène le pécheur à sa ruine ; la prospérité des insensés les tue, leur bonheur les anéantit. — Mais quelle est la récompense réservée au juste qui souffre ou, ce qui revient au même, au sage ? La « Sagesse », comme les psalmistes de l'exil, ne sut répondre à cette question qu'en montrant la splendeur à venir du retour dans la patrie :

> Les justes habiteront de nouveau le pays
> Et les innocents y demeureront.

Mais si cette réponse suffisait aux cœurs pieux, à ceux qui cherchaient Dieu, aux affligés de Sion, elle était bien loin de consoler ceux dont la foi chancelait et plus encore de convertir les mondains, qui ne voulaient à aucun prix quitter Babylone. Aussi loin que portait le regard de l'observateur, il ne pouvait s'empêcher de reconnaître que les pécheurs prospéraient, tandis qu'il n'était pas rare de voir le malheur s'acharner sur ceux qu'animait la crainte de Dieu. Journellement cette maxime du Psalmiste, que le juste n'est jamais abandonné, se trouvait démentie par les faits, ou bien force était de soupçonner la conduite de ce juste. Une dissonance si manifeste avec les lois de l'ordre universel faisait trop douter de la doctrine des pères et de la justice divine, elle retentissait trop douloureuse dans les cœurs pour ne pas impérieusement réclamer une explication. Un poète anonyme entreprit de résoudre l'énigme et créa un des plus parfaits chefs-d'œuvre qu'ait enfantés l'esprit humain. Tout en se proposant, lui aussi, d'éclairer et d'instruire, l'auteur de cette magistrale composition ne voulut pas le faire à la manière, déjà moins goûtée alors, du Psaume ou du Proverbe, et c'est sous la forme d'un dialogue d'amis qu'il traita le grave problème qui oppressait la conscience des exilés. Cet entretien supposé, qui a pour sujet les tribulations de Job, ne se déroule pas en une analyse pédante et sèche; il se distingue, au contraire, par une ampleur d'exposition, une pureté de forme et une richesse de poésie qui en font une lecture des plus attachantes. Aussi l'intérêt s'en soutient-il sans fléchir d'un bout à l'autre.

Le plan du *Livre de Job* est éminemment artistique. Le poète a distribué en trois rôles les différentes pensées qu'il a voulu exposer et a donné à chacun des interlocuteurs un caractère déterminé, auquel celui-ci reste fidèle. Le dialogue est par là rendu vivant et les propositions qui s'y développent excitent l'attention. Voici la moralité de cette œuvre philosophique : les voies de Dieu dans le régime de l'univers sont, il est vrai, impénétrables à l'homme, mais il est constant que les souffrances du juste servent à éprouver sa piété. S'il supporte l'épreuve, sa récompense sera d'autant plus grande.

## CHAPITRE XII

### L'APPROCHE DE LA DÉLIVRANCE.

(555-538)

Vers le même temps surgirent en Asie Mineure et en Babylonie des événements qui devaient décider du sort des exilés. Un des grands de Babylone, *Nabonad*, s'était emparé du pouvoir (555). Déjà, quelques années auparavant, un vaillant héros, le roi de Perse *Cyrus* (Koresch) avait conquis la Médie avec sa capitale Ecbatane (Achmata) et toutes les provinces qui en dépendaient. Les Judéens patriotes virent dans ces faits comme l'annonce d'un revirement prochain de leur propre destinée. Les prophètes Jérémie et Ézéchiel n'avaient-ils pas, en effet, de la façon la plus positive, assigné un terme à la captivité et prédit le retour dans la patrie? Des démarches furent donc faites auprès de Nabonad pour qu'il permît aux Judéens de rentrer dans leur pays. Les espérances de ces derniers durent être d'autant plus vives que le nouveau souverain, à peine monté sur le trône, avait répondu aux vœux des Phéniciens en leur rendant un roi de leur dynastie nationale et, plus tard, avait autorisé le frère de ce prince à régner à son tour. Pourquoi les exilés de Judée n'obtiendraient-ils pas la même faveur que leurs anciens voisins? La demande en fut présentée probablement par le fils de Jéchonias, *Schalliel*, avec l'appui des favoris judéens. Mais Nabonad refusa de l'accueillir et se montra aussi inflexible que jadis Pharaon pour les enfants d'Israël.

Cette déception, qui se doublait d'une avanie, alluma au cœur des patriotes judéens une haine brûlante pour la Babylonie et son roi. Babylone fut, de ce moment, l'objet de leur exécration, au même degré qu'Édom; ils suivirent avec anxiété le progrès des armes de Cyrus. Un choc des deux puissances paraissait inévitable. Le roi de Perse faisait alors la guerre à *Crésus*, roi de Lydie, dont la ligue avec Nabonad et le roi d'Égypte *Amasis* lui créait une nouvelle raison de soumettre Babylone, limitrophe de ses États. Peut-être avait-il des affidés parmi les favoris de la cour ou les païens convertis : on a lieu de le croire, à en juger par les mesures dirigées contre eux par Nabonad et la bienveillance que leur montra plus tard le conquérant; en tout cas, l'animosité du roi de Babylone à leur égard donne à supposer qu'il soupçonna leur fidélité.

La persécution frappa d'abord ceux qui se distinguaient le plus par leur patriotisme et leur piété : des peines rigoureuses furent édictées contre eux et appliquées avec la dernière barbarie. Il semblait que ce reste de la nation dût, à l'exemple de Job, subir l'épreuve de l'affliction et se purifier dans les souffrances. Les uns furent assujettis à de durs travaux, dont les vieillards mêmes ne furent pas exempts; les autres jetés dans de noirs cachots, chargés de coups, traînés par les cheveux et la barbe et livrés à toutes les insultes. Les plus zélés bravèrent la mort, en annonçant à haute voix la prochaine délivrance par Cyrus. Comme tous ces persécutés appartenaient à la classe des Humbles, ils supportèrent les tortures avec fermeté et endurèrent le martyre victorieusement. Un prophète contemporain, témoin de la persécution, s'il n'en fut victime, en a fait une peinture sommaire, mais émouvante. Considérant les Humbles comme le cœur de la nation, il parle de leurs supplices comme si le peuple tout entier les eût endurés :

> Méprisé et abandonné parmi les hommes,
> Homme de douleur et familiarisé avec la souffrance,
>
> . . . . . . . . . . . .
>
> Il a été maltraité, bien qu'il fût humble,
> Et il n'a pas ouvert la bouche.
> Comme un agneau mené à la boucherie,
> Et comme une brebis muette devant ses tondeurs,
> Il n'a pas ouvert la bouche.
> Il est enlevé par la prison et le jugement,
> Et son amertume, qui peut la raconter?

Une ère de douleurs venait de s'ouvrir pour les Judéens à Babylone, comme jadis pour leurs ancêtres en Égypte, avec cette différence toutefois qu'au lieu de corvées aux champs et aux constructions, c'étaient la prison et la mort qui les attendaient, et que ceux qui reniaient leur nationalité demeuraient saufs. Sur cette terre d'exil aussi, les plaintes des Judéens montèrent vers le ciel. Les psaumes composés à cette époque reflètent, avec la tristesse de ces martyrs, les espérances qui s'y mêlaient. Plusieurs prophètes, avec une précision qui tient du prodige, annoncèrent la chute prochaine de Babylone et la délivrance des captifs. Deux d'entre eux ont laissé des discours qui ne le cèdent en rien aux meilleurs monuments des générations prophétiques antérieures. L'un surtout a déployé une telle vigueur, une telle richesse de poésie, que ses œuvres comptent parmi les plus belles, et non pas de la littérature hébraïque seulement.

C'est au moment où Cyrus entreprenait enfin son expédition, depuis longtemps projetée, contre Babylone et où le cœur des exilés palpitait dans les fièvres de l'attente, que cet homme de Dieu fit entendre sa mâle parole, dont la chaude énergie n'a point d'égale en ce genre d'éloquence. Si la perfection d'une œuvre d'art consiste dans cet accord absolu de la pensée et de l'expression qui permet d'en embrasser toute la profondeur et la rend saisissable à toutes les intelligences, la longue suite des discours de celui que, faute de connaître son nom, l'on appelle le *Second Isaïe* ou l'*Isaïe de Babylone*, est un chef-d'œuvre sans rival. Il unit la fécondité de la pensée à l'élégance de la forme, la puissance qui entraîne à la douceur qui attendrit, l'unité à la diversité, l'élan poétique à la simplicité, et le tout en un style si noble, avec une telle chaleur d'accent, que son œuvre, composée pour ses contemporains, s'applique à tous les âges et à toute époque saisit les cœurs. L'Isaïe de Babylone a voulu consoler ses compagnons de douleur, les soutenir en leur montrant dans un haut idéal le but de leur existence; il a ainsi, pour tout homme intelligent et sensible, à quelque race et à quelque langue qu'il appartienne, conféré à la race souffrante d'Israël le douloureux privilège d'enseigner, à travers les siècles, comment un peuple peut être à la fois grand et petit, persécuté à mort et pourtant immortel, être un esclave chargé de mépris et néanmoins un modèle sublime.

Qui fut ce prophète, à la fois grand poète et profond penseur? On l'ignore; ni lui-même ni d'autres ne nous font rien connaître de sa vie. Les compilateurs ont trouvé de l'analogie entre l'ampleur et l'élévation de son style et les qualités de celui d'Isaïe l'ancien; ils ont, pour cette raison, ajouté ses discours à ceux du fils d'Amoz et réuni les uns et les autres en un seul livre. Aucun ne sut mieux que lui réconforter la dolente communauté de Juda; aucun ne mit plus d'âme à relever les courages défaillants. Sa parole agit comme le baume sur la plaie ou comme un vent léger sur un front brûlant. « Consolez, consolez mon peuple, fait-il en commençant,

> Consolez, consolez mon peuple, dit votre Dieu,
> Parlez au cœur de Jérusalem, et annoncez-lui
> Que le temps de ses infortunes est accompli,
> Que son iniquité est pardonnée.
> Et qu'elle a reçu de Jéhovah le double pour tous ses châtiments.

Cette communauté, dont la souffrance va jusqu'à l'épuisement et qui a soif de consolation, le prophète la représente comme une mère qui, pour ses fautes, s'est vu repousser et priver de ses enfants, mais que son époux n'a pas cessé de chérir comme la bien-aimée de sa jeunesse. Cette délaissée, il l'appelle Jérusalem, du nom qui résume pour lui toute émotion et toute tendresse : « Courage, crie-t-il à cette mère abandonnée,

> Réveille-toi, debout, Jérusalem,
> Qui as reçu de la main de Dieu et vidé le calice du vertige.
> Elle n'a personne pour la diriger, de tous les enfants
> Qu'elle a enfantés;
> Nul ne la prend par la main, de tous les fils
> Qu'elle a élevés !
> . . . . . . . . . . . . .
> O pauvre, battue par la tempête, dont personne n'a pitié,
> Je garnirai de rubis les pierres de ton seuil,

Et je te donnerai une fondation de saphirs.

. . . . . . . . . . . . .

Tous tes fils seront disciples de Jéhovah.
Grand sera le bonheur de tes enfants...

. . . . . . . . . . . . .

Comme un homme que sa mère console,
Ainsi je vous consolerai,
Et vous serez consolés à Jérusalem.

Mais cette consolation, est-ce l'attente d'une vaine pompe terrestre, de la puissance et de la domination? Non, c'est l'espérance d'une rédemption qui embrassera le monde entier. Ce prophète de l'exil a, le premier, conçu la bénédiction promise à Abraham comme l'annonce du salut pour toutes les races de la terre et, le premier, en a fait comprendre, dans toute son ampleur, la lumineuse notion. Un ordre entièrement nouveau descendra sur le monde; ce sera comme la création de cieux nouveaux et d'une terre nouvelle, et les choses anciennes seront oubliées et pardonnées. Tous les peuples, toutes les extrémités de la terre auront part à cette délivrance, tous les genoux fléchiront devant le Dieu qu'adore et qu'annonce Israël, et toutes les bouches jureront par son nom. C'est pour accomplir ce salut qu'Abraham est appelé des zones éloignées de la terre et ses descendants choisis dès le ventre maternel. Israël, le peuple de Dieu, a été élu par Dieu pour être son serviteur et son messager vers les peuples, pour servir d'alliance et de lumière aux nations, pour ouvrir les yeux des aveugles. C'est là le but de Dieu, celui que sa Providence a eu en vue dès l'origine des temps. Lorsqu'il a tendu les cieux et fondé la terre, il a aussi jeté les yeux sur Israël, sur Yeschouroun, pour en faire son peuple, son serviteur et son apôtre. Ce peuple-apôtre, élu de Dieu, porteur du salut de toutes les nations et de toutes les langues, la poétique éloquence de ce prophète le glorifie avec une telle exubérance, qu'il apparaît comme un peuple idéal. Et est-il, en effet, rien de plus haut que d'être le guide des peuples sur le chemin de la vérité, de la justice et du salut? L'Isaïe de Babylone indique en même temps comment ce peuple idéal doit remplir son apostolat :

> Voici mon serviteur, sur lequel je m'appuie,
> Mon élu, en qui mon âme se complaît,
> J'ai mis sur lui mon esprit,
> Afin qu'il révèle la justice aux nations.
> Il ne criera, ni ne grondera,
> Ni ne fera entendre sa voix dehors,
> Il ne brisera pas le roseau déjà rompu,
> Ni n'éteindra la mèche près de s'éteindre :
> Il révèlera la justice comme vérité.

Puisque ce n'est point par la violence que le messager de Dieu fera triompher la vérité et propagera la doctrine, que doit-il donc faire pour en amener la reconnaissance universelle ? Donner l'exemple, se dévouer volontairement et se sacrifier pour sa loi, demeurer ferme devant toutes les persécutions, supporter enfin avec patience l'ignominie et l'outrage. Cette mission reconnue d'Israël, le prophète de l'exil l'expose d'une manière admirable en peu de mots, qu'il met dans la bouche du peuple lui-même. Ce martyre conscient, cette constance d'un côté, cette douceur et cette résignation de l'autre, voilà, dit l'Isaïe de Babylone, ce qui doit procurer la victoire à la loi de justice que représente l'Israël idéal et valoir à celui-ci sa juste récompense. Les nations elles-mêmes arriveront à voir que c'est précisément par ses douleurs, par sa persévérance et son esprit de sacrifice que ce peuple, sous ses dehors d'esclave, a rempli une grande tâche, leur a apporté la rédemption et la paix. La pensée fondamentale du prophète, après avoir revêtu d'abord la forme d'un monologue prophétique des nations, se résume dans une autre formule, brève et forte : « Le temple du Dieu d'Israël sera un jour une maison de prière pour tous les peuples. »

Voilà comment est résolue par Isaïe l'obscure énigme du rôle d'Israël. Ce peuple a reçu le lourd fardeau de l'apostolat parmi les nations, et ce ministère, il doit le remplir par ses souffrances et sa fermeté. Comme peuple-martyr il est peuple-apôtre et ne mourra point. C'est pour son propre bien que Dieu lui a infligé l'exil, afin de le purifier au creuset de la douleur.

La rédemption des peuples au moyen du serviteur choisi de Dieu dès l'origine des temps est, aux yeux du prophète, un événement prochain ; la chute de l'empire de Babylone avec son idolâtrie frivole et licencieuse, et la délivrance de la communauté exilée hâteront l'avènement de ce salut. Cette ruine de Babylone apparaît au prophète avec un tel caractère de certitude, qu'il n'en parle plus comme d'une vision, mais comme d'un fait accompli. Un de ses discours fait la satire de cette ville pécheresse, un autre, celle de l'astrologie, à l'aide de laquelle les mages babyloniens se targuaient de lever le voile de l'avenir. Il raille la grossière idolâtrie des Chaldéens avec une ironie mordante, que n'a eue aucun de ses prédécesseurs. La victoire de Cyrus est de même, dans sa bouche, un fait acquis plutôt qu'une prédiction. Ce qu'il entend prophétiser, c'est que Cyrus donnera aux exilés de Juda et d'Israël la liberté de retourner dans leur patrie et de relever Jérusalem avec le temple. Il déclare expressément, à ce propos, qu'il prophétise à l'avance, afin que, la réalité venue, la parole prophétique et la Providence de Dieu en apparaissent confirmées. Cet événement d'une haute portée arrivera aussi infailliblement que se sont vérifiées les prédictions antérieures. Le vainqueur de la Médie et de la Bactriane, de la Lydie, de l'Asie Mineure et de tant d'autres peuples, n'est qu'un instrument choisi pour amener la délivrance et avancer le salut. Ses victoires signifient l'aurore de la rédemption, et la délivrance des exilés en sera la fin. Cette délivrance et ce retour, le poétique génie du prophète les dépeint d'avance sous les plus vives couleurs : ceux qui reviendront dans leur patrie verront se renouveler les miracles de la sortie d'Égypte : les chemins s'aplaniront devant eux, des sources jailliront dans le désert pour les désaltérer, et la solitude se changera en un jardin de fleurs. Rentrés dans leur pays, ils rebâtiront les ruines, relèveront les villes dévastées, feront des solitudes un Éden et pourront vivre à leur vocation dans le repos et dans la joie. L'esprit que Dieu a mis sur son peuple et la doctrine qu'il a mise dans sa bouche ne s'éloigneront plus jamais de lui.

L'Isaïe de l'exil prête son éloquente parole à une grande pensée, d'où sortira un jour la transformation de l'idée religieuse : Dieu, dit-il, est trop haut pour habiter un temple, si vaste qu'il puisse être ; c'est le cœur de l'homme qui doit être le temple de Dieu :

> Le ciel est mon trône et la terre un tabouret pour mes pieds.
> Quel est le temple que vous voulez me bâtir,
> Et quel endroit peut être mon lieu de repos ?
> Tout cela, c'est ma main qui l'a fait,
> J'ai parlé, et tout cela a été.
> C'est vers celui-là seulement que je porte le regard,
> Vers l'humble et le contrit,
> Qui est zélé pour ma parole.

C'est en ces traits lumineux que le prophète de l'exil indique le rôle de son peuple dans l'avenir.

Mais les ombres du présent n'en apparaissaient que plus noires ; elles étaient partout, dans tout ce qu'embrassait le regard. Celui que Dieu avait appelé comme son serviteur refusait d'obéir ; l'apôtre qui devait enseigner la vérité était aveugle et sourd. Au lieu de glorifier la loi déposée entre ses mains, il ne faisait que l'avilir et lui-même se rendait ainsi méprisable. Mais précisément parce que l'état moral de son peuple répondait si peu à la grandeur de sa mission, le prophète avait la tâche d'exhorter et de prêcher, de censurer et de tonner. La communauté de l'exil se composait, comme il a été dit plus haut, de deux classes ou partis ennemis : d'un côté, les pieux et les patriotes, les affligés de Sion, et de l'autre ceux qui, livrés à la vie mondaine, ne voulaient entendre parler ni de Sion, ni de retour, ni de salut. Les premiers, que la souffrance avait rendus craintifs, osaient à peine se présenter et encore moins agir ; les seconds n'avaient que dédain pour ceux qui soupiraient après la délivrance, et allaient même jusqu'à les persécuter. Tandis que les uns s'abandonnaient avec désespoir à cette idée poignante, que Dieu avait délaissé son peuple et l'avait oublié, les autres leur disaient avec ironie : « Que Dieu se montre donc dans sa puissance, pour que nous assistions à votre joie. » L'objet principal du discours de ce grand prophète inconnu fut de rendre aux uns le courage et de ramener les autres, par la douceur et la réprimande, à de meilleurs sentiments : « Reconnaissez, criait-il à ces derniers, reconnaissez donc aux signes du temps que la grâce de Dieu est proche, » et il les pressait d'en profiter pour abandonner leurs voies et leurs pensées impies. A mesure qu'il approchait de sa péroraison, son langage devenait plus acerbe pour les mondains, les indifférents, les égoïstes, impuissants à secouer le joug de l'idolâtrie et des vices de l'idolâtrie. Il termina en dépeignant la délivrance et le retour, et prophétisa que tous les dispersés de Juda et d'Israël seraient rassemblés autour de la montagne sainte de Jérusalem. « Et alors, de mois en mois, de sabbat en sabbat, toute créature viendra se prosterner à Jérusalem pour invoquer le Dieu d'Israël; mais les méchants dont elle verra la punition seront pour elle un objet d'horreur. »

L'issue de la guerre était attendue avec moins d'anxiété peut-être par le roi Nabonad et son peuple que par la communauté judéenne. Celle-ci sentait se succéder dans son cœur tantôt de vastes espérances, tantôt des angoisses auxquelles se liait, dans sa pensée, l'existence ou la fin de la race de Juda. Les Babyloniens au contraire, envisageaient avec une certaine indifférence les préparatifs de Cyrus. Au moment où ils s'y attendaient le moins, l'armée perse parut sous leurs murs, une nuit elle détourna les eaux de l'Euphrate qui traversait la ville, et pénétra dans Babylone par le lit du fleuve desséché, pendant que les habitants, plongés dans l'ivresse d'une fête, se livraient aux débauches et aux danses. Quand le jour parut, la capitale était remplie d'ennemis et toute résistance inutile. La pécheresse Babylone succomba de la sorte (538), après deux années de guerre, exactement comme l'avaient prédit les prophètes judéens, à cette différence toutefois que les châtiments également annoncés à son peuple et à son roi leur furent épargnés par la clémence de Cyrus. La hideuse idolâtrie chaldéenne tomba le même jour et fit place à la religion relativement pure des vainqueurs, car les Perses et les Mèdes ne comptaient que deux ou trois dieux, avaient en horreur le culte babylonien et vraisemblablement en détruisirent les objets.

La chute de Babylone guérit à tout jamais les Judéens de l'erreur idolâtre. N'avaient-ils pas de leurs propres yeux vu des divinités, la veille encore hautement vénérées, choir dans la poussière, « Bel tomber à genoux, Nébo se prosterner et Mérodach s'affaisser? » Cette révolution acheva de les changer; « leur cœur de pierre fut amolli »; tous, sans exception aucune, même les mondains et les pécheurs, s'attachèrent depuis lors à leur Dieu. Ils abjurèrent leur malveillance envers les humbles, les affligés de Sion, ne les traitèrent plus qu'avec respect et les mirent à la tête de la communauté.

Cependant les pieux et les patriotes s'employaient sans perdre de temps à réaliser la délivrance et le retour promis par les prophètes. Parmi les dignitaires de Nabonad qui rendirent hommage au conquérant, désormais roi de Babylone — il data de la prise de cette ville la première année de son règne (538), — se trouvaient des eunuques issus de la race royale de Juda et dévoués à la loi d'Israël. Ces officiers du palais, ou bien les Chaldéens notables qui avaient embrassé la religion judéenne, firent aussitôt, — probablement de concert avec *Zorobabel* (Zerubabel), petit-fils de Jéchonias, —des démarches auprès de Cyrus, pour obtenir l'affranchissement de leurs coreligionnaires et, en premier lieu, la liberté des Judéens enfermés pour l'excès de leur piété. Cyrus leur accorda plus encore : il permit aux exilés de retourner dans leur patrie, de rebâtir Jérusalem et de restaurer le temple. Maître de Babylone, il l'était naturellement de toutes les conquêtes de Nabuchodonosor et, par suite, du royaume de Juda. Quels purent être les motifs invoqués par les solliciteurs à l'appui d'une demande en apparence aussi téméraire que celle d'octroyer une sorte d'indépendance politique aux Judéens? Et quels furent les mobiles qui amenèrent Cyrus à y consentir? Un des eunuques judéens a-t-il vraiment, comme on le raconta plus tard, informé le vainqueur perse qu'un prophète de la captivité avait prédit ses victoires et annoncé qu'il permettrait au peuple exilé de rentrer dans sa patrie? Quoi qu'il en soit, on vit Cyrus, dès le lendemain de la prise de Babylone, faire publier par hérauts et par lettres royales, dans toute l'étendue de son empire, un édit prescrivant que tous les Judéens fussent libres de retourner à Jérusalem et d'y élever un sanctuaire; ceux qui resteraient étaient autorisés à les munir d'or et d'argent, ainsi que de bêtes de somme ; enfin son trésorier *Mi-*

*thradate* reçut l'ordre de remettre aux partants les vases sacrés que Nabuchodonosor avait emportés de Jérusalem et déposés comme trophées dans le temple de Bélus.

Incontinent des mesures furent prises pour organiser le départ. Douze hommes, en représentation des douze tribus, se chargèrent d'aviser aux difficultés et de lever les obstacles. A leur tête se trouvaient deux chefs, également appelés par leur naissance à les commander, l'un, *Zorobabel*, fils de Schaltiel, fils lui-même de Jéchonias, rejeton par conséquent de la race de David, l'autre, *Yeschoua*, fils de Yehozadak et petit-fils du dernier grand prêtre Séraya. Le premier reçut de Cyrus le titre de satrape (*Pechah*) des territoires qu'allaient réoccuper les Judéens. C'était une dignité presque royale. A ces douze hommes se présentèrent tous ceux qui éprouvaient le désir de retourner dans leur patrie. Assurément leur nombre, comparé à celui de leurs ancêtres sortant d'Égypte, était fort modeste; il fut cependant plus élevé qu'on ne s'y fût attendu : 42,360 personnes, hommes, femmes et enfants, ceux-ci comptés de l'âge de douze ans, se disposèrent au départ. C'étaient, en majeure partie, des Judaïtes et des Benjamites, puis des Aaronides partagés en quatre groupes, enfin une petite phalange de Lévites, auxquels s'adjoignit un contingent, d'ailleurs peu considérable, des autres tribus et des peuplades converties au Dieu d'Israël.

La joie de tous ces exilés près de rentrer dans leur pays était inexprimable. Eh quoi! ils avaient été jugés dignes de fouler de nouveau le sol de la patrie, de le cultiver de nouveau et d'y relever le sanctuaire! Il leur semblait faire un beau rêve. L'événement retentit aussi parmi les nations; on en parla et l'on y vit un prodige que le Dieu d'Israël faisait en faveur de son peuple. Un psaume nous a conservé l'écho des sentiments qui animaient les partants :

> Quand Dieu ramena les captifs de Sion,
> Nous étions comme ceux qui rêvent;
> Alors notre bouche s'est remplie de joie
> Et notre langue d'allégresse.
> Alors on disait parmi les nations :
> « Dieu a fait de grandes choses pour ceux-ci. »

Oui, Dieu a fait de grandes choses pour nous,
Et nous en avons été transportés de joie.

Au moment où ils se mirent en route pour Jérusalem et pour la liberté, un psalmiste les exhorta à descendre en eux-mêmes et à s'assurer qu'ils méritaient vraiment ce bonheur : ceux-là seuls qui en étaient dignes et qui cherchaient Dieu devaient se réunir au lieu saint. Mais qui eût choisi parmi eux?

# NOTES JUSTIFICATIVES

**Page 18.** — *Ils adressèrent leurs hommages au dieu-taureau Apis, qu'ils appelaient* Abir...

Le mot *Abir* veut dire en hébreu *taureau*, puissant et *Dieu*. Il répond à l'*Apis* égyptien, qui était adoré comme divinité. Cf. Jérémie, 46, où le mot *Abir-echa* signifie : *ton Apis, ton dieu-taureau*. C'est parce qu'une partie des Israélites étaient habitués au culte d'Apis, que Jéroboam a pu instaurer plus tard celui du taureau ou du veau.

**Page 23.** — La « Mer des Roseaux » qu'ont traversée les Israélites ne peut avoir été la pointe de la mer Rouge (golfe d'Akabah), ni le golfe de Suez, qu'on ne peut jamais passer à pied sec, même à la marée basse. Le passage doit s'être effectué plutôt par cette partie sablonneuse de la mer qui porte le nom de Mer des Crocodiles (en arabe *Behr el Timseh*) et qui est aujourd'hui reliée au canal de Suez.

**Page 36.** — L'égoïsme et la dureté de la tribu d'Éphraïm donnent en grande partie la clef de l'histoire ultérieure d'Israël jusqu'à la chute de Samarie. Le Psaume 78, particulièrement dans les versets 9 et suivants, et verset 67, rejette sur l'indocilité de cette tribu toute la faute des péchés des Israélites après l'entrée dans le pays de Canaan. L'égoïsme des tribus d'Éphraïm et de Manassé (les deux n'en faisaient qu'une) apparaît nettement dans Josué, 17, 14 et suiv. Osée (4, 17 et suiv.) représente Éphraïm comme le séducteur le plus pernicieux et comme un artisan de malheurs. Ainsi s'expliquent fort aisément le récit de l'époque des Juges (Juges, 8, 12), la rébellion de Jéroboam sous Salomon (Rois I, 11, 28 et suiv.) et le schisme (Rois, 12).

**Page 53.** — ... *Et avec la ville* (de Silo) *ils* (les Philistins) *détruisirent*....
La destruction de la métropole religieuse de Silo n'est pas racontée dans

le livre des Juges, mais il y est fait allusion dans le Psaume 78, 60-65, et dans Jérémie 7, 12 ; 26, 6.

**Pages 55 et 56.** — *Plus de sanctuaire! Plus de sacrifices!*

C'est Samuel qui a le premier proclamé le peu de valeur des sacrifices. Sam. I, 1, 15-22. Voir aussi dans ce volume, page 71 :

> Des holocaustes, aux yeux de l'Éternel,
> Ont-ils autant de prix que l'obéissance?
> . . . . . . . . . . . . . . .

**Page 58.** — *La tribu de Juda n'avait pris aucune part aux affaires publiques....*

Il n'est question de la tribu de Juda qu'à la fin de l'époque des Juges. Samuel avait commencé par faire résider un de ses fils à Bersabée, qui appartenait à Juda (Sam. I, 8. 1). Jusqu'à ce moment-là cette tribu n'avait pris aucune part aux événements. Le cantique de Débora qui nomme toutes les tribus, passe sous silence celle de Juda et sa vassale de Siméon. Les chapitres 19-21 du livre des Juges, d'après lesquels Juda était chef (20, 18), ne sont point historiques, mais simplement un morceau à tendance composé sous Salomon.

**Page 65.** — L'histoire de la guerre de Saül avec les Philistins ne commence qu'à Sam. I, 13, 3 et suiv. Les deux premiers versets de ce chapitre appartiennent au chapitre précédent.

**Page 72.** — *... Saül ordonna le massacre de cette population* (les Gabaonites)...

La conduite de Saül envers les Gabaonites et d'autres peuplades de la Palestine est racontée dans Sam., II, 21, 2 et suiv.

**Page 74.** — *... David .... Samuel l'oignit....*

Dans Sam., I, 17, 13, au lieu de : Saül, c'est Samuel qu'il faut lire. Le sens de ce verset est que David faisait de fréquents séjours chez le prophète, qu'il allait le voir et s'en retournait pour faire paître les troupeaux de son père à Bethléem. De Bethléem à Mitspa, où demeurait Samuel, la distance est d'à peine 16 kilomètres.

**Page 77.** — *... Il (David) revint victorieux de toutes les expéditions.....*

D'après Samuel I, 18, 6, David n'est pas revenu vainqueur du Philistin (Goliath?), mais *des Philistins*. En hébreu, les noms de peuple s'emploient souvent au singulier, tout en ayant le sens du pluriel.

**Page 81.** — Voir Sam. II, 44.

**Page 83.** — *... Mais ce n'est pas par les Anciens qu'il y fut appelé....*

Il résulte de Sam. II, 8, 1-13, que David n'avait pas été invité à résider à

# NOTES JUSTIFICATIVES.

Hébron et que ce n'est que plus tard que la tribu de Juda lui fit hommage de fidélité.

**Page 84.** — ... *Ce ne fut qu'après quatre ou cinq ans qu'il (Abner) put en débarrasser le pays* (des Philistins).

Le livre de Samuel II (2, 9-10) indique comment Abner reconquit successivement tout le royaume et, par suite, en chassa les Philistins. Il reprit d'abord *Ascher*, c'est-à-dire le territoire de la tribu d'Ascher (et de la tribu voisine de Nephtali qui s'y rattachait), puis *Jezréel*, c'est-à-dire le domaine des tribus de Zabulon, d'Issachar et de Manassé, enfin *Éphraïm* et *Benjamin*. Il lui fallut pour cela plusieurs années, quatre ans et demi. S'il est dit au même passage qu'Isboseth ne régna que deux ans, cela signifie simplement qu'il ne régna que deux années sur toutes les onze tribus, après qu'Abner eut également repris aux Philistins le territoire de Benjamin, où ils mirent le plus d'opiniâtreté à se défendre et où ils se maintinrent le plus longtemps, car il confinait à leur propre pays. David régna, de la mort de Saül à celle d'Isboseth, six années et demie sur Juda seul ; la lutte d'Abner et des Philistins, et la reprise des territoires d'Israël durèrent donc quatre ans et demi. Le règne d'Isboseth dura autant que celui de David à Hébron, mais ne fut que de deux années sur la totalité des tribus. Comme l'auteur du Livre de Samuel est un partisan de la dynastie de David, il se borne à résumer en toute brièveté les événements des règnes antérieurs et les actes de la dynastie de Saül.

**Page 88.** — ... *David se mit en mesure d'attaquer le Sion*.

Pour comprendre la lutte qui eut lieu à la prise du Sion, il faut compléter le récit très incomplet de Sam. II, 15, 6 et suiv., par celui des Chroniques I, 10, 4 et suiv. L'humanité de David envers les Jébuséens et la permission qu'il leur donna de s'établir sur la colline de Moria résultent de l'épisode d'Arawnah le Jébuséen (Sam. II, 24 18 et suiv.). Les Chroniques (I, 21, 20) ajoutent qu'Arawnah avait quatre fils. Il semble même que cet Arawnah ait été roi des Jébuséens. David ne lui en laissa pas moins la vie après la prise de sa forteresse de Sion, tant était grande sa clémence envers les vaincus. Il ne se montra cruel que vis-à-vis des Moabites et ce ne fut certainement pas sans raisons graves.

**Pages 90-91.** — ... *Victoires sur les Philistins*.

La relation des guerres de David avec les Philistins est éparpillée dans les sources historiques : Sam. II, 6, 17-25 ; 8, 1, où il faut lire *Gath* (Gaza) et non *Metheg* ; 21, 15-22, où il faut pareillement lire Gath au lieu de *Nob* ou *Gob*. Il suit de là que David s'empara de la capitale de Gath où, suppliant, il avait autrefois cherché asile.

**Page 94.** — ... *Abiathar à Jérusalem et Sadoc à Gabaon*.

Il résulte des Chroniques I, 16, 39, que David établit un accommodement entre les deux chefs rivaux des Aaronides, Abiathar et Sadoc.

**Page 96.** — ... *Les petits-fils que lui avait donnés sa fille Mérab*....

Dans cette relation des exigences gabaonites (Sam. II, 21, 1-10), il faut lire, au lieu de : les fils de *Michal* : les fils de *Mérab*, ainsi que l'a déjà fait remarquer le grammairien Jona Ibn-Djanach. L'événement doit, du reste, avoir eu lieu dans les premiers temps du règne de David, puisqu'il est dit à ce propos que celui-ci, lors du châtiment expiatoire de la descendance de Saül, épargna Mephiboseth. Ce détail se rapporte, en effet, au récit du second livre de Samuel, chap. 9.

**Page 100.** — ... *De son côté, Abisaï avait guerroyé avec les Iduméens*....

Les Chroniques I, 17, 12, attribuent la défaite des Iduméens à Abisaï. Ce passage manque dans Sam. II, 8, 13, à la suite des mots : « ... lorsqu'il revint battre les Araméens, [et Abisaï vainquit les Iduméens dans la vallée des Salines] 18.000 hommes. » Ce récit est distinct de celui des Rois I, 11, 15 et suiv., qui se rapporte à l'extermination des Iduméens par Joab.

**Page 104.** — ... *Celui-ci* (Achitophel) *jugea son honneur offensé*....

Une observation faite déjà, paraît-il, par le Talmud (Synhédrin, p. 69 b.) et qui explique la haine d'Achitophel envers David, a échappé aux historiens modernes. Bethsabée était *petite-fille* d'Achitophel. Dans Sam. II, 11, 3, elle est appelée aussi fille d'Éliam, que le même livre (chap. 23, 34) présente comme fils d'Achitophel. Celui-ci jugea donc l'honneur de sa famille atteint par la conduite de David envers sa petite-fille et, de fidèle conseiller du roi, devint son mortel ennemi. Achitophel a certainement poussé le faible et vaniteux Absalon à la révolte contre son père, afin de se venger de ce dernier.

**Page 118.** — ... *La forteresse d'Abel,... la ville de Dan*...

Sam. II, 20, 18 : « Ils devaient demander à Abel ; et c'était fini. » Les Septante ont rendu cet obscur passage avec beaucoup de clarté, en traduisant : « Ils devaient demander à Abel et à Dan. » (Au lieu de *wé-chen* ils ont lu *wé-Dan*). Ils traduisent avec une égale justesse les versets 18 et 19. Il suit de là que le séditieux Schéba a trouvé un refuge et de l'assistance dans les deux villes du nord, Abel et Dan.

**Page 140.** — ... *On vit s'élever sur le mont des Oliviers des sanctuaires idolâtres*....

La tolérance que montrait Salomon, en permettant d'élever des autels idolâtres sur le mont des Oliviers, ne procédait pas seulement d'un sentiment d'indulgence pour ses femmes païennes ; c'était encore une concession faite aux sociétés de commerce étrangères établies à Jérusalem. D'après les Rois II, 23, 13, il existait aussi dans la capitale un sanctuaire consacré à l'Astarté des Sidoniens, c'est-à-dire des Phéniciens. Comme Salomon entretenait de très étroites relations avec la Phénicie, il est à croire que des marchands de ce pays qui, pour la facilité de leur trafic, possédaient des comptoirs à Jérusalem, avaient demandé pour la célébration de leur culte un emplacement que Salomon n'avait guère pu leur refuser.

**Page 148.** — ... *Ce roi* (Scheschenk) *lui aurait même donné en mariage la sœur ainée de sa femme*....

D'après les Septante (Rois IV, 15, 25), Jéroboam avait également épousé une sœur de la reine d'Égypte, du nom d'Anô, et [par conséquent était uni de la façon la plus intime à la cour égyptienne. De là l'introduction du culte du taureau, c'est-à-dire de l'*Apis* égyptien, dans son royaume (Voir page 18). Suivant les Chroniques (II, 11, 15), il importa aussi le culte des boucs, encore d'origine égyptienne. Enfin il paraît que Jéroboam introduisit également dans ses États le calendrier égyptien, calculé sur l'année solaire, tandis qu'en Juda l'on comptait d'après l'année lunaire, plus courte. De là aussi le défaut de concordance chronologique entre les règnes synchroniques des rois d'Israël et de Juda.

**Page 158.** — .... *jusqu'à ce qu'enfin un prêtre d'Astarté Ithobal* (*Ethbaal*)....

D'après Josèphe (*Contra Apionem*, I, 18), Ithobal, roi de Phénicie, avait commencé par être prêtre d'Astarté. Voilà pourquoi sa fille Jézabel introduisit de force en Israël le culte d'Astarté et celui d'Adonis (Baal), qui s'y rattache. Elle est la première qui, par fanatisme, persécuta et fit mettre à mort ceux qui refusaient de rendre hommage à ces divinités. M. Renan se trompe donc en avançant que les Israélites auraient les premiers montré de l'intolérance à ceux qui ne croyaient pas comme eux. Cette opinion est de tout point erronée. C'est un fait acquis que les Israélites *n'ont pas* exterminé les peuplades cananéennes qu'ils ont rencontrées à leur entrée en Palestine; il est bien plus vrai de dire que celles-ci ont été, au temps des Juges, les maîtresses du pays. Elles se sont maintenues dans la contrée jusque sous le règne de Salomon qui, le premier les a astreintes à la corvée (Rois I, 9, 20; Juges, 1, 21, 28-29). Les Israélites n'ont point imposé leur religion aux Cananéens : ce n'est pas d'eux, par conséquent, mais de Jézabel, que les chrétiens ont reçu la tradition d'intolérance qu'ils ont appliquée si cruellement, à partir du IV$^e$ siècle, aux païens et aux juifs. Il est vrai qu'Élie aussi a fait massacrer les prêtres de Baal, mais il ne faisait qu'user de représailles envers les instruments de Jézabel. Encore a-t-il, pour cet excès de zèle (Rois I, 19, 1-12), été blâmé au mont Horeb, où il lui fut signifié que le Seigneur ne se manifeste pas dans la fureur de l'orage, ni dans la violence du tremblement de terre, ni dans les dévastations du feu, mais dans un doux murmure, dans la mansuétude.

**Page 162.** — ... *Sous ce costume*...

D'après les Rois II, 1, 8, Élie portait les cheveux longs, avec un manteau noir de poil de chèvre (*Aderet Sear*, aussi appelé *Sak*; Zacharie 13, 4; Isaïe, 20, 2), le vêtement habituel des prophètes. *Jonadab*, fils de Réchab, adhérent d'Élie, s'abstenait de vin et interdit expressément à sa descendance l'usage de cette boisson (Jérémie, 35, 5-10). C'est là le commencement des Naziréens : ne pas boire de vin et laisser croître la chevelure étaient les signes caractéristiques de la vie naziréenne. Élie est par conséquent le fondateur de l'ordre des Naziréens (Cf. Amos 2, 11-12), d'où sortirent plus tard les Esséniens ; ceux-ci à leur tour donnèrent naissance au christianisme primitif, dont l'origine essénienne n'est plus niable. Surprenante métamorphose historique : Élie précurseur de Jean-Baptiste, le maître de Jésus !

**Page 201.** — ... *Après avoir emprunté pour cela les paroles à jamais mémorables d'un prophète plus ancien...*

La prophétie de la paix éternelle se présente sous une forme identique dans Isaïe 2, 2 et suiv., et dans Michée 4, 1 et suiv., mais chez tous deux elle paraît d'emprunt. Isaïe s'en sert pour faire ressortir la dégénération de l'époque, et Michée, pour y rattacher la venue prochaine de temps heureux. Cette prophétie est donc nécessairement d'un prophète plus ancien, de Joël ou d'Osée I.

**Page 219.** — ... *Ézéchias fut frappé d'un ulcère cancéreux...*

Pendant le siège de Jérusalem. Cette circonstance résulte du rapprochement d'Isaïe 38, 6, et d'Isaïe 37, 38.

**Page 220.** — ... *Sennachérib et son armée regagnaient leur pays...*

Cette fuite est également racontée dans Hérodote (II, 141), d'après les récits de prêtres égyptiens.

**Page 221.** — ... *Ce fut une époque de chant...*

C'est du règne d'Ézéchias que datent les psaumes suivants :
2, composé en l'honneur de ce roi ;
21, — après sa guérison ;
45, — après son mariage ;
46-76, — après la défaite de Sennachérib ;
72, — en l'honneur du même roi après son avènement.

O . assigne la même origine à la section des Proverbes qui part du chap. 25 (elle a pour auteurs les « gens d'Ézéchias »), enfin aux versets 1 à 11 du chap. 2 de Samuel I (c'est une sorte de psaume composé par un anavite qui se réjouit de voir un bon roi élever les humbles, c'est-à-dire protéger les anavites).

**Page 227.** — *Les Scythes ou Sakes....*

L'invasion des Scythes du Caucase en Médie et leurs razzias à travers l'Asie jusqu'à la frontière d'Égypte et en Asie mineure, se placent, d'après la chronologie, de 633 à 630, époque à laquelle, en Juda, régnait Josias (638-608). Comme, d'après Hérodote, les Scythes ont imposé la ville d'Ascalon, il faut nécessairement qu'ils aient touché aussi la Judée. Quelques passages de la Bible font du reste allusion à des hordes étrangères qui auraient également ravagé la Judée (Sophonie 3, 6); on leur donne le nom de *Gog*, du pays de *Magog*, c'est-à-dire du *Caucase*.

**Page 231.** — ... *Recueil de lois que j'ai trouvé*...

Il est hors de doute que le livre trouvé dans le temple sous le règne de Josias, le « livre d'alliance » qui fit une si forte impression sur ce roi, était le Deutéronome ou cinquième livre de Moïse. C'est aussi l'opinion du Talmud, qui d'ailleurs n'en connaît pas d'autre, que ce livre a été lu à Josias et que celui-ci a été profondément saisi par ce verset : « Ton roi sera traîné en captivité (Deutér. 28, 36 — Talmud, *Joma*, p. 52 b.).

**Pages 234-235.** — ... *Il fit disparaître les diverses idolâtries*....

Pour la réforme de Josias et la proscription de l'idolâtrie, ainsi que pour la célébration solennelle de la Pâque, voir Rois II, 23. Le psaume 81 a certainement été chanté à cette fête ; le texte indique qu'une partie du peuple (les dix tribus) était déjà exilée alors.

**Page 244.** — ... *Jérusalem... une belle et populeuse ville*....

Sur la beauté de Jérusalem peu avant la destruction, voir Lamentations I, 1; IV, 12; Psaumes, 48, 3.

**Page 247.** — ... *Un édit royal imposa la même mesure aux nobles*...

Jérémie (34, 8 et suiv.) parle comme d'un fait positif d'un serment fait par le roi Sédécias pour l'affranchissement des esclaves, et de l'accomplissement de ce grand acte. Il résulte toutefois du verset 21 que, peu après la retraite momentanée des Chaldéens, les grands et les prêtres replacèrent dans la servitude les esclaves naguère émancipés.

**Page 270.** — ... *Une partie des exilés*...

On peut admettre aujourd'hui comme hors de discussion l'origine babylonienne des chapitres 40 et 66 d'Isaïe (une faible partie exceptée). Ce sont des discours prophétiques adressés aux exilés et dont l'auteur est désigné sous le nom d'*Isaïe de Babylone* ou *d'Isaïe le second* (Deutéro-Isaïe). Tous ces chapitres peuvent donc être considérés comme documents pour l'histoire matérielle et morale des Judéens pendant l'exil. — L'existence de prosélytes dans le pays de la captivité ressort d'Isaïe, chap. 56, vers. 3, 6 et 8, ainsi que du chap. 14, vers. 1, ce dernier portant, comme le chap. 13 qui s'y rattache, le titre de *Prophéties contre Babylone* et par suite appartenant d'une manière certaine à la période d'exil. — Dans Jérémie (chap. 10), se rencontre un verset (11) en langue chaldéenne, qui engage nettement les exilés à dire aux païens que leurs dieux ne sont que néant. D'où il suit que les *zélés* voulaient proprement faire de la propagande parmi les Chaldéens.

**Page 272.** — *Le Livre de Job*....

Il n'est pas douteux que le Livre de Job a été fait pendant l'exil. L'introduction cite les Chaldéens comme peuple conquérant ; or ceux-ci n'ont joué un rôle qu'à partir de Nabuchodonosor et seulement jusqu'à Cyrus, soit de l'an 604 à l'an 538. Le Livre de Job est, de plus, rempli de chaldéismes et d'araméismes. Enfin, il est très souvent question, dans les dialogues, des souffrances des Humbles (Anavim). Tout le livre apparaît plus transparent, lorsqu'on se représente l'exil au fond du tableau.

**Page 282.** — ... *Cyrus leur accorda plus encore...*

C'est certainement avec le concours des eunuques judéens de la cour de Babylone que les exilés ont obtenu la permission de retourner dans leur patrie. Sur l'attachement des ennuques (*Sarisim*) au judaïsme, voir Isaïe 56, 3-4 et suiv., et Rois II, 20, 18.

# TABLE DES CHAPITRES

Pages.

INTRODUCTION. . . . . . . . . . . . . . . . . . . . . . . . . . . 4

## PREMIÈRE PÉRIODE.

## LES TEMPS BIBLIQUES JUSQU'APRÈS L'EXIL.

### PREMIÈRE ÉPOQUE.

### LES COMMENCEMENTS.

CHAPITRE PREMIER. — L'HISTOIRE PRIMITIVE. — Population primitive de Canaan, les Phéniciens. — Droit des Israélites sur le pays. — Genèse du peuple israélite. — Les patriarches, la doctrine héréditaire. — Les Israélites en Égypte. — Idolâtrie et mœurs des Égyptiens; leur influence sur les Israélites. — Prophétisme: Moïse. — L'Exode. — Passage de la mer Rouge. — Révélation du Sinaï. — Importance des Dix commandements. — Les Israélites deviennent le peuple de Dieu. — Rechutes dans l'idolâtrie. — Pérégrinations dans le désert. — Victoires sur les peuplades transjordaniques. — Mort de Moïse. — Josué. — Passage du Jourdain. . 13

CHAPITRE II. — CONQUÊTE DU PAYS DE CANAAN. — Conquête de la région centrale de Canaan. — Soumission spontanée des Gabaonites. — Égoïsme et et insubordination de la tribu d'Éphraïm. — Morcellement du peuple en tribus. — La tribu de Lévi et l'Arche d'alliance à Silo. — Sol, climat et fertilité du pays de Canaan-Israël. — Influence de la nature sur le caractère du peuple et sur sa poésie. — Restes de peuplades cananéennes parmi les Israélites. — Imitation du culte idolâtre; affaiblissement qui en

Pages.

résulte. — Invasions et sujétion ; aide momentanée des Juges, leur impuissance. — Grande défaite des Israélites, capture de l'Arche d'alliance, destruction de Silo, asservissement aux Philistins. — Réveil du prophétisme : Samuel. — L'ordre des Psalmistes ou des Prophètes. — Rôle de Samuel. — Jonction de la tribu de Juda, jusqu'alors isolée, et des tribus centrales. — Nouveau sanctuaire à Nob. — Accroissement de puissance des Philistins et des Ammonites; leurs incursions et leurs attaques. — Les Israélites veulent un roi.. . . . . . . . . . . . . . . . . . . . . . . . . . . . . .  33

## DEUXIÈME ÉPOQUE.

### L'APOGÉE.

CHAPITRE III. — RÈGNE DE SAÜL (1167-1050 avant l'ère chrétien). — Établissement de la royauté. — Saül, sa famille, son caractère. — Triste situation des Israélites, oppression des Philistins. — Jonathan, son courage militaire; la victoire de Saül sur les Philistins, les Ammonites et les Amalécites. — Rupture entre Saül et Samuel. — Lutte avec les Philistins; Goliath, victoire de David. — Irritation de Saül contre David, sa jalousie poussée jusqu'à la fureur. — Dernière bataille, défaite et mort de Saül. . 63

CHAPITRE IV. — RÈGNE DE DAVID (1055-1035). — Dépendance de David vis-à-vis des Philistins. — Son élégie sur la mort de Saül et de Jonathan. — Il est élu roi de Juda. — Abner chasse les Philistins. — Querelles entre Juda et Benjamin. — Brouille du roi Isboseth et de son général en chef Abner. Assassinat de l'un et de l'autre. — David élu roi des douze tribus. — Prise de la forteresse de Sion. — Origine et commencement de Jérusalem. — Rupture de David avec les Philistins, sa phalange héroïque et ses victoires. — Organisation provisoire du culte à Sion. — Fonctionnaires et conseillers de David. — Extermination de la maison de Saül. . . 81

CHAPITRE V. — RÈGNE DE DAVID (Suite) (1035-1017). — Guerres et victoires de David. — Accroissement de sa puissance, psaume triomphal. — Péché de David avec Bethsabée; ses suites. — Haine d'Achitophel, aïeul de Bethsabée; ses projets de vengeance secondés par le crime d'Ammon. — Bannissement d'Absalon, son retour et ses machinations. — Dénombrement, peste, désaffection du peuple. — Révolte d'Absalon, fuite de David. — Campagne du fils contre le père; défaite et mort d'Absalon. — Retour de David, jalousie des tribus, nouvelle rébellion. — David projette de construire un temple; son dernier psaume. — Déclin de ses forces; compétitions entre ses deux fils. — Sa mort. — Ses mérites. . . . . . . . . . .  97

CHAPITRE VI. — LE ROI SALOMON (1017-977). — Caractère et sagesse de Salomon; son genre de poésie. — Son estime exagérée de la dignité royale. — Extension de l'empire d'Israël. — Harem de Salomon. — Mariage de Salomon avec la fille du roi d'Égypte Psusennès. — Luxe de la cour de Salomon. — Asservissement de la population cananéenne, corvées, préparatifs de la construction du temple et du palais. — Consécration du temple. — Fortification de Jérusalem et autres travaux. — Trône de Salomon. — Sources de richesse au temps de Salomon. — Société de commerce pour l'importation et l'exportation de chevaux et de chariots de guerre. — Construction d'une flotte, voyages d'Ophir. — Routes de commerce. — Culture et fertilité du pays. — La reine de Saba. — Les ennemis de Salomon. — Ses dernières années. — Rébellion de Jéroboam et mort de Salomon. . . . . . . . . . . . . . . . . . . . . . . . . . . . . 124


## TROISIÈME ÉPOQUE.

### LA MARCHE EN ARRIÈRE.

CHAPITRE VII. — LE SCHISME ET LES NOUVEAUX PROPHÈTES (977-858). — Roboam, successeur de Salomon. — Intrigues de Jéroboam. — Le schisme : royaume des dix tribus (Israël) et royaume des deux tribus (Juda). — Petits démêlés entre les deux royaumes et relations diplomatiques avec les peuples voisins. — Affaiblissement réciproque. — Invasion des Égyptiens, conquêtes sur Juda. — Défection des peuplades tributaires. — Innovations de Jéroboam, le culte du taureau à Béthel et à Dan; renversement de la religion d'Israël. — Régicide dans le royaume d'Israël. — Le roi Omri et la nouvelle capitale Samarie. — Ses relations avec la Phénicie; introduction du culte de Baal et d'Astarté. Son fils Achab épouse Jézabel, fille du roi de Phénicie. — Persécution des adhérents de Jéhovah. — Les prêtres de Baal et d'Astarté. — Le prophète Élie; son zèle pour Jéhovah. — Les Naziréens. Évènement du mont Carmel; triomphe d'Élie et massacre des prêtres de Baal. — Guerres d'Achab avec les Araméens. — Sa descendance. — Disparition d'Élie. — Son successeur Élisée et les écoles de prophètes. — Avènement de Jéhu; extermination de la maison d'Achab et extirpation du culte de Baal. — Mort de Jézabel. — La reine Athalie, son zèle pour l'idolâtrie à Jérusalem. — Conspiration du grand prêtre Joïada contre elle et restauration du culte de Jéhovah. — Avènement du jeune prince Joas. — Le temple réparé. — Guerres des Israélites et des Araméens. — Guerre entre les royaumes de Juda et d'Israël. — Faiblesse du royaume de Juda sous Osias. — Calamités naturelles, tremblement de terre, sécheresse, stérilité. — Relèvement du royaume de Juda par l'habileté militaire d'Osias et de celui d'Israël par Jéroboam II. — Corruption des mœurs; discours de réprimande des trois prophètes contemporains Amos, Joël et Osée Iᵉʳ. — Prophétie de la paix éternelle. — Chute de la maison de Jéhu. — Maladie du roi Osias. . . . . . . . . . . . . 144

**CHAPITRE VIII.** — Chute du royaume des dix tribus, la maison de David et l'ingérence assyrienne (758-740). — Ingérence des Assyriens dans le royaume des dix tribus. — Changements de dynastie; Phacée (Pekach), fils de Remalia, de Samarie. — Attitude belliqueuse d'Israël et de la Syrie contre Juda. — Arrogance de la noblesse de Juda. — Progrès des mauvaises mœurs dans les deux royaumes. — Le prophète Isaïe, son école: les Humbles (*Anavim*) et les Pauvres (*Ebionim*). — Bassesse de caractère d'Achaz; idolâtrie et mœurs assyriennes introduites en Judée. — Sacrifices humains dans la vallée de Hinnom (Géhenne). — Le royaume de Samarie après la mort de Phacée. — Système d'oscillation entre l'Assyrie et l'Égypte. — Le roi Osée; expédition de Salmanazar contre la Phénicie et Samarie. — Siège et ruine de Samarie. — Dispersion des dix tribus. — Ézéchias, roi de Juda; sa piété, ses réformes. — Schebna, préfet du palais; Isaïe contre la politique de duplicité. — Rupture avec l'Assyrie. — Expédition de Sennachérib. — Constance d'Isaïe et de Michée. — Siège de Jérusalem, sommations assyriennes; diversion. — Maladie d'Ézéchias, sa guérison; délivrance de Jérusalem. — Hymnes de joie et de triomphe à Jérusalem. — Prospérité de la fin du règne d'Ézéchias. . . . . . . . . 196

**CHAPITRE IX.** — Les Avant-derniers rois de la race de David (695-596). — Règne funeste de Manassé. — Réaction, haine fanatique pour le régime établi par Ézéchias. — Restauration de l'idolâtrie avec ses horreurs et ses dérèglements. — Persécution et meurtres de prophètes. — Expédition d'Assar-Haddon contre l'Égypte et transplantation des Chuthéens dans la région de Samarie (les Samaritains). — Manassé captif; sa mort. — Le roi Josias. — Invasion des Scythes. — Revirement chez Josias. — Restauration du temple. — Le prophète Jérémie. — Le code trouvé dans le temple (Deutéronome); saisissement de Josias à la lecture de ce livre. — Serment solennel de fidélité aux lois. Abolition de l'idolâtrie. Célébration solennelle de la Pâque. — Expédition de Nécho; mort de Josias. — La Judée vassale de l'Égypte. Règne funeste de Joachim; retour à l'idolâtrie et aux mauvaises mœurs. — Les prêtres d'Anatoth, le prophète Jérémie, son éloquence tragique et sa persécution. — Chute de l'Assyrie et révolutions politiques. — Nabuchodonosor et les Chaldéens. — Siège de Jérusalem. — Joachim emmené captif à Babylone. . . . . . . . . . . 222

**CHAPITRE X.** — Chute du royaume de Juda (596-586). — Sédécias établi roi de Juda; amoindrissement du royaume. — Caractère de Sédécias. — Nouvelles oscillations entre l'Égypte et la Babylonie. — Avertissements de Jérémie. — Guerre et siège de Jérusalem; émancipation des esclaves; secours de l'Égypte. — Emprisonnement de Jérémie; ses souffrances. — Famine et peste à Jérusalem. — Entrée des Chaldéens; massacres. — Les prisonniers à Rama. — Destruction de Jérusalem et du temple. — Les Lamentations de Jérémie. — Les fugitifs. — Ghédalia établi gouverneur à Mitspa. — Jérémie lui est donné comme auxiliaire. — Ralliement des fugitifs; reprise de la culture du sol. — Ismaël assassine Ghédalia. — Dispersion du reste des Judéens; émigration en Égypte. — Derniers discours de Jérémie en Égypte. . . . . . . . . . . . . . . 243

CHAPITRE XI. — L'EXIL EN BABYLONIE. (586-538). — Clémence de Nabuchodonosor envers les exilés; maintien des relations antérieures et des habitudes domestiques. — Faveur de Mérodach-Baladan envers le roi prisonnier Joachim. — Le prophète Ézéchiel. — Commencement de résipiscence. — Étude approfondie de la littérature sacrée. — Le grand recueil d'histoire. — Les Psaumes de pénitence, les Affligés de Sion, les Maisons de prière. Conversions à la loi judéenne. — Les pieux et les mondains, leur antagonisme. — Psaumes nouveaux et Proverbes nouveaux. — Le Livre de Job, sa signification. — Nabonad, roi de Babylone, et Cyrus, roi de Médie et de Perse. — Les Judéens demandent à retourner dans leur pays; refus de Nabonad; irritation des exilés pieux contre Babylone; persécutions contre eux; les martyrs. — Les prophètes de l'exil; l'Isaïe de Babylone; sa profondeur, sa chaleur d'accent; ses exhortations et ses espérances. — Expéditions de Cyrus contre la Babylonie; chute de Babylone. Les Judéens guéris pour toujours de l'idolâtrie. — Démarches auprès de Cyrus, qui permet aux Judéens de rentrer dans leur patrie. — Zorobabel et Yeschua, avec dix autres chefs, préparent le retour. . . . . 260

CHAPITRE XII. — L'APPROCHE DE LA DÉLIVRANCE (555-538). — Haine des exilés pour Babylone. — L'Isaïe de Babylone. — Consolations et prophéties. — Préparatifs du retour des exilés. . . . . . . . . . . . . . 273

Paris. — Imp. V<sup>ve</sup> P. LAROUSSE et C<sup>ie</sup>, rue Montparnasse, 19.

# BIBLIOTHÈQUE NATIONALE

# CHÂTEAU
de
# SABLÉ

# 1990

www.ingramcontent.com/pod-product-compliance
Lightning Source LLC
Chambersburg PA
CBHW071125160426
43196CB00011B/1803